기독교 수도원의 역사

기독교 수도원의 역사
Geschichte des Christlichen Möchtums

초판 발행: 1997년 2월 20일,
제2판 발행: 2018년 10월 1일
자은이: 카를 수소 프랑크
옮긴이: 최형걸
발행처: 은성출판사
등록": 1974년 12월 9일 제9-66호
ⓒ 1997년, 2018년 은성출판사
주소: 서울 강동구 성내로3길 16(은성빌딩 3층)
전화: 031-774-2102
http://eunsungpub.co.kr
e-mail: esp4404@hotmail.com

출판 및 판매에 관한 모든 권한은 본 출판사가 소유하고 있습니다. 출판사의 사전 서면 허락 없이 번역, 재제작, 인용, 촬영 등을 할 수 없음을 알려드립니다.

Printed in Korea
ISBN : 979-11-963287-6-4 93230

GESCHICHTE
des
CHRISTLICHEN MÖCHTUMS

Karl Suso Frank

translated by

Hyung-Geol Choi

기독교 수도원의 역사

카를 수소 프랑크 지음

최형걸 옮김

차례

역자 서문 / 9
저자 서문 / 11
제1장 기독교 금욕에서 기독교 수도원으로 / 15
제2장 동방 수도원의 초기 형태 / 43
제3장 수도원의 서방 전래 / 67
제4장 베네딕트 수도원과 수도원 규칙 / 91
제5장 수도원 제도의 변혁(11-12세기) / 121
제6장 탁발수도회 / 155
제7장 중세 후기의 수도원 제도 / 193
제8장 종교개혁 시대의 수도원 제도 / 219
제9장 혁명과 왕정복고 시대의 수도원 / 249
제10장 근세와 현대의 수도원 제도 / 301
제11장 동방 정교회의 수도원 개략 / 335

역자 서문

"번역은 반역"이라는 말을 알고는 있었지만 실제로 번역하고 나니 그 말이 사실이라는 것을 절실히 느끼게 된다. "반역"이 아니라 "배신"이라는 말까지 있는 현 시대에 배신 하나를 추가하는지도 모르겠다. 그런데도 나름으로는 최선을 다했다는 말로 핑계 삼고자 한다.

다음 몇 가지를 알려드리고자 한다. 본문에서 수도원 수도회 등등 수도원에 관한 많은 단어가 나오는데, 번역에도 힘들었지만 이해하는 데도 어려움이 따를 것 같아 설명한다. 원 텍스트에서 *mönchtum*으로 나오는 것은 보통 "수도원 제도"라고 번역했다. 이것은 기독교 안에 존재하는 "제도로서의 수도원 전체"를 나타낸다. 그리고 *kloster*는 보통은 건물을 말하는데, 어떤 장소에서 거주지를 갖고 고정된 형태를 갖고 있는 경우를 의미할 때도 많다. 이 단어는 "수도원"이라고 번역했다. 세 번째는 *orden*이 있는데, 이것은 독자적인 거주지나 지역을 갖고 있지 않은 수도원 단체까지 포함한다. 여기에는 어떤 특정한 계율이나 분파에 속하지 않지만 스스로 수도사의 삶을 살아가는 분파나 단체도 포함된다. "수도회"라고 번역되어 있다. 마지막으로 *kongregation*이 있는데, 이것은 수도원과 수도회들이 모여서 하나의 연합 형태를 취한 것을 말한다. 이 단어는 "수도회 연합" 또는 "수도원 연합"이라고 번역했다. 하지만 이들 단어들이 문맥상 다른 것이 더 좋아 보일 때는 다른 것으로 쓰기도 했다.

또 한 가지 독자의 양해를 구할 것은 원래 이 책을 편역으로 해서 약간의 해설을 덧붙이려 했었다. 그래서 2장과 3장에 요약과 해설이 있었다. 그러나 계획이 변경되어 다시 완역을 했는데 요약이나 해설을 거의 찾아서 수정을 했지만 철저히 하지 못했기 때문에, 없기를 바라지만 혹시 원 문장과 다른 부분이 있을지도 모른다. 그런 부분이 있다면 양해 바란다.

끝으로 지금까지 신앙으로 양육해 주신 부모님에게 감사를 드리며 특히 모든 어려움을 사랑으로 참고 견뎌준 사랑하는 아내와 두 자녀 희진, 용빈에게 커다란 고마움을 전한다. 또 여러 어려움에도 기독교의 영성을 알리기 위해 노력하며 기꺼이 출판에 응한 은성출판사에게 감사를 드린다. 이 작은 책자가 한국교회가 하나님을 향한 열심을 내는 데 조그마한 도움이라도 되기를 바라는 마음이다.

저자 서문

이 책의 목적은 기독교 수도원의 역사를 설명하고자 하는 것이다. "개요"의 특징은 요약된 내용을 설명하는 데 있다. 이때 수도원이 가톨릭 법적인 좁은 의미에서 이해되어서는 안 된다. 수도원이란 개념을 규범적 정의된 것으로 이해한다면 노울스(D. Knowles)가 『기독교 수도원의 역사, 베네딕트, 시토, 카르투지오』(뮌헨 1969)에서 하는 것처럼 본래적 의미에서 수도원 체제를 갖춘 수도회만 제한해서 다루어야 했을 것이다.

하지만 이 책에서 수도원이란 기독교적인 수도회 양태를 가진 것으로 이해한다. 그래서 이에 대한 역사는 오늘날까지 수도원 사상이 실제화되어서 나타난 것, 즉 이집트 광야에 있었던 수도사들에서부터 현재 시대에 활동하고 있는 세속 수도원(특별한 규범이나 종단에 속하지 않고 수도사로 사는 사람들의 모임—역자 주)의 회원에 이르기까지 전체를 포괄한다.

그렇다고 개개 수도회 모두와 수도원 공동체 모두를 다루겠다는 의미는 아니다. "개요"란 말이 의미하듯이 역사상 나타났던 수도회적 삶의 모습들을 파악하되 그중에서 가장 중요한 수도원 공동체들을 이해하는 것과 이에 준하는 다른 것들을 선별해서 다루게 된다. 다루는 내용을 통해서 수도사의 이상(理想)—하나님을 위해서 전체 삶을 완전히 드리고자 하는 노력, 형제와 자매들이 모여서 사는 공동체적 삶의 형태에서 교회와 세상에 봉사함—이 갖는 현실 적응 능력을 나타내 보이고자 한다.

교회사의 각 시대는 항상 새로운 경향을 가지고 수도원의 벽을 넘어 들어왔고, 그 시대에 맞는 수도원이기를 요구했고, 그런 모습을 창출해 내었다. 이때 시대에 맞는 수도원의 모습으로 활동하도록 한 데에는 훌륭한 인물들의 역할이 결정적이었다는 것은 분명한 사실이다. 하지만 수도회의 역사에서 보여주는바 정말로 창조적 능력을 발휘한 것은 바로 시대 그 자체다. 즉 이 창조적 힘은 시대라는 배경을 근거로 해서만 제대로 설명될 수 있는 것이다.

시대가 요구했던 것들, 그 시대만이 고유하게 가졌던 목적 의식은 실제로 일어났던 많은 사건과 직접적인 관련을 맺고 있고, 그래서 그 시대에 나타난 활동은 어느 경우든 옛날의 수도원 제도가 원래 가졌던 관심사와 변용 가능성이 시대 조건에 맞게 실체화되어 나타난 것으로, 이는 시대에 따른 갱신이 불가피했다는 것을 뜻하는 것이고, 이는 동시에(시대에 부응하지 못하면) 소멸하는 것, 또한 피할 수 없었다는 것을 의미하는 것이기도 하다.

그래서 수도회나 수도원이 새롭게 생겨나고, 적극적으로 활동한 경우가 있는 것과 같이 이들이 지쳐 병들고 사라져 가는 경우가 역시 있었다.

이 책에서 참고 문헌을 제대로 싣지 않았다. 초기 수도원 시대에 관한 포괄적인 참고문헌 목록은 내가 쓴 책 『초대교회의 금욕과 수도원』(*Askese und Mönchtum in der Alten Kirche*, Wege der Forschung 409, Darmstadt 1975)에 실려 있다.

수도원에 관한 다른 책들로는 가톨릭 권에서 나온 책인 하인부커(M. Heinbucher)가 쓴 『가톨릭교회의 수도회와 수도연합회』(*Die Orden und Kongregationen der katholischen Kirche*, Paderborn 1933년 3판, 1965년 Aalen 재출판)가 있는데, 이 책은 수도원에 관한 참고서로 빼놓을 수 없는 책이다. 독일에 있는 수도회와 수도원들에 관해서는 두 권으로 된 책으로 하젠베르그(J. Hasenberg)와 비이난트(A. Wienand)가 편집한 『독일의 수도회와 수도원의 활동』(*Das Wirken der Orden und Klöster in Deutschland*, hrsg. von j. Hasenberg-A. Wienand; Köln 1957-64)이 있다. 개개의 수도원에 관한 안내는 이 책에서는 싣기를 단념할 수밖에 없다. 수도회에 관한 포괄적 정보는 이탈리아에서 나온 사전인 Dizionario degli istituti di perpezione, Rom, Edizioni Paoline, 1974ff가 있는데, 이것은 1993년 현재 제8권(주제어 "*Spirituali*"까지) 발행되어 있다.

수도원 제도나 수도회의 역사는 여전히 관심을 불러일으키는 연구 분야이다. 그래서 경제 사회사적 방법을 통한 접근이나, 인물 탐구에 초점을 맞추는 연구, 또 여성을 중심으로 한 접근이 새로운 지식을 내어놓고 있으며, 동시에 부족한 것이 무엇인지를 알려주고 있다.

바라기는 비록 이 책이 개요로 쓰여져 이 목적에 상응하는 내용만 갖고 있을지라도 (독자들이) 많은 연구 성과를 갖기를 기대한다. 본문에 몇 개의 정정이 가해졌다. 개정되고 보충된 참고 문헌(별표 표시)은 임의로 선정했다.

제1장

기독교 금욕에서 기독교 수도원으로

　기독교 수도원의 시작은 기독교 금욕에 숨겨져 있다. 기독교적 삶과 교리에 관한 가장 오래된 설명이 들어 있는 신약 성경은 기독교 신앙인들에게 금욕적 존재 방식으로 살도록 강요하고 있지 않다는 것은 분명하다. 하지만 신약 성경에는 불확실한 형태로 되어 있긴 하지만 금욕적으로 해석될 수 있는 여러 주장과 설명이 들어 있는 것 또한 사실이다. 이 내용에 속하는 것이 신약 성경에 있는 세상의 모든 것을 상대화시켜서, 이 세상은 일시적이요 덧없는 것이라고 가르치는 부분이다.

　고린도전서 7장 31절에 바울은 그리스도인들이 세상에서 살되 세상 물건을 쓰지 않는 자처럼 하라고 가르치고 있다. 또한 복음서에서도 진정으로 그리스도를 따르는 자들에 관해서 설명하고 있는 구절들을 보면 역시 이런 내용을 쉽게 찾아볼 수 있다(막 6:7-9; 10:17-31; 마 19:10-12; 27-28; 눅 12:22-31 등). 그런데 이 말씀의 핵심은 그리스도를 따르라는 것이다. 그리스도인들은 예수를 따르도록 요청받는 것이다.

그렇다면 예수를 따르는 삶이란 곧 고행자나 금욕자가 된다는 것을 의미하는 것인가? 이 질문을 생각해 보기 전에 더 근본적인 질문을 해 보자. 이 질문은 사람들이 따르고자 하는 예수님이 세상에서 고행적 삶을 살았는가 하는 것이다. 성경에서 보면 예수가 금욕적인 삶을 산 것이 아니라는 것이 정확한 해석이다.

예수님이 독신으로 산 것은 분명하지만, 이런 독신적인 삶이 꼭 필요한 것이라고 제자들에게 가르친 적이 없다. 또한 예수님은 직업을 통해서나 개인 재산을 통해서나 먹고 사는 문제에 안전장치를 마련해 놓고 사는 것은 전적으로 포기하고 자신의 생을 살았고, 또 특히 가난에다 특별한 의미를 부여한 것도 사실이지만, 반면에 그는 부자 친구나 후원자들에게서 생활에 필요한 것을 거리낌 없이 받았으며, 자신을 따르는 사람들에게 극단적 가난을 요구한 적도 없다. 하지만 신학적으로 해석해 본다면 예수가 자신의 말과 가르침, 그리고 삶을 통해서 보여준 전체적인 것을 조망해 본다면, 그의 삶은 금욕적으로 해석해도 되고, 더구나 금욕적 삶의 모범을 보였다고 해석해도 무리가 없다.

기독교의 독자적인 금욕이 나타난 가장 결정적인 근거로는, 복음은 처음부터 금욕적 삶을 보여주고 있으며 금욕적 삶에 익숙한 분위기에서 전개되고 있는 것이 분명해 보이기 때문이다. 이러한 이유로 원시 기독교의 복음에서 전해 주는 내용이 금욕적 삶을 추구하는 삶의 형태를 낳았으며, 또한 이런 요소로 원시 기독교는 타 종교와 경쟁할 수 있는 위치에 설 수 있었다.

이것을 직접 낳게 한 것은 무엇보다도 후기 유대주의의 묵시 사상으로 볼 수 있다. 당시의 후기 유대주의는 강한 묵시적 경향을 보이고 있었다. 이들은 현재의 악의 세력이 지배하는 세상 나라가 멸망하고 새로운 세계가 올 시기가 눈앞에 닥쳐왔다고 믿었고, 이런 "새로운 시대에 대한 급박한 기대" 때문에 그들은 금욕적 경향을 강하게 가진 군사적인 생활 형태를 가지고 살았다.

또한 이들이 가진 이원론적 사고, 즉 세계를 빛의 나라인 하나님의 나라와 어둠의 나라인 사탄의 나라로 나누는 사고방식은 금욕적 성향을 더욱 강화했다. 이들 중 대표적 무리가 쿰란 에세네파인데, 이들은 자신들을 "거룩한 남은 자들"로 이해해서 마지막 시대에 속한 참된 이스라엘로서 구원을 위한 열정적 노력을 아끼지 않았다. 이런 목적에서 자기들끼리 아주 긴밀한 공동체를 이루었고, 이 공동체의 특징은 금욕적 삶이었다.

유대인 학자였던 알렉산드리아의 필로(Philo)는 이런 공동체 무리에 속하는 "치료자들"이라고 불리는 집단에 관해서 설명하고 있다. 이들은 외부와 단절된 공동체를 이루고 살며, 금욕적 고행이 의무였고, 삶의 근본적 지향점을 관상에다 두었다고 기록하고 있다. 식생활은 육식하지 않았고, 주식은 빵이었으며 그 외에는 소금과 나무에서 추출한 약간의 향료를 사용했다. 이들은 이성이야말로 절제하는 삶으로 인도하며, 이로 말미암은 자기희생이야말로 올바른 삶이라고 가르쳤다. 포도주는 어리석은 행동을 낳게 하는 독(毒)이라 했고, 화려하고

값진 음식을 탐닉하는 것은 만족할 줄 모르는 탐욕을 갖도록 한다고 가르쳤다.[1)]

이 내용은 기독교에 수도원 공동체가 처음 생겨날 때 어떠했는지를 설명하는 것처럼 생각될 정도로 분위기가 비슷하다. 실제로도 고대 기독교 역사를 설명하는 문헌 중에 필로가 언급하고 있는 "치료자들"을 기독교의 수도사로 묘사하고 있는 곳도 있다. 하지만 이런 해석은 사실과는 거리가 있다. 이들은 유대 공동체의 계열에 속하며, 기독교적 금욕 집단이나 수도원 역사에 포함해서는 안 된다.

그런데도 이런 집단이 구약 전통에 헬라 철학적 요소가 잘 혼합되어 인간의 완성을 추구하는 이론과 실제의 좋은 예를 보여주고 있으며, 이들이 기독교 금욕 경향의 전 단계에 속한다는 것은 분명한 사실이다. 기독교적인 완전한 삶과 관련해서 이름을 남기고 있는 많은 지도자가 필로의 많은 저술을 기꺼이 인용하고, 이 사상을 독자적이긴 하지만 계승 발전한 것은 아마도 이런 이유 때문일 것이다.

결국 기독교의 교회가 생겨나는 바로 그 시기에 유대주의는 금욕에 관한 이론과 실제를 현저히 발전시켜 놓고 있었으며, 이런 경향은 기독교 공동체에 큰 영향을 미쳐서 이 금욕의 이론과 실제가 기독교 공동체에 그대로 반영되는 결과를 낳았다. 이것은 헬라적인 문화와 헬라 정신세계와의 관계도 같이 설명할 수 있다.

헬라 세계의 영향은 팔레스타인 밖에 세워진 기독교 교회들이 받은

---

1) Philo, *De Vita Contemplativa*(『관상적 삶에 관하여』), 73-74.

것이다. 기독교가 헬라 세계와 만나면서 신관과 세계관, 또 역사관 등이 서로 논쟁 관계에 들어가는 것은 불가피했다.

이런 논쟁의 예를 가장 잘 보여주는 것이 사도행전 후반부 바울의 소아시아 전도이다. 바울이 선교 여행을 통해서 행한 모든 일은 사실 기독교와 헬라 문화와 사이에 벌어진 논쟁이었다. 이 논쟁의 결과 어떤 부분은 서로 조화적인 연합을 했고, 어떤 부분은 첨예하게 대립하기도 했다. 그러나 어쨌든 이 과정이 기독교 세계에 헬라적 요소가 개입되는 계기가 된 것은 분명하고, 이 요소 중에 헬라의 정신세계가 가지고 있던 금욕적 요소를 받아들였다.

헬라적 정신세계로부터 기독교의 어떤 부분에 영향을 받았다고 부정적으로 생각할 필요는 없다. 왜냐하면 기독교가 기독교 나름의 문화적 특질을 가지고 있는 이상 주변의 환경이나 다른 문화와의 만남에서 영향을 주고 받는 것은 필연적 과정이며, 이런 영향 아래에서 새로운 문화나 문명 안에서도 기독교가 뿌리내리고 자랄 생명력을 얻게 되는 것이다. 이런 현상은 초대 교회에서도 일어나서 유대 문화에 바탕을 두고 시작했던 기독교가 헬라 문화와 만나게 됨으로써 세계화의 기초를 놓게 되고, 이런 와중에 신약 성경이 헬라어로 쓰이는 계기도 마련된 것이다.

금욕과 관련 기독교에 영향을 준 것은 그리스 철학 학파들이다. 이 철학 학파들이 가지고 있던 금욕의 개념은 원래 손으로 어떤 것을 만들어 완성한다거나 운동에서 훈련을 통한 단련을 의미하는 뜻이었으나, 나중에 완성된 또는 완전한 인간의 개념과 연결되어 쓰이게 되었다. 이 결과 금욕이란 말은 이상적이고 모범적인 인간이 되기 위해 시도하는 모든 노력을 의미하는 말이 되었다. 그래서 금욕이란 단어는 자기 포기, 특히 육체적 정신적 훈련을 지칭하게 되었다. 이런 훈련에서의 일차적 목적은 "수덕 훈련"이었다. 어떤 것을 덕이라고 하느냐는 것은 아주 다양하게 나타났다.

플라톤이 말하는 네 가지 덕은 이를 압축적으로 보여준다. 그는 덕을 지혜, 용기, 절제, 정의를 들고 있으며, 지혜는 지배자에게, 용기는 군인에게, 절제는 생산자에게, 정의는 세 가지 덕이 완전히 조화된 상태를 의미한다고 설명한다. 이런 이상을 실현하려는 방편이 금욕이라는 수단이었고, 구체적으로는 음식의 제한, 물질 소유의 포기, 본능적 욕구의 억제─이는 대부분의 경우 독신주의로 나타났다─등의 모습으로 나타났다.

이런 경향은 피타고라스나 고대 그리스의 종교 중 하나인 올페우스교에서도 이미 보인다. 이들은 "육신은 영혼의 무덤"이라는 철저히 이원론적인 사상을 가지고 있었고, 그래서 영혼을 감옥으로 해방하는 것을 삶의 목적으로 삼았다.

플라톤의 이데아론 역시 이런 사상과 맥을 같이 하고 있다. 그래서 플라톤의 이론 역시 영혼이 가장 원하는 것은 가능한 한 빨리 덧없는 이생의 갑옷을 벗고 원래의 고향 즉 이데아의 세계로 돌아가는 것이라고 가르치고 있다.[2] 그래서 현자는 이를 이루기 위한 수단으로 "의

---

2) *Theaitet* 176a.

롭고 경건하고 고고하게 살며"³⁾ 세상과는 적당한 거리를 유지한다고 가르친다. 이렇게 세상과 적절한 거리를 유지하고 사는 삶을 플라톤은 "내면적 이민"이라고 부르고, 이것을 실현한 사람은 "국가라는 아주 작은 장소에 태어났으나 영혼은 위대하다"고 말하고 있다.⁴⁾

플라톤은 현자에게 이 세상과 떨어져 있는 것을 요구할 수 있었다—그 자신도 "내면적 이민"의 삶의 종류를 살면서—이런 삶을 사는 사람은 "위대한 영혼이 너무 협소한 국가라는 곳에 태어났음"⁵⁾을 어느 날인가 깨닫게 된다고 가르친다.

소크라테스의 입을 빌려 말하고 있는 "아니토스와 밀레토스가 나를 죽일 수는 있지만 나를 손상하지는 못할 것이다"⁶⁾는 내용은 플라톤이 인간 속에 만져질 수 없는 불멸의 것이 들어 있는데, 이것은 이 세상을 빠져나가게 되는데, 이렇게 빠져 나가기 위해서는 이생의 삶을 기꺼이 희생할 수 있다고 생각하고 있음을 알 수 있다.

이것은 철저한 이원론적 사고로서 물질적이고 변하는 이 세상의 것들과 상대적인 개념으로서의 어떤 것을 전제하고 있다. 이것은 그런데 플라톤 철학에 세상적이고 염세적인 성향을 있게 했고, 이 철학이 후세에 전해지면서 금욕적 실제의 문을 활짝 열어 놓는 결과를 낳게

---

3) *Theaitet* 176b.
4) 같은 곳 173 c-e(현자의 초상 부분)
5) *Politeia* 496 b.
6) *Apologie* 30c; *Kriton* 43d.

하였다. 그 결과 "철학적 삶"이란 바로 금욕적인 삶을 사는 것이라고 이해하도록 했다.

기독교 금욕 운동에 영향을 준 또 다른 분파가 스토아학파이다. 이 스토아학파의 금욕은 철저히 세상적이고 현실적이며 개인적이다. 이들에게서 금욕은 인간이 자유를 얻기 위한 필수적 과정이다. 자유를 얻는다는 것은 자연과의 합일을 뜻한다. 그들은 선이나 악을 똑같이 인간의 욕심이라고 생각한다.

그들은 이런 인간적 감정을 다스리거나 통제하려 하기보다는 오히려 이것들로부터 자유로워 지고자 한다. 이 자유만이 이들을 원하는 경지에 이르게 한다. 여기에 이르게 되면 모든 것을 결정하는 인간의 운명까지도 뛰어넘게 되며, 모든 욕심이 사라지고 자연과 일치되어 모든 애착에서 풀려나게 되는데 이런 경지에 이른 자를 현자라고 부른다. 이런 경향은 실제적 금욕을 요구하는 데로 이어지는데, 여기 또한 음식의 제한, 옷과 집도 소유를 필요로 하지 않는 삶 등의 형태가 있었다.

이들의 주장으로는 "신(神)조차도 헐벗고 가난하다"[7]는 것이다. 춥고 더운 것을 그대로 받아들임, 거친 잠자리, 또 기쁨을 줄 수 있는 것들의 자발적 포기, 고행, 결혼에 대한 엄격함과 결혼의 완전한 포기 등이 이들의 특징이었다.[8] 세네카의 설명에 의하면, 이런 훈련을 하는

---

7) Seneca, ep. 31, 10.

8) Epiktet, diss. III 22, 69.

사람 중에 어떤 이는 전혀 웃지 않는 것으로, 어떤 사람은 포도주를 전혀 입에 대지 않음으로, 어떤 사람은 완전한 독신으로, 또 어떤 사람은 거의 잠을 자지 않는 고행 등을 한다고 한다.[9]

이 스토아학파가 금욕을 통해서 얻고자 했던 것은 위에서 설명한 대로 모든 사회적 제한에서 벗어나고자 하는 내적인 자유이다. 이들에게서 특징으로 기술될 수 있는 것은 철저하게 개인적인 것을 바탕으로 한다는 것이다. 그들에게서는 함께 공동으로 훈련한다는 생활 형태는 나타나지 않는다. 그래서 이들이 표현한 말 중에 "제우스도 자기 혼자밖에 없다"[10]라는 구절도 있다. 이런 표현에도 불구하고, 그들이 공동으로 사는 사회에서는 서로에게 의지하고 살아야 한다고 주장한 것을 보면, 이들이 "현자들로 이루어진 도시"의 이상을 갖고 있었던 것 같다.[11]

그다음으로 디오게네스로 대표되는 견유학파의 추종자들을 들 수 있다. 이들은 "무소용"의 철칙을 가지고 살았다. 이들에게 가장 좋은 훈련 수단은 수고와 재난이었다. 수고와 재난을 통해서 인간은 완전에 이르게 된다는 것이다. 그들은 모든 사회적 관습과 체제를 거부하고 살았으며, 이는 커다란 통 속에서 살았던 디오게네스의 삶의 형태에서 잘 표현되고 있다. 이 견유학파의 경향은 2세기경에 하나의 학파

---

9) Seneca, de ira II 12,4.
10) Epiktet, diss. III 13, 6.
11) 같은 곳, III 22,67.

를 형성했다. 이들이 가지는 삶의 형태로 정해진 것이 바로 디오게네스의 삶의 형태를 따르는 것이었다. 이 견유학파는 그 당시에 방랑 설교자로서 고대 세계를 돌며 그들의 "딴 세상적 삶"의 이상을 전파하고 다녔다.

이런 금욕적 삶의 형태가 기독교가 헬라 세계에 전파되었을 때까지 그대로 살아 있었는데, 이들 여러 경향이 분명한 차이도 없이, 각 경향들의 특징을 조금씩 갖고 있으며 전체적으로는 금욕이라는 큰 흐름으로 자리 잡고 있었다. 또한 기독교가 헬라 문화권에 유입된 때와 시기적으로 유사한 시대에 번성했던 후기 스토아 철학인 신 플라톤학파와 신 피타고라스학파는 이런 금욕적 경향들을 계속 가지고 있었을 뿐 아니라 새롭게 강조하는 경향을 보이었다.[12]

이런 정신사적 흐름이 기독교와 논쟁 관계에 있으면서 서로 영향을 주고받았으리라는 것은 쉽게 예측할 수 있다. 즉 이들의 영향은 기독교의 독자적 금욕 경향이 싹트게 되는 시작점을 주었다.

그렇다고 이 고대 세계의 금욕적 경향이 기독교에 금욕주의가 생기게 한 근본 배경이라고 해서는 안 된다. 단지 분명한 것은 이런 경향이 기독교 안에도 금욕적 경향이 나타나고, 이런 경향이 주목을 받게 하는 데 중요한 요인을 제공했다는 사실이다. 왜냐하면 철학적 삶

---

12) 비기독교와 기독교 금욕의 관계에 관해서는 B. Lohse, *Askese und Mönchtum in der Antike und in der Alten Kirche*(München-Wien 1969)를 비교해 볼 것.

이 금욕적 삶이라는 생각은 기독교가 전파된 후에도 일반적으로 동의하는 생각이었고 이런 바탕에 전파된 기독교는 일반인들에게 철학적 경향으로 이해되었기에 철학적 삶을 요구받았다. 즉, 이들은 자신들이 철학적 삶을 살고 있다는 것을 증명해 줄 필요가 있었다. 더구나 이 증명의 과정에서 기독교인들은 기독교의 금욕이 경쟁 관계에 있는 다른 종교보다 더 뛰어나다는 것을 보여주고자 했다. 이는 물론 기독교에서 금욕이 강조되는 결과로 나타났다. 예를 들면 기독교 철학자이자 순교자인 저스틴(160년경 사망)은 스토아 철학자인 무소니우스(Musonius, 100년경 사망)가 윤리적으로 올바른 원칙을 따라 살았고 훌륭한 업적을 남긴 것을 놀랍다고 여기는 기록을 남겨 놓았다.

이런 금욕에 대한 경쟁 관계는 계속되어서 세속적 철학의 분파들도 이른바 금욕을 가지고 종교로 되어 갔다. 이 당시의 종교는 금욕이라는 잣대로 재었던 셈이다. 그런데 기독교 입장에서 보면 거짓 종교가 더 금욕적 성향이 강하다는 것은 묵과할 수 없는 사실이었다. 이 결과 기독교에는 2세기경에 윤리적으로 아주 높은 수준의 금욕적 경향들이 나타났다. 이 경향의 대표적인 것이 결혼을 하지 않는 독신주의였는데, 이런 독신주의 경향은 원래 기독교의 초기부터 있었던 경향이긴 하지만, 이제 독신주의는 기독교가 참된 종교라는 것을 변호하는 표시가 된 것이다.

이렇게 세속적인 금욕 경향과 타 종교들과의 논쟁을 통한 금욕의 영향 외에 영지주의도 기독교 금욕에 지대한 영향을 미쳤다. 영지주의 운동은 일찍부터 기독교와 관계를 맺었다. 기독교가 영지주의에서 받은 가장 큰 영향은 영지주의가 가진 사고 체계이다. 영지주의적 사고 체계의 기본 요소들은 세상을 관조하고 독특한 종교적 삶을 살도록 하는 것이었으므로 이 내용은 구약과 신약의 계시 내용과 서로 잘 조화될 수 있었다.

이런 배경에서 영지주의적 교리 체계를 가진 기독교 공동체가 생겨났다는 것은 어쩌면 당연했을 것이다. 영지주의적 공동체는 나름의 교회 공동체로 자리 잡았으나 후에 다른 체계로 인정되어 2세기 동안 기독교 공동체와 분리된다.

기독교적인 영지주의는 기독교와 영지주의의 여러 요소가 결합하여 있기 때문에 아주 복잡하고 다양하다. 그러나 이들의 경향을 한마디로 요약한다면 형이상학적 이원론이라고 할 수 있다. 그들의 주장으로는 물질적 세계와 인간의 육체는 악한 신이 만들어 놓은 것이고, 그러므로 물질세계와 인간의 육체는 무가치한 것이다. 그러나 인간은 영(pneuma)을 가지고 있어서 신적인 생명 요소의 찌꺼기를 조금은 가지고 있다. 이렇게 조금 남아 있는 찌꺼기는 항상 신과 합일을 이루고자 하는 경향을 가지고 있다.

그노시스(영지)란 뜻은 원래 해방시키는 자유를 주는 지식이란 뜻으로 사람들은 이런 지식을 가짐으로써 신과 합일에 이를 수 있다. 그런데 이런 합일에 도달하기 위한 과정에서 금욕이 필수적 요소이다. 그노시스에서 요구하는 금욕의 실제 모습은 다른 종교나 집단들과 마찬가지이다. 이들은 정신과 육체의 이원론적 사고를 근거로 하고 있기 때문에 금욕을 육체와 정신 사이에 벌어지는 전투로 이해하고 있다.

그들은 전투를 통해서 신에 거부하는 것, 물질적 영역으로부터의 벗어남을 추구한 것이다.[13]

영지주의와 기독교는 2세기에 격렬한 논쟁을 통해서 서로 분리되고 영지주의는 결국 이단으로 낙인찍히게 된다. 이단이 되었으나 금욕의 특징을 가진 영지주의의 성향을 기독교 내에서 사라지게 할 수는 없었다. 이는 영지주의를 따른다는 것보다는 경쟁 관계에서 이해해야 한다. 이단들도 저런 금욕을 하는데 하물며 옳은 신앙을 가진 우리는 더 철저한 금욕을 해야 되지 않겠는가 하는 것이었다. 그래서 이 시대는 이단이고 정통이고를 막론하고 모든 종교가 금욕에 강조점을 두는 시대 분위기를 연출했다.

이들에 속하는 것으로서 이단으로 판정되기는 하지만 기독교 계통의 것들로는 2세기 후반의 몬타누스파와 엔크라티스트가 있는데, 이들의 특징은 금욕을 중시한 것이었다. 다시 말하면 이들은 교리적인 면보다는 실천적인 면을 중시해서 금욕에 강조점을 두었다. 이들이 이단으로 판정되는 이유 중의 하나도 저스틴으로 대표되는 기독교 철학자들이 기독교를 철학적 교리상으로 이론화하려는 경향이 교회 내에서 주도권을 잡은 결과로도 설명될 수 있다. 어쨌든 이 당시의 교회가 금욕적 성향이 아주 강했다는 사실은 이론의 여지가 없다.

금욕적 경향이 강한 시대 배경은 예수를 해석하면서 금욕적인 전제를 가지고 이해하게 하는 원동력이 되었다. 예수님은 금욕을 가르쳤

---

[13] Clemens Alex., *Stromata* IV 12.2.

으며 사도들 또한 금욕적 삶을 살았고 그리스도인들에게 이런 삶을 요구하고 있다는 생각이 지배적 경향이 되었다. 기독교의 위인들은 위대한 수도사로 묘사되었고 완전한 기독교, 영웅적인 기독교인의 삶의 특징은 금욕으로 특징지어졌다. 이때 쓰인 기독교 문헌을 보면 금욕이 기독교인의 삶에 있어서 최고의 것으로 평가받고 있는 것을 자주 볼 수 있다. 이것이 물론 그 당시 기독교인의 삶이 금욕적인 것만이 특징이었다는 뜻은 아니다. 금욕적인 경향이 강했을 때 이를 못마땅하게 생각한 사람들 또한 많았던 것도 사실이다. 그러나 교회 내적으로 금욕이 높은 평가를 받고 있었다는 것은 분명한 사실이었다.

금욕의 경향에서 기독교 안에서도 많이 나타난 생활 형태는 여러 가지가 있다. 이런 내용은 물론 성경의 내용을 근거로 하고 있다. 우선 독신주의가 있다. 고린도전서 7장에서 바울은 결혼하고자 하는 사람은 하되 안 하는 것이 더 좋다고 말하고 있고, 복음서에서는 하늘나라를 위해서 결혼하지 않는 것에 관해서 말하고 있다(마 19:12). 독신주의와 함께 세상 재산의 포기(부자 청년 이야기), 사회적 안전장치의 포기 등이 묘사되어 있으며 사도들은 주님을 위해서 모든 것은 버린 사람들로 이해했다(마 19:27 이하). 당시의 사회적 배경은 이런 텍스트들을 선호했으며 결국 예수를 진실하게 따르는 자는 윤리적 행위를 통해서 나타난다고 믿었다.

이런 믿음은 금욕을 정도에 따라 나누는 경향으로 발전되었다. 성경에서 요구하는 최소한의 금욕은 의무이며, 이것을 넘어서 행하면 하늘에서 큰 상급이 보장된다는 생각이 그것이다. 2세기의 문헌에 의

하면 "주님의 계명 이상의 것을 행한다면 하나님 앞에서 큰 상급을 받게 될 것이며 하나님은 하늘나라에서 크게 높이실 것이다"라는 기록을 볼 수 있다.[14]

이런 기록은 물론 기독교인의 삶을 "2단계 윤리"로 나누어서 이해하는 데 커다란 공헌을 했다. 금욕적 삶은 이 세상에서의 기독교인의 삶에서 저세상에서 더 큰 영광을 받는 더 높은 단계의 삶의 단계이며, 이생에서 이를 위한 것을 준비함으로써 이것을 확보해야 한다는 것이다.

교회 내에서 금욕을 특별히 선호하던 사람들은 2세기에서 3세기를 지나는 동안에 자신들의 무리(群)를 형성하게 된다. 이들은 나중에 두 세력으로 나누어진다. 하나는 "방랑 사도들의 무리"이고, 다른 하나는 "독신 이상으로 모인 무리들"이다.

방랑의 사도들은 원래 원시 기독교의 선교 과정에서 이미 나타났던 생활 형태로서, 이 형태가 금욕적 성향과 접목되면서 금욕적 방랑 사도들의 무리가 생겨났다. 이들은 초대 교회에서 상당히 넓게 퍼져 있던 것으로 보이며 이들이 특별히 초점을 두는 것은 예수를 따르는 자들의 대표로 자처했던 것으로 보인다.

이들은 기독교의 교회 체계가 정형화되면서 교회의 교권 체계로부터 곱지 않은 시선을 받게 되는데 이들은 일정한 주거지가 없이 떠돌아다니면서 설교를 했기 때문에 교권 체계에 부담을 주었던 까닭이

---

14) *Pastor Hermae*, Sim. v 3, 3.

다. 약간의 불화는 있었지만, 베드로전서 2장 11절이나 히브리서 11장 38절 등의 성경적 근거 때문에 교권 체계도 이들에게 이단 판정을 내리지는 못했고, 그래서 교회의 대표적 지위에서는 밀려났으나 계속 명맥을 유지했다.

독신주의적 경향은 특히 여자들을 중심으로 이루어졌다. 신약에서 결혼하지 않는 삶을 권장하는 분위기가 있다는 것은 숨길 수 없는 사실이긴 하나, 원시 공동체는 종말론적 경향과 금욕에 대한 관심 때문에 결혼하지 않는 독신에 관해서는 상대적으로 적게 관심을 돌렸었다.[15]

그러나 교회 공동체가 처하게 된 사회적 상황은 이러한 태도를 바꾸게 했다. 이 독신생활의 내용이 특별히 여자들의 관심을 끌게 된 것이다. 교회 안에는 여자 수가 남자보다 월등히 많았고, 이는 어쩔 수 없이 결혼 기회가 적어짐을 의미했다. 더구나 믿지 않는 자들과의 결혼을 특별히 피하고자 하는 성향을 가졌던 당시 교회로 보면 결혼의 가능성은 더욱 축소될 수밖에 없었다. 그래서 많은 그리스도인이 특별한 과정으로 여기지 않더라도 독신으로 살게 되었다. 이렇게 되면 이들의 다음 단계는 "하늘나라를 위해서" 사는 자들이 되는 것이었다.

초대 교회에서 독신주의가 여자들 사이에 널리 퍼져 나가게 된 또 하나의 원인이 있다. 이것은 남성들이 교회에서 주도적 역할을 하던 당시의 교회에서 여자들이 교회에서 특정한 업무를 맡아서 활동할 수

---

15) C. Andersen, *Die Kirchen der Alten Christenheit*(Stuttgart 1971) 482.

있는 여지가 거의 없었다는 사실이다. 이런 상황은 신앙적 열정을 가진 여자들이 자신의 온전한 삶을 하나님께 드린다는 의미로 결혼하지 않고 사는 생활을 하도록 한 면이 있다.

결혼한 여자에게 주는 교회의 가르침은 시민으로서 고전적 의미에서의 여성으로서 역할을 잘하는 것이 그들의 목적이라는 내용이었다. 즉 교회의 직분에 여자들이 참여할 가능성은 거의 완벽하게 차단되어 있었다. 모든 인간이 하나님 앞에서 평등하다고 진지하게 강조하고 있었음에도 불구하고 고대 교회는 그때까지 일반화되어 있던 생각인 여자는 열등하다는 생각에서 벗어나지 못하고 있었다. 교회가 실상 여러 면에서 당시의 일반 풍조와 다른 경향을 보이고 있었음에도 여성에 관해서만은 전통적인 위치에 서 있었다.[16]

이러한 사회적 상황에서 여자가 독립적인 입장에서 자신의 것을 주장할 수 있는 길은 극히 제한적일 수밖에 없었으며 교회 내에서 인정을 받을 수 있는 길 역시 제한적이었다. 그들이 택할 수 있었던 것은 순결한 처녀로 하나님께 헌신하는 독신의 삶이었다. 순결에 대한 칭송은 고대 교회에서 최고의 찬사를 가지고 나타난다. 즉 처녀들은 "교회라는 나무의 가지에 영적 은혜로 치장하고 핀 꽃으로 기쁨의 터이며, 영광과 명예로 가득 찬 순전한 사역이며, 주님의 거룩함에 버금가서 하나님의 모습과 같은 것이며, 그리스도를 따르는 무리 중에서 특

---

16) K. Thraede, *Art*. Frau = *RAC* 8, 197-269.

별히 선택된 일부"[17]라는 것이다. 이 당시의 사람들은 처녀의 순결에서 인간과 결합해서 당신의 일을 성취하시는 하나님의 뜻을 가장 분명하게 나타내 보여준다고 생각했다. 그래서 키프리안이 쓴 문헌에 의하면 "너희 순결한 처녀들이여, 우리는 이다음에야 될 수 있는 순결함을 너희는 이미 갖고 있구나! 너희는 부활의 영광이 이미 갖고 있으니, 순결함을 가진 너희는 하나님의 천사와 같은 존재들이다"라고 했다.[18]

그래서 잘 알려진 비유인 마태복음 13장의 씨 뿌리는 비유의 내용인 세 단계의 열매 맺음에 대한 해석이 이 순결과 연결되어 해석되어서 순교자는 100배의 상급을 받고 순결한 처녀는 60배, 일반 신자들은 30배의 상급을 받는다고 해석했다.

금욕적이고, 처녀로 사는 삶을 적극적으로 홍보한 결과 3세기가 되면서 이러한 금욕과 독신의 삶은 새로운 평가를 받기 시작했다.

3세기의 교회는 교인 수가 급증하면서 대중 교회의 모습을 갖기 시작했다. 교회란 위대하고 특정한 성인들이 모이는 특정한 집합체로 인식되어 왔었는데, 이 시기에 교회에 사람들이 늘어나면서 특정한 사람들의 모임이라는 인식이 바뀌게 되는 계기를 마련했다. 이 결과 지금까지의 교회가 "성인들의 교회"라고 이해되어 왔다면, 이제 교회는 그 자체가 "거룩한 교회"로 이해되게 된 것이다.

---

17) Cyprian, *De Habitu Virginum*, 3.
18) 같은 책 22.

교인 개개인에게 요구되던 순결이나 거룩함 등은 계속 요구되었으나, 교회가 객관적인 거룩함의 틀로 이해되었다. 실제로 교회에는 거룩한 교인과 그렇지 못한 교인들이 섞여 있을 수밖에 없었다. 그러나 처녀의 순결함과 금욕이 그리스도인들의 특징으로 인식되어 있었으므로, 교회의 특징이 순결함과 금욕을 상징하는 기관이 된 것은 필연적인 과정이었다.

이 결과 순결과 금욕은 교회 내에서 교회론적 의미를 가지게 된다. 순결과 금욕은 교회의 필수적 요소가 된 것이다. 이제 교회 내에서 금욕적 요소는 교회를 규정해 주는 요소가 되었다.

금욕적이며 순결한 처녀로서의 삶이 각각의 교회들에서 이루어짐으로써 이것이 분명하게 자리매김하면서 북아프리카의 터툴리안(220년 사망), 키프리안(258년 사망), 알렉산드리아의 오리겐(258년경 사망)이 이러한 삶을 이론적으로 설명해 놓고 있다. 그중에서도 스스로 금욕적 삶을 살았던 오리겐은 신 플라톤학파와 영지주의의 영향을 받는 영성 신학의 대가로서 금욕과 신화를 함께 묶어서 이론적으로 통합한 체계를 제시하고 있다. 오리겐은 그의 서술을 통해서 그리스 교회와 라틴 교회 수도원적 삶에 대한 교사이자 수도원 제도의 선구자가 되었다.

오리겐 개인은 알렉산드리아 교회와 가이사랴 교회의 교사로 활동했다. 그러나 그는 완성된 그리스도인인 영성주의자에게 큰 영향을 미쳐서 그를 모방하도록 했다. 오리겐은 영성주의자나 기독교적 완전함의 이상을 가진 사람들이 사막에서 사는 광야 금욕의 형태를 가르치고 있지는 않다. 그러나 오리겐은 은둔자의 삶이라는 삶의 형태를 알고 있었다. 왜냐하면 오리겐의 서술에서 세상과 교회의 시끄러운 일상에서 벗어나 혼자 은둔하는 것이 온전한 그리스도인의 삶을 위해서 진지한 가능성으로 서술되고 있기 때문이다. 이 생활은 영적으로 설명되어 있다. 그에 의하면 이런 삶의 목적은 "하나님의 성소에 머무름"인데 이런 삶은 완전한 그리스도인에게는 개인의 집에서, 광장이나 극장에서도 가능하다고 주장하기 때문이다.

기독교 공동체가 가진 금욕과 세상에서 행하는 금욕이 실제로는 근본적 차이가 없었다. 이런 삶의 형태는 기독교가 있기 오래전부터 세속 세계에도 이미 있었기 때문이다. 그러나 전적으로 같은 것으로 생각할 필요도 없다. 여기서는 헬라파 유대인이었던 필로가 에파노르토제의 법을 설명할 때 썼던 "옛날에 사용되던 동전이 새로운 모습으로 만들어져 새롭게 사용된 것과 같다"[19]라는 표현이 가장 적절하다.

세속 세계의 수도사들이 행했던 금식 역시 외부적으로는 기독교인들의 금식과 차이가 없었다. 실제로 양적, 질적인 의미에서 음식물을 제한하는 데는 어쨌든 같은 것이다. 하지만 금식의 동기 면에서 살핀다면 모든 금식의 실제는 다르게 해석될 수 있다.

실상 고대 교회의 금식은 처음부터 그들만의 금식 목적을 가지고 있었다. 기독교 내부에서 생겨나는 금욕의 동기는 항상 제일선에서 예수 그리스도를 따르는 것이었다. 그러므로 금욕에서는 예수의 행위와

---

19) *Quod Deterius Potiori Insidiary Soleat* 152.

말씀을 금욕이라는 시각에서 이해했다고 해야 한다.

금욕적 삶에 대한 또 다른 동기는 강력한 역동성을 가지고 들어왔다. 이 동기란 바로 세계의 급박한 종말에 대한 확신으로 이 확신이 금욕의 삶을 살도록 요구했다. 초대 교회 교인들은 세상의 급박한 종말을 확신하고 있었고(고전 7:28-29 참조), 금욕적 삶이란 이것을 준비하는 과정으로 이해했다.

실상 세상의 종말이 바로 앞에 닥친다는 급박한 종말 신앙은 초대 교회에서 사라지고 종말론적 이해로 전해져 오고 있었다. 즉 세상의 종말이 이루어지지 않고 세상이 계속 존속하게 되었다고 해서 종말 사상이 사라진 것이 아니라 종말이 영적으로 해석되었다. 종말론적 기대가 영적으로 개인적으로 해석되면서 모든 인간에게 인생의 마지막이 오는 것은 정해진 것이며, 이때 심판이 있는데 여기서 상을 받거나 저주를 받게 된다고 여겨졌다.

심판과 상급의 기대가 새로이 금욕의 동기를 유발했는데, 이 견해에 따르면 저세상에서 받을 상급은 이 세상에서 얼마나 금욕적 삶을 살았느냐에 달려 있다는 것이다. 또한 금욕에 관심을 끌게 한 다른 것은 금욕을 통해서 이 세상에서 저세상의 삶을 미리 맛보고 산다는 사상이었다. 이와 관련한 표어들을 보면 "다시 얻은 낙원", "천사와 같은 생활" 등으로 이런 요소 또한 고대 교회에서 금욕으로 이끄는 특별한 동기로 작용했다.

고대 교회를 금욕으로 이끈 또 다른 요소는 예수를 따르는 것이 핵심 요소인 모방적 삶이다. 선지자들은 금욕적인 삶의 형태로 해석할 수 있는 것들을 남겨서—히브리서 11장 33-39절은 이러한 금욕적 삶의 시작점으로 해석이 가능한 신약 성경의 구절로—금욕적 삶이 모방하는 삶으로 연결될 수 있는 계기를 마련했다. 이는 또한 사도들의 삶에도 같이 연결되었다. 사도들의 삶에서 보여준 금욕적 삶의 형태가 새로운 자극을 주었다. 순교자는 금욕을 통해서 맥이 이어지게 되었다.

이제 순교의 개념은 영적으로 해석되면서 금욕의 삶을 사는 사람들은 평생을 통해 순교자임을 증명하는 것으로 이해되었다. 그러므로 금욕적 삶은 순교의 독특한 형태가 되었고 동시에 진실한 그리스도인으로 사는 증거가 되었으며, 이런 이유로 이러한 삶은 신앙을 위해서 자신의 삶을 죽음과도 같은 형벌에 내어놓아 하나님께 드리는 것으로 이것보다 더 분명한 구원의 길은 없다고 생각했다. 특별히 4세기부터 이러한 금욕의 삶은 평화기의 "영광의 순교"로 이해되었다.

이렇게 동기 지워진 기독교 금욕의 형태들은 우선 교회와 일반 신자들의 생활에 영향을 미쳤다. 특히 일반 신자들에게 고행과 금욕 이상이 접목되면서 "가정에서의 고행과 금욕"의 형태가 나타났다. 이 가정에서의 금욕 형태는 수도원이 나타나기 전에 넓게 퍼졌던 고행의 생활 형태였다.

우리가 알고 있는 현재의 수도원처럼 교회와 분리된 독립된 형태의 수도원은 3세기에 나타났다.

수도원의 본디 특징에 해당하는 것이 바로 수도사들이 일반 교회에서 분리해 나간 것, 즉 일상적 삶의 공간에서 떨어져 나온 것이다. 이 결과로 이들은 하나의 독자적인 고유의 종교 세계를 만들어 냈는데, 이것을 통해서 금욕이 가장 근본적 생활 요소가 되는 특별한 특징을 갖는 기독교 공동체가 만들어지게 된다.

수도원 이전의 금욕 단계에서 본래 의미의 수도원으로 이행해간 과정은 단순히 위에서 설명한 기독교 금욕이라는 동기를 통해서 나타난 것이 아니다. 새로운 동기, 즉 새로운 역사적 상황이 덧붙여 맞물려졌다.

여기에 대한 대답은 전통적으로 두 가지가 있다. 하나는 교회가 세속화되었기 때문에 진실한 신앙을 가진 사람들이 광야로 나갔고, 광야에서 수도원이 체계화되었다는 주장이다. 이 주장은 광야 금욕의 시작을 4세기로 잡고 있으며, 수도원이 생기게 한 교회의 세상적 모습이 로마 제국과 결탁한 기독교적 제국 교회라고 한다. 이 주장은 다음의 단순한 사실로 반박된다. 즉 수도사들은 3세기에 이미 광야로 나가 있었다는 것으로, 즉 교회가 승리한 존재로서 제국 가톨릭교회의 모습을 갖추지 못하고 있을 때 교회를 떠났다는 것이다.

다른 하나의 주장은 로마의 데시우스 황제(249-251)가 기독교를 혹독하게 박해함으로써 그 여파로 광야 수도사가 생기기 시작했다는 주장이다. 이런 내용은 고대 교회에서 이미 잘 알려져 있던 내용이었는데, 그 이유는 교회사가인 유세비우스가 쓴 내용을 잘못 이해한 데서 기인한다.[20] 유세비우스가 기독교인을 국가가 박해했을 때 광야로 도

---

20) *Historia Ecclesiastica* IV 42.

망간 사람들을 수도사로 묘사한 곳은 없기 때문이다.

그러므로 수도사들이 광야로 나간 원인은 다른 데서 찾아야 한다. 이것에 관해서는 요한네스 카시안(Johannes Cassian, 435년경 사망 추정)의 설명을 참고할 필요가 있다. 그는 자기 책 『수도원에 관해서』(*De Institutis Coenobiorum*)에서 "수도사는 교회 감독과 여자를 피해서 광야로 갔다"고 쓰고 있다.[21] 이 말 속에는 수사학적 과장이 들어 있는 것도 사실이지만 3세기에 나타난 광야 수도사의 출현에 대해서, 즉 수도원의 시작에 관해서 중요한 역사적 단서를 전해 주고 있다. 카시안의 말 중에서 수도사가 교회의 감독으로부터 도망갔다고 표현하는 이상 이는 금욕자와 교회 사이를 문제 삼아야 한다.

3세기의 기독교는 조직화된 공동체였다. 이 공동체의 최고위직은 감독이었고 모든 직위와 기능과 활동은 세부적으로 규정되어 있었다. 금욕자는 그런데 이런 조직에서 빠질 수밖에 없었다. 왜냐하면 이들 공동체의 직위와 활동은 공동체의 관심에 따른 사회적 접촉이나 인간적 문제들에 관한 참여가 불가피했기 때문에 이들이 직위나 교회 활동에 참여한다면 그들의 본래적 관심인 관상, 금욕과 고행은 소홀히 될 수밖에 없었기 때문이다. 그래서 금욕자들은 어쩔 수 없이 공동체의 일반적 질서와 규칙과는 거리를 유지해야만 했다.

그렇다고 이것을 저항이나 반대로 이해해서는 안 된다. 이들이 참여하지 않은 이유는 자신들의 신앙과 구원에의 관심이 더 컸기 때문

---

21) Joh. Cassian, *De Institutis Coenobiorum*, VI 18.

이다. 그들은 관상을 방해받고 싶지 않았으며 하나님과의 신비적 만남을 계속하고 싶었다. 이들에게는 세상과의 단절이 중요한 요소였는데 이들이 보는바 교회는 세상의 일부였다.

교회 역시 금욕의 프로그램이 있었다. 이는 형식이나 실제적인 고려에 의해 만들어진 것이었고, 여기에 시민으로서 사회적 활동 역시 중요한 요소였다. 또 한 가지는 교회가 정형화되고 조직화하면서 개인의 관심이나 중요도가 이제는 개인이 갖는 금욕이나 고행이 아니라 교회 공동체 자체, 공동체의 일이 중요한 관심사가 되는 현실도 어떤 역할을 했을 것이다.

이제 교회에서 개인의 역할을 감소하고 있었다. 여기서 우리는 금욕이 수도원의 형태로 이어진 데에는 교회가 많아지고 정형화 조직화하면서 대형화된 교회가 어떤 빌미를 제공했다고 말할 수 있다.

그럼 여자에게서 도망갔다는 것은 무슨 뜻일까? 수도원이 생겨나기 전에 금욕자들이 남자에 국한된 것이 아니었다. 많은 여자도 수도사에 합류해 있었고, 그래서 혼성으로 구성된 금욕자 무리가 당시에 일반화되어 있었고 수도 많았다. 그러나 교회의 처지에서 볼 때 이런 혼성 금욕자들은 의심의 눈초리를 받을 소지가 많았다. 그 결과 이런 혼성 수도사는 교회의 비판을 받게 되었고 사회적으로도 호평을 받지 못했으므로 이런 의심을 탈피하기 위해서 동성끼리의 금욕 형태가 바람직하다는 것이 분명해졌다. 이런 필요성은 남자보다는 여자에게 특히 중요했다.

또 한 가지 여자와 문제가 되는 것이 가정 내에서의 금욕과 고행과 관련해서이다. 가정 내에서 금욕은 보통 스스로 선택해서 결혼을 안 하고 독신으로 사는 형태가 대부분이었는데, 이들은 금욕의 중요한 요소인 순결을 유지하는 것에서는 문제가 없었으나 재산이나 가정과 관계된 세상사로부터는 자유로울 수 없었다. 이런 모습은 금욕자들이 가지는 이상이 훼손된다는 느낌이 들도록 했다.

많은 금욕자들이 가지는 이상을 여성들은 이미 가정에서 하고 있다고 인식되는 데 대한 반감을 갖게 한 것이다. 금욕자들이 이 모든 것을 떠나서 자신들의 이상을 갖기 위한 거의 유일한 대안은 자신들만의 공동체를 만드는 길이었다.

여자에게서 도망한다는 말은 더 넓은 의미로 해석될 수 있다. 고대의 교회는 구약과 밀접한 연관이 있었으므로 초기의 교회는 이 영향을 받아서 여성에 대해 부정적 평가를 가지고 있었다.

창세기 3장을 비롯한 구약과 유대 문헌 전체에서 가진 여성에 대한 입장은 거의 일관되게 여성에 대한 평화의 입장이다. 여자란 사람을 유혹해서 죄악에 빠뜨리고 구원을 방해하는 존재로 그려지고 있었다. 그러므로 카시안이 말하는 여자로부터 도망한다는 뜻은 범죄의 가능성, 타락의 가능성이 상존하는 세상을 상징적으로 표현하고, 그래서 자신들의 구원을 위해서 세상으로부터 도망함을 이렇게 표현했는지도 모른다.

실제로 3세기 이후에 교회는 많은 사람이 몰려든 군중 밀집 교회가 됨에 따라 지금까지 교회가 견지해 왔던 윤리적으로 높은 차원의 활동을 더 할 수 없었고, 그래서 어쩔 수 없이 초신자와 고급 신자간의 2

단계 윤리를 적용할 수밖에 없었고, 이는 교회를 "세상"으로 되도록 했다. 그러므로 위에서 말한 초대 교회의 세속화 때문에 광야로 나갔다는 주장에 대한 반대는 새로이 설명될 필요가 있는 셈이다.

하지만 이렇게 해서 교회를 떠난 금욕자들은 자신들의 행동을 저항으로 하지는 않았다. 그들은 기성 교회에 대항하는 새로운 교회를 세우지도 않았고, 단지 보통 교회에서와는 달리 복음서에서 요구하고 있는 금욕적 삶을 방해받지 않고 개인적으로 살고자 했다. 이렇게 해서 기독교의 교회 내에 금욕적 그리스도인과 비금욕적 그리스도인들이라는 대칭되는 쌍이 생겨나는데, 이것은 보통 "세상과 수도원"이라는 반대 명제로 이해되며 이들은 전체 교회사에서 계속 긴장 관계를 유지하게 된다.

이렇게 교회의 상황과 관련된 설명만으로는 3세기에 광야 금욕자들이 생긴 이유를 전체적으로 설명하지는 못한다. 이 당시에 기독교 내로 침투해 들어온 염세주의적 세계관은 기독교가 세상과 일정한 거리를 유지하는 태도를 더욱 강화했으며 세상을 떠나 그들만의 조직 질서를 원하도록 동기 부여를 했다.

당시에 유행하던 견유학파 역시 기독교인들에게 영향을 미쳤고, 금욕의 욕구로 세상을 떠나도록 이끌었다. 경제적 이유(세금 부담), 사회 정치적 이유(군사 부역과 다른 국가적 부역 의무)도 각각 사람들이 광야로 나가게 한 원인으로 설명되어야 한다.

이렇게 여러 종류와 각기 다른 개별적 동기들에 의해서 금욕자들은 3세기 동안에 교회를 떠나 나왔다. 사람들이 살고 있었던 동쪽 지중해 지방을 벗어나서 광야에 산다는 것이었지만, 이들은 광야를 단순한 체류 장소, 즉 아타나시우스가 『안토니의 생애』라는 책에서 언급하고 있는 것처럼 금욕 자기 자신을 감시하는 장소였다.[22]

이러한 발전을 뒤돌아보면 가이사랴의 유세비우스가 교회에서의 삶의 모습에는 두 가지가 있다고 확인하고 있는 이유를 알 수가 있다: "하나는 본성을 넘어서 사는 것으로 일상적이고 보통의 삶과는 관련을 맺지 않는 삶이다. 이런 삶을 사는 사람은 결혼하지 않는다. 이들은 인간의 삶의 습관을 근본으로부터 바꿔서 하늘로부터의 위로를 가지고 살며, 오로지 하나님께만 봉사한다. …이와는 달리 다른 하나는 보통의 인간이 가지는 국가와 사회적 삶에서의 권리와 의무를 거스르지 않는다. 이들 역시 경건함과 주께 자신을 드림의 굳은 결심을 하고 있다 할지라도 일반 생활, 즉 결혼, 아기 출산, 직업 생활, 국가의 법에 복종 등 일반 시민이 지켜야 하는 의무를 다하는 사람들로 이런 삶과 기독교 신앙을 완전히 일치시키고자 하는 사람들이다."[23]

---

[22] *Vita Antonii* 3.

[23] *Demonstratio Evangelica* I 8. "수도원의 기원"에 관하여서는 K. S. Frank(편집), *Askese und Mönchtum in der Alten Kirche*(Darmstadt 1975) = *Wege der Forchung* 409를 참조하라.

제2장

동방 수도원의 초기 형태

　교회에서 빠져나온 금욕자들은 광야로 나가 광야 금욕자들이 되었는데 이들은 혼자 살았다. 이것이 가장 단순한 형태로 시작된 곳은 이집트였다. 이 결과 이집트는 수도원이 처음 시작된 곳으로 알려져 있다. 하지만 실제로는 동방 지역에 기독교가 전파되어 있던 다른 지역에도 이미 이집트의 수도원과 관계없이 독자적으로 생성된 수도원이 있었고 4세기에는 교회권 전역에 퍼져 있었다.

　우선 수도원의 전형적 모습을 제공하고 있는 이집트 수도원부터 살펴보기로 한다. 이집트의 수도원에 관해서 말하고자 한다면 가장 먼저 눈에 띄는 사람이 금욕자 안토니(Antonius)이다.

　안토니가 유명해진 까닭은 알렉산드리아의 아타나시우스가 안토니가 사망(356년)한 지 얼마 안되어 그의 전기를 저술했기 때문이다.[1]

---

1) 그리스어 본문: Migne PG 26; 독일어로 된 번역은 *Bibliothek der*

『안토니의 생애』는 백 년이 넘는 이집트 수도사들의 삶을 잘 전해 주고 있다. 물론 이 책의 저자로 알렉산드리아의 주교였던 아타나시우스가 안토니의 전기를 집필한 이유가 이 수도사들의 생활 자체를 기술하고자 한 것이 아니다. 그는 이 책을 통해서 체계화된 수도사의 삶을 설명함으로써 자신이 가진 신학적 교회 정치적 개념에 맞는 수도사의 상을 그려내려고 했다.

아타나시우스의 전기에 의하면 안토니는 275년 젊은 나이에 고향을 떠나 이집트의 경계 지역에 있던 광야로 갔다. 아타나시우스는 이러한 광야에서의 삶이 젊은 안토니가 갑작스럽게 스스로 찾아낸 생활 방식이 아니라는 것을 밝혀 주고 있다. 안토니는 광야에 가서 젊어서부터 광야의 한쪽 끝에 살고 있던 한 수도사에게 자신을 의탁한다.[2] 이 내용은 광야 금욕의 초기 형태가 어떠했는지를 알려 준다. 그들은 은둔자의 삶을 살고 있었다.

교회로부터의 나와서 은둔적 삶을 사는 이러한 삶의 형태는(즉 스스로 숨어서 사는 것) 개인적으로 행해졌다. 자신의 생활 주거지를 광야에 갖고 있는 사람인 금욕자는 혼자 개인별로 살았다. 그렇다고 이것이 모든 인간적 접촉을 끊어 버리는 고립된 생활을 했다는 것을 의미하는 것은 아니다. 안토니에게서도 이런 기본 원칙이 나타난다: "수도사의 생사(生死)는 함께 있는 사람에게 어떻게 하느냐에 따라 결

Kirchenväter, Athanasius 2.
2) *Vita Anthonii* 3.

정된다."[3]

은둔적 삶에서 나타난 이런 경험들은 곧 광야 생활에서의 새로운 삶을 배우도록 했다: "만일 이전에 세상에서 사람들과 올바른 관계를 갖지 못했다면 홀로 사는 은둔의 삶 역시 제대로 하지 못할 것이다."[4]

그러므로 광야 금욕의 원시적 형태는 자연스럽게 느슨한 은둔 식민지로 형성되었다. 은둔자는 천막에서 살거나 직접 지은 오두막, 무너진 성채, 또는 버려진 무덤 동굴 같은 데서 살았던 것으로 보인다. 이런 곳에서 매일의 생활을 계속했던 수도사들의 하루는 보통 계속 기도하는 것이 주된 일이었다. 영원한 구원을 얻는 것이 그들의 가장 중요한 관심사였으므로 기도가 가장 중요한 요소가 되어 생활의 다른 면들이 기도에 종속되는 것은 당연했다.

노동은 반드시 해야 하는 의무였으나 이때도 목적은 분명히 명시되었다. 자신의 삶을 위한 최소한의 것을 얻는 수단인 동시에 다른 사람을 구제하기 위한 수단이어야 했다. 이러한 은둔 지역의 정신적 구심점은 보통 천부적 재능을 가지고 있으며 개인적인 명망으로 정신적 영적 권위를 인정받고 있는 경험이 풍부한 수도사였다.

수도사가 되고자 하는 사람들은 자유롭게 이들을 찾아가 그들과 관계를 맺음으로 시작했는데 이런 관계는 언제든지 철회할 수 있었다. 그런데 이런 노 수도사의 밑에서 수학하는 것은 당연시되었다. 어떤

---

3) *Apophthegmata Patrum*, Antonius 9.
4) 같은 곳, Longinus 1.

법규 같은 지도 수단이 문서화 되거나 정형화되어 규칙으로 쓰이지는 않았다. 오히려 정신적 능력이 있는 스승의 "말", 즉 어떤 개인 수도사가 찾아가 도움을 요청하거나 가르침을 받고자 했을 때 그가 주었던 말이 이들을 가르치는 교훈이 되어 규칙의 역할을 했다.

이 말씀들이 나중에 소위 『금언』(Apophthegmata)으로 묶여져서 광야 금욕자들의 영적인 생활에 관해서 가치 있는 자료들을 풍부하게 전해 주고 있다.[5] 이 책은 이집트에서의 초기 수도원에 전체적 분위기를 알려주는 가장 중요한 자료이다. 이곳에서 보여주는 최초의 기본적 모습들과 각색되지 않은 진솔한 가르침은 광야 금욕자들의 삶이 가졌던 높음과 깊음을 잘 보여주고 있다.

이들을 함께 묶어 주는 끈으로 작용했던 것들이 또 있었는데 예배와 최소의 생활에 필요한 물건의 조달 때문이었다. 예배는 일주일에 한 번씩 모였는데 자기들끼리 스스로 자발적으로 모였다. 함께 모이는 사람 중에 사제가 없을 때는 인근에 있는 교회에서 모이기도 했다.

또한 은둔자들에게도 최소한의 생활에 필요한 물품들이 필요했다. 자신들의 손으로 직접 만든 담요, 광주리, 밧줄 등과 같은 물품들이 판매되거나 교환되기도 했다. 어떤 경우에는 은둔자들이 만든 물건을 모아서 도시에 나가서 팔기도 했다. 또한 식료품이나 옷가지 등도 모

---

5) 그리스어 본문: *Migne PG* 65, 독일어 번역으로는 B. Miller, *Weisung der Väter*(Freiburg 1965). 한국어 번역으로는 『사막 교부들의 금언』(엄성옥 번역, 은성출판사 2017).

두에게 필요한 물품이었다. 이런 삶의 모습이 대부분 모든 수도사이 다 나서서 한 것은 아니었다.

이것은 수도원 삶의 가장 원시적 형태를 보여준다. 즉 한의 교부를 구심점으로 생활하는 모습을 보여줌으로써 나중에 공동체적 삶의 모습으로 발전되어갈 토대가 되었다. 이런 요소는 은둔자들이 함께 모이고 느슨하지만 공동체적 의식을 심어 주었고, 이는 눈에 보이지 않는 조직의 형태를 갖추게 했다.

이집트의 은둔자들이 모여 살던 대표적 중심 지역은 나일 강 삼각주 지역의 북서쪽인 스케테(Sketis), 니트리아(Nitria), 켈리아(Kellia)와 북부 이집트에 있는 테베(Thebais) 지역이었다. 이곳의 정황에 관해 『금언』(Apophthegmata)이 알려주는 것 외의 내용을 알려주는 것으로 4세기 후대에 편집된 히스토리아 로시아카(Historia Lausiaca; 주교 팔라디우스의 저작)의 전집 중 하나인 『수도원 역사』[6]가 있고 저자가 알려지지 않은 『이집트 수도원의 역사』(Historia Monachorum in Aegypto)가 있다.[7]

이집트의 은둔 금욕자들이 많아져 수도원의 번성기가 찾아오면서 금욕적 삶의 새로운 형태가 시작되었다. 이것은 수도사들이 엄격하게

---

6) 원문은 C. Butler가 Cambridge 1898/1904로 출간했으며, 독일어 번역은 BKV, *Palladius*가 있다. 한국어 번역으로는 『초대 사막 수도사들의 이야기』(엄성옥 번역, 은성출판사 2009)가 있다.

7) 원문, A. J. Festugière(Brüssel 1961)이 출간, 독일어 번역으로는 K. S. Frank, *Mönche im Frühchristlichen Ägypten*(Dusseldorf 1967)이 있다. 한국어 번역으로는 『사막 수도사들의 삶』(엄성옥 번역, 은성출판사 1994)이 있다.

조직화된 공주 수도원 형태를 말한다(이것을 코이노비텐툼[koinobitentum]이라고 한다).

　금욕수도사 중에서 가장 대표적 인물로 안토니가 언급되지만, 새로운 형태의 공동체 수도원을 설립한 사람으로서 안토니에 버금가는 위치에 있는 이집트인 파코미우스(Pachomius, 346년 사망)가 있다. 파코미우스는 수도사들이 한 집에 함께 모여서 사는 공주 수도원적 형태를 처음 시작하였다. 그동안 개인이 독거하던 수도 형태(獨修道)와 한 지도자를 중심으로 산거(散居)하면서 필요에 따라 모여 반(半) 독거 수도 형태의 공동체가 있었다.

　파코미우스도 처음에는 은둔 수도 생활을 했다. 그 역시 다른 사람처럼 처음에는 어느 스승 아래서 독수도생활을 했다. 그러나 그가 가지고 있는 조직하는 재능을 살려서 은둔 수도자들을 한 곳에 모으는 일에 착수했는데, 원래의 목적이 공동생활을 통해서 은둔 수도사의 생활을 돕고자 함이었다.

　은둔 수도사이긴 하지만 방문객도 많고 방문하는 사람들에게 필요한 상담을 하는 일이 자주 있었으므로 은둔 수도사들에게 성숙한 인격과 사람들의 요구에 부응할 수 있는 식견을 갖추는 것이 필요했다. 이런 현실적 배려에서 파코미우스는 은둔 수도사들을 함께 모았고, 이 일을 "사람들에 대한 봉사" 차원에서 추진했다. 그는 수도사들이 자신들의 원래 은둔 이상에 머물면서 세상과 단절된 상태에 살면서도 자신들만 구원하고자 해서 자신에게만 몰입해 있는 것을 벗어나게 했다. 이는 처음에 형제들 간의 공동체 모임으로 시작되었던 교회의 처음과 비슷하다.

이 새로운 수도원 가족공동체 근거로 사도행전 4장 32-3절을 삼았던 것은 이를 증언하고 있다. 파코미우스가 첫 수도원을 건립한 곳이 이집트 테베(Thebais)의 타벤니시(Tabennisi)이다. 이 수도원이 세워진 후 얼마 지나지 않아서 많은 수도원이 세워졌다. 이렇게 되자 수도사들의 공주생활은 더 이상 강요나 필요에 의해서 취할 수 있는 생활 수단이 아니라 금욕자들에게 당연한 필수적 요소가 되었다.

파코미우스는 이 수도원 공동체에 몇 가지 원칙을 정하고 있다: 수도사들은 세상과는 단절된 삶의 공간을 가진다. 또한 개인적으로도 자신만의 수도자로서의 삶을 가진다. 그러나 음식과 옷 또 노동과 예배에서는 공동으로 한다. 그리고 수도원 전체를 지휘하고 수도사 전체에 해당하는 생활 질서는 수도원의 책임자가 정한다.

이런 원칙하에 파코미우스는 수도원 규칙을 제정함으로써 수도원 발전에 큰 족적을 남기고 있는데, 이 규칙에는 각 수도사가 수도원에서 어떻게 살 것인지를 세세하게 밝히고 있다.[8]

이렇게 되어 수도사들은 이제 광야에서 은둔 금욕자가 가졌던 이상(理想)과 실제를 수도원에서 할 수 있게 되었다. 원래 광야의 금욕 생활의 이상이 성경에서 비롯된 것이라면, 성경에서 말하는 금욕자의 삶의 형태가 이제 구체적 삶의 규칙으로 나타나게 된 셈이다. 그리고 모

---

8) 히에로니무스가 라틴어로 번역한 것이 전해진다. 텍스트는 A. Boon, *Pachomius Latina*(Löwen 1932).

든 수도사가 이것을 알고 있었으므로 규칙은 성경과 거의 비슷한 권위를 가졌다. 규칙의 내용은 성경에서 가르치는 것을 수도원 내에서의 실제 생활에서 어떻게 적용할지를 풀어 설명하는 것이었기 때문이다.

파코미우스의 수도원 공동체들은 자신을 기독교 공동체의 하나로서 "거룩한 공동체"에 속한다고 생각했다. 이런 생각은 각 수도사와 수도원 사이를 더욱 공고하게 했다. 그런데 수도사들에게 요구되는 것은 수도원 규칙의 준수라는 같은 규범이었으므로 모든 수도사의 생활 형태나 목적하는 것 등은 다 똑같았기 때문에 수도사 개인이 가지는 특별한 의미가 약화되었다.

은둔 금욕자나 고행자들은 보통 사람이 흉내 내기 어려운 진기하고 기묘한 삶의 형태를 보일 경우가 많았는데, 이런 것들보다는 일반적이고 보편적인 삶의 형태가 수도사 생활에도 자리 잡게 된 것이다. 수도사 생활의 평준화 내지는 일반화는 수도사 생활 자체의 특별함보다는 수도원 전체와 관련된 질서가 중요해지는 계기가 된다.

수도원의 전체적 질서는 조직이나 권위의 강화를 부르게 된다. 그 결과는 체제와 조직의 중요한 요체인 조직 내적 질서를 강조하게 되고, 이는 순종이 강조되는 조직체로 발전하게 된다. 이제 순종은 수도원에서 필수적인 덕목이 되었고, 수도사나 수도사가 되려는 사람들에게 당연히 전제되는 덕목이 되었다. 순종의 대상, 순종의 권위는 규칙이었는데, 규칙 위에 상급자가 있었다. 왜냐하면 규칙은 보통 상급자에게 절대적 순종할 것을 명령하고 있기 때문이다. 개인적 인격이나 모범적인 고행을 보이는 사람이라고 해도 순종을 하지 않으면 가장 중요한 덕목을 하지 못하고 있는 것이 되었으므로 어떤 수도사도, 설혹 그가 모든 사람에게 존경을 받는 완벽한 고행자라고 하더라도 순종의 덕목은 예외를 두지 않았다.

파코미우스 수도원 공동체에서는 가난도 중요한 덕목 중 하나로 꼽혔다. 가난은 이미 전통적으로 은둔이나 금욕을 추구하는 사람들에게 공통으로 나타나는 덕목이었는데 내용으로는 개인적으로 삶에 필요한 것들이 없는 형태로 살아가는 것을 말한다.

광야의 수도사들은 가난하게 살기는 했지만, 어느 정도 가난해야 하는가의 문제는 가난의 정도와 범위를 스스로 결정했다. 하지만 수도원에서 사는 수도사에게는 선택의 여지가 거의 없었다. 수도원의 수도사는 외관상 정말로 가난하게 사는 모습이었다. 왜냐하면 개인 소유는 전혀 없었고 기본적인 삶에 필요한 것들은 수도원 자체에서 해결을 해 주었기 때문이다.

파코미우스 수도원에서 수도원이 가진 소유물(수도원 자체를 포함해서)은 "그리스도의 재산"(Eigentum Christi)이었다. 이 멋진 표현은 후대 수도원 역사에서 아주 중요한 역할을 한다. 왜냐하면 이 말로 인해 수도원 자신이 가난하다는 것을 의미하므로 수도원 자신과 수도사들이 무소유(無所有)라는 것을 나타내 주는 표현이 되었을 뿐 아니라 정치적이나 사회적 혼란기에 수도원의 재산을 노리는 사람들과 세력에게 유력한 방어 수단이 되었기 때문이다. 하지만 어쨌든 실제로는 수도원도 재산인 것이 분명하다.

그러므로 수도사 개인의 가난은 "안전이 보장된 가난"이 된다. 수도원의 수도사는 어떤 재산을 임의로 사용할 권한이 없다는 의미에서, 일상적 삶에 필요한 물건의 사용을 자의적으로 할 수 없다는 의미에서만 가난한 셈이다. 그런데도 불구하고 수도원은 스스로에 대한 이해에서 수도원의 소유는 그리스도에게 양도된 재산이고, 이 재산으로 교회의 가난한 자들을 위해 사용되어야 한다고 믿었다.

파코미우스가 매일의 일상을 통해 가르친 수도원 이상인 순종과 가난은 얼마 안 가서 모든 수도원 규칙이 당연히 포함 시켜야 하는 요소가 되었다.

그런데 파코미우스가 새롭게 정비한 제도에도 불구하고 파코미우스 이후에 수도원들은 몰락의 길을 걸었다. 그의 수도원에는 많은 지원자가 몰려들었는데, 지원자가 많다 보니 수도원이 있던 지역은 수도원이 아니라 사람들이 보통 사는 마을이나 부락처럼 커지게 되었다.

이런 상황에서 요구되는 것 중 가장 중요한 것은 탁월한 지도력을 가진 유능한 지도자였다. 그러나 아쉽게도 파코미우스의 제자 중에는 이런 능력을 갖춘 사람이 없었고, 결과는 수도원 간의 연대가 서서히 약화되는 결과로 나타났다. 수도원들이 성장이 빌미가 되어 쇠퇴했다.

사람들이 자꾸 몰려오면서 경제적 성장은 필연적 과정이었다. 물론 이 수도원 중 어느 하나도 경제적 목적으로 생산품을 생산하기 위해서 세워진 것은 없었다. 하지만 수도사들이 의무적으로 해야 하는 노동은 결과적으로 상품 생산을 하게끔 했다. 수도원은 자신들이 원하지 않았음에도 불구하고 어쩔 수 없이 경제적으로 단위가 큰 회사가 되었고, 그 결과는 단순한 경제적인 데 그치지 않고 권력과 부유함까지 제공했다. 바흐트(H. Bacht)는 이것을 기독교 수도원이 가진 "거대한 시체들의 무덤"이라고 혹평하고 있다.

4세기 초 부터는 수도원에서 처음 파코미우스가 설립했던 공동체 정신이 사라져 갔다. 파코미우스가 처음 시작한 이 공동체적 수도원에서의 삶과 수도원들의 연합이 처음으로 나타내 보여준 몰락의 과정은 후대의 수도원 역사에도 자주 나타나서 다음과 같은 사실을 확인시켜 주었다. 즉 어떤 위대한 지도자에 의해서 창시되고, 그의 역동적 역량에 의해 형성된 수도원은 3~4대 후에는 내적으로 붕괴된다는 사실이다. 수도원이 지속되기 위해서는 새로운 역량이 필요하다. 이런 의미에서 수도원의 역사는 교회사에게 중요한 교훈과 부담을 안겨 주고 있다: "수도원은 항상 개혁되어야 한다"(*monasterium semper reformandum*).

파코미우스파의 수도원들이 몰락의 길을 걸었다고 해서 이집트 지역에 수도원이 사라졌다고 생각해서는 안 된다. 수도원들은 계속 살아남았고, 5세기에는 새로운 각성의 기회를 얻는다. 이 일을 해낸 사람이 콥틱 사람 아트리페의 쉐누테(Schenute von Atripe, 451년? 사망)로서 그는 테베 지역의 백색 수도원을 새로운 수도원 중심지로 만들었다. 그는 수도원 규칙에서 파코미우스의 영향 아래에 있지만, 파코미우스는 전형적 금욕을 특징으로 한다면 쉐누테는 이를 더욱 강화해서 엄격한 금욕주의로 만들었다. 알렉산드리아 신학과 교회 정치를 위해 아타나시우스가 『안토니의 생애』에서 널리 알렸던 수도사적 삶의 출발점은 알렉산드리아의 대주교였던 세누테에 의해 431년의 에베소 종교회의까지 회의 의제로 연결되었다.

여기서 또 한 가지 간과되어서는 안 될 것이 이집트에서 공동체적 수도원 운동이 급속하게 성장 발전했다고 해서 은둔주의가 사라진 것은 아니라는 사실이다. 은둔주의자들은 계속 살아남았고, 수도원들과는 삶의 방식을 놓고 때로는 호의적 관계를, 때로는 적대적 관계를 유지해 갔다. 둘 사이에는 어떤 것이 더 완전한 삶인가를 가지고 실제적인 면과 이론적인 면에서 논쟁을 벌였다. 은둔자들은 주장하기를 자신들이야말로 금욕적 삶의 양식에서 완전한 모범이며 은둔에서의 금욕이 온전함에 이르는 유일한 방법이고 수도원은 금욕적 삶의 첫 과정으로서 수도원은 많은 수도사를 대상으로 가능한 방법일 수 있다고 했다.

금욕과 수도원에 관한 훌륭한 이론가였던 에바그리우스 폰티쿠스(Evagrius Ponticus, 399년경 사망)는 4세기 말에 은둔자로 금욕의 삶을 살기 위해 광야로 다시 돌아갔다. 그는 자기 저술에서 광야 금욕의 경험을 오리겐의 금욕 이론에 맞춰 설명하고 있으며 수도사에 관한 이론적 전개를 통해 동방과 서방 교회에 지속적인 영향을 미쳤다.

이제 수도원은 이집트 교회의 중요한 구성 요소로 자리 잡았다. 수도원 공동체가 교회라는 이름으로 자신의 자리를 갖게 되었고, 교회를 구성하는 여러 요소 중 하나가 된 것이다. 아니 오히려 교회 세력의 하나가 아니라 진정한 그리스도인의 표징인 거룩함과 완전함을 보여주는 삶의 양식이 곧 수도사의 삶이라는 의식을 심어 주었다.

이집트 수도원 지역과 수도원들을 찾는 "순례자"들이 당시에 유행이 되었다. 비잔틴 제국의 고위 관리 출신으로 이집트에서 은둔 생활을 했던 노(老) 스승 아르세니우스(Arsenius)는 귀족 부인네들이 배를 가득 채우고 바다를 건너 이집트 수도원 순례를 올까 봐 걱정하는 기록을 남기고 있다.[9] 수도사들은 세상을 떠나 광야로 들어갔다. 그러나 세상은 광야까지 그들을 따라갔다.

한편 수도원의 영향력이 증대되면서 수도사들이 세상에 있는 교회나 교회 정치 문제에도 관여하기 시작했다. 이는 특히 5세기에 신학과 교회 정치에 관련한 문제와 연관되어서 나타났는데, 신학적이고 교회 정치적 문제로 시작되었으나 나중에는 국가나 파벌로 나누어지는 결과를 초래해서 수도원이 쇠퇴하는 하나의 원인이 된다.

논쟁이 일어났을 때 원주민인 콥틱 사람들과 이주해 온 그리스 사람들과의 긴장이 있었고 식자(識者) 층과 무식자(無識者) 층 사이의 갈등이 있었다. 특히 400년경 오리겐 신학을 둘러싼 분쟁이 일어났을 때 수도사 거주 지역과 수도원들을 이 논쟁에 휩쓸렸고 총대주교 알렉산드리아의 데오빌(Theophil von Alexandrien)은 많은 수도사를 이집트 밖으로 추방했다.

이런 내적인 분란 외에 외적의 침입도 있었다. 야만족들은

---

9) *Apophthegmata Patrum*, Arsenius 28.

407~408년 사이에 스케테 수도원 거주 지역을 침입해 왔고 수도원들을 황폐화했다. 이런 침입은 계속되었으므로 수도사와 수도원으로 유명했던 수도사의 지역을 사람이 살 수 없게 만들고 말았다. 이 지역에서 유명했던 아르세니우스는 첫 침입을 당한 후 "세상은 로마를 잃었고, 수도사는 스케테를 잃었다"고 말하고 있다.[10]

아르세니우스가 이집트 수도원과 로마제국을 일대일로 비교하는 것이 이상스러워 보이고, 또 이때 있었던 침입으로 로마가 망한 것도 아니지만 410년에 로마에 침입한 서 고트 족에 의해 고대 세계가 커다란 재난에 부딪힌 것을 생각한다면 오히려 예언에 가까운 말이라 할 수 있을 것이다.

또 한편으로 보면 이 당시의 침입에 의해 로마가 망하지 않은 것처럼 스케테를 잃었다고 수도원이 사라진 것도 아니었다. 그러나 수도사 거주 지역과 수도원들이 있던 지리상의 지역들이 하나둘씩 사라져 가는 것은 피할 수 없는 상황이었다.

이집트 수도원 제도의 몰락으로 인해 많은 망명 수도사들이 생겨났다. 이들은 자유로운 다른 나라로 가서 수도사 생활을 계속했다. 이들에 의해 다른 여러 지역에 이집트 수도원의 생활 형태가 전해지는 계기도 되었다. 이 말은 그렇다고 이집트 외의 지역에 있는 수도원들이 모두 다 이집트 수도원의 영향 아래 생겨난 것이란 말은 아니다. 동방 교회의 여러 지역에서 이 당시에 이미 독자적이고, 특징 있는 수도원

---

10) *Apophthegmata Patrum*, Arsenius 21.

들이 있었다.

　이집트와 지역적으로 가까웠던 팔레스타인은 수도원 제도에서 이집트의 영향을 많이 받았다. 팔레스타인 지역에 처음 생긴 수도원은 380년 실바누스(Silvanus)가 거라사 지방에 세운 수도원이다. 실바누스는 원래 팔레스타인 출신으로 이집트 스케테 지역에 머물다가 자신을 따르는 제자들과 함께 시나이 지역으로 와서 몇 년간 머물렀다가 거라사 지방에 수도사 거주 지역을 만들었다.

　히에로니무스의 기록에 의하면, 가자의 힐라리온(Hilarion von Gasa)도 이집트 식의 전통을 따른 수도원을 세운 것으로 되어 있다. 히에로니무스는 힐라리온이 안토니의 제자라고 한다. 그렇다면 힐라리온이 이집트의 수도원 전통을 따랐다는 것은 당연해 보인다.

　이집트 영향 외에 다른 전통과 연결된 수도원도 있었다. 이것 중 하나가 북부 쪽에서 와서 예루살렘 근교의 광야에 건립한 수도사 거주 지역이다. 이 일의 주도적 인물이 수도사 하리톤(Chariton)이었는데, 그는 소아시아 지역에서 온 것이 분명한 것 같다. 하리톤은 여러 개의 수도원을 세웠는데 이들 수도원은 이집트 수도원과는 다른 몇 가지 독특한 것을 갖고 있었다. 대표적인 수도원이 하리톤이 예루살렘의 북부 바란 지역에 세운 라우라(Laura)란 이름의 수도원이다. 이 수도원은 좁은 골짜기에 세워졌는데, 골짜기에 중심 도로와 공동체 전체를 위한 건물과 방들을 세웠고 수도사 개인들을 위한 천막과 동굴은 비탈에 세운 형태를 하고 있었다. 이런 형태는 이집트 수도원의 전통과는 관계가 없는 것이다.

예루살렘에도 수도원이 건립되었다. 4세기 이래 이 "성도(聖都)" 예루살렘은 순례자들에게 가장 선호되는 순례지였다. 남녀 수도사들이 이 순례자의 대열에 함께 있었으리라는 것은 상상하기 어렵지 않다. 수도사들의 순례가 계속해서 있게 되자 수도원들은 예루살렘에다 수도원을 세웠다.

이렇게 세워진 수도원에서는 수도원을 세운 설립자들이 원래 갖고 있던 규범을 따르는 것이 통례였고, 그래서 생활 형태도 자신들이 본래 가졌던 형태와 유사했다. 가장 많았던 것은 이집트 전통을 따른 형태였지만 서방 전통도 강한 영향을 미쳤다. 왜냐하면 예루살렘에 있던 수도원 중 가장 영향력 있었던 수도원이 서로마 제국 사람의 주도적 역할로 세워졌기 때문이다.

로마 사람이었던 장로 멜라니아(Melania)가 아킬라의 루피누스(Rufinus von Aquilja)와 협력해서 380년에 올리브 산에 남자 수도원과 여자 수도원을 세웠다. 로마의 도시 지방 장관이었던 남편이 죽은 후, 멜라니아는 처음에는 로마의 저명한 수도사들과 교류했으나 나중에는 예루살렘에서 자신의 생을 마감하기 위해서 이집트 수도사들과 연결을 가졌다.

멜라니아의 손녀딸인 소(小) 멜라니아도 할머니와 비슷한 길을 걸어서 5세기에 예루살렘에 두 개의 수도원을 건립했다. 예루살렘에 수도원이 들어서기 전에 히에로니무스가 로마의 과부 파울라(Paula)를 베들레헴에서 만나 남녀 수도원을 세우기도 했다. 라틴 전통과 연결되어 설립되고 이 전통을 계속 따랐던 이 수도원들은 동방교회 전통을 따르는 수도원들 가운데에서 특별한 경우에 속한다.

히에로니무스나 루피누스처럼 건립 때에 신학자들이 중요한 역할을 함에 따라 또 다른 특징의 하나인 금욕과 신학 연구가 함께 묶여지는 결과로 나타났다. 또한 설립자들이 부유한 고위 계층의 여성들이었던 관계로 이 수도원들은 귀족적 성향을 갖게 되었다.

수도원 공동체들은 국제적 특질과 가변성이 강한 특징을 가졌다. 많은 남녀 수도사들에게 예루살렘에 있는 수도원 공동체에서 대개 임시로 머무는 경우가 많았기 때문이다. 순례자로 온 사람들은 순례지로서는 최고의 지역이었기에 여기에 머무는 기간이나마 수도사로 살아보는 경험을 하려는 사람들도 많았기 때문이다.

이런 모든 상황이 이 수도원들이 규칙에 적합하고 엄격한 수도원이 되는 데 방해가 되었던 요소들이다. 또한 그 외에도 이 수도원들은 당시의 신학 논쟁에 휘말렸다. 히에로니무스와 루피누스는 오리겐과 펠라기우스 논쟁에서 직접 편들고 싸웠던 인물들이다. 이 수도원들도 설립자들의 죽음과 함께 고유의 의미나 국제적 인지도 등을 잃게 되었고, 종국에 가서는 그리스-비잔틴 수도원 공동체가 되었다.

시리아 지역은 팔레스타인과 근접 지역이긴 하나 이집트 수도원과는 무관하게 독자적 금욕의 전통이 수도원 이전부터 있었으나 4세기경부터는 이집트 수도원 전통과 상호 영향을 주고받게 되었다. 이 지역은 기독교가 전해질 당시부터 강한 금욕적 성향을 띠고 있었다. 더구나 이 지역에서는 세례의 필수 조건으로(말도 안 되는 요구처럼 보이는)성적인 순결을 제시했다.

제2장 동방 수도원의 초기 형태 59

이상해 보이긴 하지만 어쨌든 이런 내용은 시리아 교회가 갖고 있던 엄격함이나 금욕적 성향은 잘 나타내 주고 있다. 그리고 이런 바탕 위에 세워진 수도원들은 실제적 금욕에서 얼마나 엄격했을지는 상상하기 어렵지 않다.

이렇게 엄격한 금욕을 요구하게 된 데는 시리아가 처했던 역사적 상황도 역할을 했다. 시리아 교회는 페르시아인들에게 아주 오랫동안 박해를 받았고, 또 시리아 지역을 중심으로 번성했던 마니교가 철저한 금욕 성향을 갖고 있었다. 어쩌면 시리아 교회에서 이런 엄격한 금욕적 성향이 나타난 것은 당연한 귀결일는지도 모른다. 시리아 교회는 마니교의 교리를 거절했고, 거절했으므로 실제 삶에서는 더하지는 않더라도 같은 정도까지의 금욕은 의무로 생각했다.

시리아 지역에서 금욕적 성향이 수도원 제도로 발전한 것은 4세기의 일이다. 여기서도 시작은 은둔자 지역이 큰 줄기를 이루었다. 공동체 형식의 수도원은 은둔보다는 한 단계 아래로 생각되었다. 그래서 공동체적 수도원은 이집트에서만큼 중요하게 대접받지 못했다.

금욕이 특별히 강조되다 보니 금욕의 형태에도 기묘한 모습이 많이 나타났다. 수도사 중에는 쇠사슬에 묶여서 평생을 지내는 사람도 있었고, 어떤 수도사는 바깥에서 살아서 밤에는 추위와 낮에는 더위에 고통당하는 "들녘 금욕"(*freiluftaskese*)을 하기도 했다.

재미있는 형태 중 하나가 기둥 위에서 생활하는 주상 금욕의 형태이다. 이런 주상(柱上) 금욕자로 유명한 사람이 성 시므온(Symeon, 약 390-459)으로, 그는 30년 동안을 9미터 높이의 기둥 위에서 생활했다. 그는 많은 사람에게 순례의 대상이 되었다. 그가 죽은 후 그가 있던 장소에 대단히 큰 교회를 지어서 이 영웅적 금욕자를 회상시켜 주었다.

이런 엄격함은 사람들에게 멸시와 조소의 상대가 되기도 했다. 이집트인 아폴로(Apollo)가 그 한 예이다. 그는 시리아인들이 쇠사슬에 묶여서 살거나 머리를 자르지 않고 사는 것이 사람들에게 보이고 명예와 영광을 얻기 위해서 할 뿐이라고 말했는데,[11] 이 사실은 키루스의 테오도렛(Theodoret von Cyrus)도 자신의 책 『수도생활의 역사』(*Historia Religiosa*)에서 확인 시켜 주고 있다.[12]

시리아 수도원은 세상과 단절된 삶을 사는 금욕 중에서도 엄격함이라는 독자적 특징을 갖고 있었다고 여겨지기도 하지만, 그렇다고 이들이 세상과 완전히 단절된 삶을 살았던 것은 아니었다. 시리아 사람들이 가졌던 금욕은 사도들과 교부들의 활동과 밀접한 연관을 맺고 있다. 주상 성인인 시므온은 아랍 사람을 개종시키려고 기둥에서 내려온 적이 있었다. 다른 수도사들도 교회에서 부르면 부름에 응했고, 또 선교의 일을 넘겨받기도 했다.

교회와 수도원 사이의 밀접한 관계는 특별히 존 크리소스톰(407년 사망)의 서술에서 잘 나타난다. 그는 오랜 기간 안디옥 근방에서 은둔자로 당시의 금욕적, 수도원적 이상에 따라 살았다. 그에게 있어서 수도원은 이 세상에 사는 그리스도인들에게 가장 모범적인 그리스도인

---

11) *Historia Monachorum* 8.
12) 그리스 본문은 *Migne PG* 82, 독일어 번역은 *BKV*, Theodoret 1.

의 삶의 방법이었다. 그는 안디옥에서 설교할 때 항상 청중들에게 "나가서 수도사들을 보라"고 외쳤다. 또한 그는 수도사와 수도원 삶에 대해 많은 찬사를 담은 『수도원의 시가』(Klötliche Poesie)를 남기고 있다. 그가 남긴 설명 중 한 가지를 보면 다음과 같다.

> "수도사들은 노동하되 마치 태초의 아담, 즉 타락하기 전에 아담이 했던 것처럼 하며, 그들이 입은 옷은 타락하기 전의 아담처럼 영광으로 옷 입고 있으며, 사는 곳은 아담이 하나님과 함께 교통하며 살았던 것처럼 최고의 행복한 땅에 살고 있다. 낙원을 건설했다고 해서 아담이 수도사들의 삶보다 더 좋았다고 말할 수 있다고 보는가? 아담은 세상의 근심을 몰랐다. 세상의 근심을 모르기는 수도사들도 마찬가지다. 아담은 순수한 양심을 가지고 하나님과 교제를 나눴다. 수도사들은 (양심뿐 아니라) 아담보다 더 큰 신뢰를 가지고 하나님과 함께 한다. 왜냐하면 수도사들은 성령에 의해서 더 큰 은혜로 인도 받고 있기 때문이다." [13]

소아시아 지역의 금욕은 4세기경에 감독 세바스테의 에우스타티우스(Eustathius von Sebaste)에 의해 영향력 있는 활동을 한다. 금욕의 실제는 다른 다른 지역의 기독교들이 가졌던 모습과 같다. 다른 점으로 지적할 수 있는 것은 에우스타티우스는 모든 그리스도인에게 예외 없는 금욕적 삶을 요구했다는 것이다. 과도한 요구는 불가능하기도 했을 뿐 아니라 당시 4세기의 교회와 사회 분위기상 저항을 불러일으켰

---

13) 마태에 관한 설교 68, 7.

다.

　금욕적 성향을 성공적으로 정착시킨 사람은 바실리우스(Basilius, 379년 사망)이다. 귀족 출신이며 에우스타티우스의 영향을 받았던 그는 아테네에서 공부하고 폰투스로 돌아와 외딴집의 금욕적 가정에서 수도사로 사는 것을 배웠다. 그는 또한 수도사들의 삶을 배우기 위해 시리아, 팔레스타인, 이집트 등을 여행하기도 했으며, 여기서 배운 것들을 토대로 독자적 수도사 프로그램을 만들었다. 이 프로그램은 그가 가이사랴 교회의 수석 대주교가 되었을 때 실제화되어 모습을 나타냈다.

　바실리우스도 초기 수도원 역사에서 마치 파코미우스처럼 창조적 능력을 발휘한 인물이다. 이집트 외(外)의 지역 동방 수도원들은 이 바실리우스에게서 많은 도움을 받았다. 특히 바실리우스는 그가 만든 수도원 규칙집을 통해서 수도원 공동체의 공동생활에 관한 위대한 조직가로 이름이 높다. 즉 그는 소위 수도원 규칙[14]을 작성해서 공동체적 수도원 삶에 관한 위대한 조직가가 되었다. 바실리우스는 은둔자에 대해서는 큰 의미를 두지 않았다. 그는 공동체에 사는 것을 중요하게 생각해서 그의 이론을 전개하는데, 그에 의하면 하나님은 인간을

---

14) 수도사 규범이라기보다는 금욕 수칙이 더 어울린다. 원래 형태는 조그만 금욕 수칙이었는데, 편집 과정을 거쳐 나중에는 크고 작은 규칙들이 섞인 커다란 금욕 수칙이 되었다. 그리스어 본문은 *Migne PG* 31. 독일어 번역은 K. S. Frank, *Basilius von Caesarea, Die Mönchsregeln*(St. Ottilien 1981).

혼자 있거나 거친 존재로 창조한 것이 아니라 부드럽고 사회적 존재로 창조했다.

하나님이 인간에게 의도하고 있는 것은 공동생활을 통해서만 가능하다. 또한 바실리우스가 보기에 이 공동체의 규범과 정도는 바로 성경이고 자신이 만든 규칙들은 개별적으로 부딪히는 문제들이나 공동체 생활에서의 금욕에서 나타나는 특별한 경우에만 적용할 것을 말하고 있다.

수도사인 동시에 교회 사역자였던 바실리우스는 수도원을 교회와 같은 것으로 여겼다. 그래서 그는 도시에 세워진 수도원들에서 사회 구제의 일과 교육하는 일도 했다. 그는 또한 크리소스톰과 마찬가지로, 아니 오히려 그 이상으로 수도원을 참된 기독교의 본질이라고 설교했다. 순종적이고 잘 정비된 수도사 공동체는 기독교의 다른 기관들의 모범이 되어야 한다. 이런 주장을 통해서 바실리우스는 동방교회에 큰 자극을 주었고 그 결과는 바실리우스가 만든 수도원 공동체가 동방 수도원의 전형(典刑)이 되었다.

바실리우스가 만든 삶의 양식은 오늘날까지도 동방교회 수도원의 특징으로 남아 있다. 그래서 바실리우스는 동방교회 수도원의 아버지라고 불리는데, 이는 서방 수도원에서 누르시아의 베네딕트가 차지하고 있는 자리이다. 이 두 사람이 한 일에서 공통점이나 역사적 연속성을 찾고자 하는 주장이 수도원 역사에서 여러 차례 주장되었다.

두 사람이 어떤 연속성이나 영향을 받았다고 볼 수는 없다. 그러나 두 사람 다 공통으로 나타나는 바는 후대 수도원 역사에서 한 번도 포기되거나 소홀함이 없었던 수도원의 규범과 목표를 세웠다는 것이고, 이런 규범들이 계속해서 새로운 개념이나 의미로 부활하는 시작점을 주었다는 것이다.

바실리우스의 활동과 비슷한 시기인 데오도시우스 황제(379-395) 시대에 수도원은 제국의 수도였던 콘스탄티노플까지 점령했다. 파코미우스가 만들어 냈던 수도원과 세상을 격리하는 담은 도심지 안에 수도원을 건립하는 것을 가능하게 해 주었다. "인공 광야"가 사람들이 거주하는 세상 속에 등장한 것이다. 세상과 단절되려고 했던 수도원의 열망은 이제 거의 사라져 버렸다. 도시 수도원들은 교회나 사회 정치적 삶과 직접적 연관이 있게 되었다.

콘스탄티노플 사제들이 보기에 수도원들이 항상 편안함이나 교훈적인 도움만 주는 것은 아니었다. 두 세력 사이의 다툼은 신학에서 특히 두드러졌는데 정통 신앙과 이단이라는 싸움이 있을 때 보통 두 세력은 서로 다른 분파 조성자가 되는 경우가 많았다.

동방교회의 수도원은 처음부터 근본적으로 종교 운동에 속한다. 은둔자들은 물론 수도사 공동체들도 일반적 교회의 모습과는 좀 다른 독자적 형태이긴 하지만 이들 역시 기독교의 교회라는 것은 분명하다.

그런데 4세기 후반에 들어가면서 사제들이 교회와 수도사와의 관계를 명확히 하려는 움직임이 나타났다. 자신들 스스로 "사제가 주업이고 수도사가 부업"인 이들은 자신들의 위치 설정을 하려 한 것이다.

이 문제는 결국 451년의 칼케돈 회의에서 공식적으로 의제로 다루어지게 된다. 이 회의를 통해서 수도원은 각각의 주교 관구에 편입되고, 주교들에게 수도원에 대한 건립 심사와 감시, 감독할 수 있는 권한을 주도록 함으로써 교회와 수도원의 서열이 정해졌다.[15]

---

15) 자세한 정보는 L. Ueding, *Die Kanones von Chalkedon in ihrer Bedeutung für Mönchtum und Klerus* = A. Grillmeier - H. Bacht, *Das Konzil von Chalketon* 2(Würzurg 1954) 569-676을 참조하라.

제3장

서방 수도원의 시작

　서방 수도원과 관련 논쟁이 계속되고 있는 주제 중 하나가 서방 수도원이 독자적으로 발전된 체제인가, 아니면 동방 수도원에서 단순 이식된 제도인가 하는 것이다. 이 질문에 대한 대답은 여러 가지로 시도되었지만 아마도 "그럴 뿐 아니라 또한"이라는 대답이 적절할 것이다.

　각기 독자적인 면이 분명히 있다. 왜냐하면 서구의 수도원은 교회 내의 금욕적 성향에서, 특히 가족 금욕의 형태를 모체로 해서 발전했다는 것이 이를 반증해 주고 있다. 하지만 이런 발전에 동방 수도원의 영향이 있었다는 것 또한 분명하다. 왜냐하면 이것은 서구의 금욕주의는 동방교회의 금욕 사상을 따라서, 이 사상을 받아들여서 자신의 것으로 만든 생활 형태이기 때문이다. 그러므로 단순 이식이라는 주장은 동방교회의 모범이 서방 교회 수도원이 짧은 시간 안에 제 모습을 갖추는 데 결정적인 도움을 주었다는 데서 분명히 맞다.

동방 수도원이 문헌을 통해서 수도원에 관해 널리 알리는 역할을 함으로써 서방 금욕주의에 큰 영향을 미쳤다는 것은 물론 분명하다. 하지만 이것이 곧 서구 수도원은 동방 수도원의 단순한 모방이라는 생각을 정당화시키는 것은 아니다. 이런 생각은 중요한 실체를 놓치고 있다.

그러므로 엄격한 의미에서 본다면, 동방 수도원이 통일적 수도원의 형태를 보이고 있지 못하다는 것이 분명하다면(즉 동방교회 내에만 하더라도 아주 다양한 종류의 금욕적, 수도원적 이상이 있다), 서방 수도원 역시 통일된 수도원의 형태를 보이고 있지 못하다. 또한 바로 그래서 서로 다른 지역에서 수도원이 서로 다른 모습으로 나타나는 차이를 보인다.

서방 교회에서 가정 금욕이나 경건 활동이 수도원적 체제로 형성되어 정형화된 것은 4세기 후반이다. 이런 수도원 체제는 빠른 속도로 서방 라틴 교회에 퍼져 갔다. 빠른 확장에는 여러 가지 요인이 작용했으나 가장 중요한 요인으로 작용한 것이 당시의 방랑 수도사들이다.

방랑 수도사들은 동방의 수도사들의 생활 형태를 그대로 배워 온 것으로 세상을 방랑하면서 소위 Imitatio Christi의 이상을 좇는 것으로 사람들에게 꽤 인상적이었다. 그들은 지나치게 반문명적으로 살아서 사람들에게 비난과 조소의 대상이 되기도 했고, 교회 지도자들에게 멸시를 받기도 했다.

히에로니무스는 로마를 위해서 이러한 비문명적인 수도사들에 관해서 비난하면서 이들의 금욕은 금욕 자체를 욕먹게 하는 것이라고

비난하고 있다.[1]

 이런 비난 때문에 이들의 금욕은 사회적 흐름으로 나타나지는 않았으나 금욕적 삶에 대한 주의를 환기하는 역할은 톡톡히 해냈다. 교회 지도자들은 그들을 비난하면서도 수도생활이 필요함은 잘 알고 있었다. 그래서 그들은 이런 생활을 하는 사람들을 "길들이는" 작업을 하게 된다. 이는 방랑이 아니라 "정주(定住)", 즉 한곳에 머물러 살면서 수도생활을 하는 체제를 만들고자 한다.

 이런 삶의 형태의 구체적 모습은 가정에서의 금욕이나 교회 내적 금욕으로 나타난다. 그런데 이런 삶의 모습은 로마의 귀족 계급에서 큰 반향을 일으키게 된다. 특히 많은 귀족계급의 부유한 부인들이 이런 삶의 모습을 따르게 되는데, 이들은 보통 신학자나 수도사들을 도와 수도원을 세우는 데 중요한 조력자가 됨으로써 라틴 수도원이 생겨나는 데 결정적 역할을 한다.

 이때 중요한 역할을 한 사람이 히에로니무스(Hieronimus)이다. 그는 382년부터 384년까지 3년간 로마에 머무르는데, 이때 아베틴(Aventin)에 살던 부유한 과부 마르셀라(Marcella)를 도와 이 여자의 집에서 금욕적 삶의 공동체 모임을 만든다. 이 모임은 금욕적이고 영적인 생활뿐 아니라 히에로니무스가 그들에게 성경을 가르치는 일도 함으로써 후에 서방 수도원의 당연한 특징이자 중요한 특징으로 자리 잡은 금욕과 공부가 결합하는 선례를 만든다.

---

1) 편지 22, 14; 27-29; 34.

히에로니무스가 로마를 떠난 후 마르셀라는 거주지를 시골로 옮기고 금욕적이고 영적인 삶의 이상을 함께 하는 여성들을 모아 여성들의 금욕 공동체를 만든다. 히에로니무스는 이에 관한 설명을 남겨 놓고 있다.

"직접 구운 빵, 직접 재배한 채소, 신선한 우유 등 훌륭한 땅의 소산물들이 필요한 만큼 살기에는 충분할 만큼 제공된다. 이렇게 살면 잠 때문에 기도할 시간을 빼앗기는 일이 없으며 배가 너무 불러서 말씀을 읽기 어렵게 되는 일도 없다. 여름에는 나무 그늘이 쉼터를 제공하고 가을에는 부드러운 공기와 바닥을 덮고 있는 낙엽이 고요함을 준다. 봄에는 꽃이 가득한 초원에 씨를 뿌린다. 새의 지저귀는 노랫 소리는 시편이 얼마나 아름다운지를 다시 알려주며, 겨울이 되어 눈 내리고 얼음이 얼어도 장작이 필요 없다. 온 몸이 따뜻해질 때까지 깨어 있거나 그냥 잠들기도 한다. 그렇더라도 분명한 것은 나는 결코 추위에 얼어 떨지는 않는다."[2]

이 내용은 사실 고대 로마의 목가적 전원생활에다 수도원적 분위기를 가미해서 만들은 시가(詩歌)이다. 고대 로마의 목가적 삶의 형태가 기독교화 되었으며, 시골 별장의 생활이 수도원 생활이 되어 있는 것이다. 히에로니무스는 다음의 시편 구절로 설명을 끝맺고 있다.

"하나님께 가까이 함이 내게 복이라 내가 주 여호와를 나의 피난처

---

2) 편지 43,3.

로 삼아 주의 모든 행적을 전파하리이다"(시 73:28).

히에로니무스가 보기에 "하나님께 가까이함"은 도시에서의 소란스러움, 즉 투기장이나 서커스, 극장 또는 사람들과 번잡스러운 교제 속에서는 불가능하고 고독과 홀로 있음로만 가능하다. 만일 도시에서 하고자 한다면 최소한 도시를 벗어나 교외에라도 나가야 한다. 라틴 교회의 '전원'은 동방교회의 "광야"와 같은 것이 되는 셈이다.

그런데 마르셀라(Marcella)는 도시를 떠나 전원으로 가면서 혼자 간 것이 아니었다. 로마시의 다른 수도사들도 많이 따라서 그 여자가 살고 있는 곳으로 왔다. 금욕의 이상은 가졌으나 따라 나오지 못한 사람들은 도시 안에서 가능한 은둔과 고독을 찾기 시작했다. 그 결과 도시 안에 있는 저택이 수도원으로 바뀌었다. 그 결과 서방에는 도시 안에 "인공 광야"가 생긴 셈이 되었다. 이로 인해서 "도시 수도원"이 시작되었다. 히에로니무스는 4세기 말에 이미 수도사들의 무리가 "셀 수 없을 만큼 많게 되었다"[3]고 쓰고 있는데, 약간의 과장이 섞인 것으로 보이지만 어거스틴이 387년 로마에서 아프리카로 돌아가면서 남긴 기록에서 로마에서 도시 수도원을 보았다고 쓰고 있는 것[4]을 보면, 이때 이미 이런 수도원이 잘 알려져 있음은 분명한 것 같다.

이런 도시 수도원 형태는 얼마 안 가서 로마 주교, 즉 제도권 교회

---

3) 편지 66.
4) *De Moribus Eccl.* Cath. I 70.

에 정식으로 인정받게 되며, 교회의 인정을 계기로 조직과 삶의 양식에서 급속한 발전을 하게 된다. 발전의 외부적 형태 중 가장 특징적인 것이 도시 안에 큰 교회를 본 딴 수도원 건물이 건립되었다는 것이다.

로마에서 수도원이 자리를 잡고 지명도를 가지던 바로 그 시기에 이탈리아의 다른 지역에서도 수도원은 계속 확장되고 있었다. 베르첼리(Vercelli)에 주교 유세비우스(370년경 사망)가 성직자, 즉 신부들과 함께 모여 사는 성직자 공동체를 형성하고 수도사처럼 살면서 성직을 수행했다. 이것이 교회사에 처음으로 모습을 드러낸 성직자 수도원이다.

주교였던 암브로시우스(Ambrosius, 397년 사망)의 영향으로 말미암아 밀라노와 그 주변 지역이 주요한 수도원 중심지가 되었다. 금욕 생활로 아주 이름이 높았던 암브로시우스는 그를 찾아오는 많은 금욕 지원자들, 특별히 금욕자로 살기로 결심하고 바다를 건너서 자신을 찾아온 처녀들의 얼굴 가리개를 걸어 준 것을 자랑스러워하는 기록을 남기고 있는데,[5] 이뿐 아니라 많은 영적 저작들을 통해 금욕적 삶의 방향과 필요한 내용들에 관한 조언을 남기고 있어서 수도사가 아니면서 서방 수도원의 위대한 스승으로 꼽히는 하나의 아이러니를 만들어 내고 있다.

암브로시우스는 그의 저작들에서 이탈리아 해변을 따라 있는 많은 섬에 만들어진 수도사들의 은둔 지역에 관해 서술해 놓고 있는데, 이 또한 광야 지대가 없는 서방에 만들어진 인공광야였다. 수도사의 이

---

[5] *De Virginibus* I 57-60.

상을 가지고 은둔의 세계에서 관상적 삶을 살고자 하는 사람들에게 외딴 섬은 훌륭한 가능성을 제공해 주었다. 암브로시우스는 이것을 마치 소설처럼 서술해 놓고 있다.

> "바다는 금욕의 고요한 고향이며, 포기를 가르치는 학교이며, 진지한 삶의 피난처이며 항구이며 쉼터이다. 또한 신앙 있고 경건한 사람들에게 세상에 대한 포기는 물론 경건함을 가르치는 곳이다."[6]

이탈리아의 다른 지역에 생긴 수도원 지역은 4세기 후반에 시작된다. 이탈리아 테라키나(Terracina)에 있는 피네툼(Pinetum) 수도원을 위해서 아킬라의 루피누스(Rufinus von Aquila)가 5세기 초에 바실리우스의 수도원 규칙을 라틴어로 번역한 것을 보면, 소아시아의 갑바도기아 수도원의 영향이 이탈리아, 즉 라틴 지역까지 미치고 있었던 것이 분명하다. 또한 시실리 지역에도 갑바도기아의 영향 하에 생긴 수도원들이 있었다.

이탈리아 수도원은 동방 수도원들과 비교해서 몇 가지 특징이 있다. 이때 형성된 이탈리아 수도원의 특징은 계속해서 서방 수도원의 특징이다. 제일 먼저 언급되어야 하는 것이 수도원을 세우는 데 도움을 주거나 주도적 역할을 한 것이 로마의 귀족 계급, 특히 부유한 귀족 계급이라는 사실이다. 이런 경향은 수도사들의 생활 자체에 귀족적 경향을 보이게 했다. 그러나 수도사가 되는 사람은 거의 대부분이

---

6) *Hexaëmeron* III 5.23.

사회적으로 아주 빈민층의 사람들이었다. 그러므로 이들 빈민층의 사람이 수도사가 된다는 것은 곧 사회적 신분 상승을 의미하는 것이었다.

이런 요소는 물론 사람들에게 수도사가 매력 있는 것으로 보이게 했으며 많은 사람이 수도사가 되었다. 그러나 이는 곧 부정적인 경향이 나타나는 요인으로 작용해서 수도사들의 교만과 독선의 빌미를 제공했다. 특히 노예였던 사람이 수도사가 되면 수도사는 평등하므로 서로 인사를 해야 했다. 그러나 평민이었던 사람들은 인사하기를 꺼렸다. 그래서 당시에 쓰인 문헌들에서 수도사의 덕목 중에 겸손과 공손과 가난과 순종 등을 강조했으며, 이것이 현재까지 서방 수도원의 중요 덕목으로 자리 잡고 있다.

그다음 특징은 서방 수도원에서는 주교들의 역할이 항상 중요했다. 이 말은 수도원과 교회가 항상 밀접한 관계를 유지했다는 것을 뜻한다. 이것은 또한 서방 수도원의 계속되는 특징 중 하나이다.

또 하나는 서방 수도원이 가졌던 유연성이다. 서방 수도원은 금욕의 이상을 가지고 수도사가 되는 데는 일치했으나 교회가 항상 중요한 역할을 했으므로 자신의 독자성을 확보하지 못했고 환경이 바뀜에 따라 조금씩 변했다. 결국은 서방 수도원은 거의 교회 조직의 일부가 되는 결과를 갖게 된다.

그 외에 덧붙여 말할 수 있는 것은 서방 수도원은 단절되고 고립되어 살아가는 은둔사상이 동방 수도원에 비해서 현저히 약하다는 사실이다. 서방 수도원에는 수도사가 되어서 수도원에 들어감으로 은둔의 이상은 이미 실현한 것이고 그다음부터는 그의 생활이 세상에서와 크게 다를 바 없더라도 수도사로서 헌신의 삶을 사는 것으로 이해되었다.

북아프리카 지역을 라틴권 즉 서방 수도원과 함께 다루는 것은 히포의 어거스틴(Augustinus von Hippo, 430년 사망) 때문이다. 어거스틴은 이 특징적 수도사 거주 지역에서 중심적 위치를 가지고 있으며 서방 수도원에 미친 영향에서도 또 한 독보적 위치를 가지고 있다. 그러나 주의해야 할 것은 아프리카의 수도원 전체를 어거스틴의 영향 하에, 또는 어거스틴 수도원의 분파 정도로 생각해서는 안 된다는 사실이다.

북아프리카 지역에는 일찍부터 동방 수도원의 영향으로 방랑 수도사 무리와 소단위 수도사 공동체가 있었다는 것이 증명되고 있다. 사실 어거스틴의 수도원이 이름을 떨치게 된 것도 다른 수도원들과의 비교, 경쟁 관계에서 설명하는 것이 정확한 이해를 도울 것이다. 왜냐하면 어거스틴은 다른 수도사나 수도원들의 잘못이나 수정해야 할 점들을 수정하고 보완하면서 자신의 독자적 수도원 형태를 만들었다고 이해해야 하기 때문이다.

어거스틴 수도원의 특징은 수도원 이상과 생활 양식들이 대부분 그의 신학적 성찰의 결과를 반영하고 있고, 또 교부로서의 경험을 토대로 하고 있다. 어거스틴이 개종하는 데에는 안토니의 저작들이 큰 역할을 했던 것으로 보인다.[7]

---

7) *Confessiones* VIII 6.

이 저작의 영향으로 어거스틴은 386/7년 겨울에 카시아쿰(Cassiacum)에서 거의 수도사처럼 살기 시작했던 것으로 보인다. 고향인 북아프리카로 돌아온 후 그의 타가스테(Thagaste)의 옛 집은 "철학적 삶"의 장소에서 "수도사적 삶"의 장소로 바뀌었다. 이렇게 되어 그는 결국 390년 성직자가 되고 396년에 히포(Hippo)의 주교가 된다.

이 과정에서도 그는 계속해서 금욕적인 삶을 살았고 성직자 공동체에 함께 하게 된다. 여기서 또한 (서방 공동체의 특징이기도 한) 성직자의 삶의 양태와 수도사적 삶의 양태가 결합하는 첫걸음을 볼 수 있다. 어거스틴 같은 신학자에게는 수도사의 삶에다 신학적, 교회론적 자극을 주는 것은 어쩌면 당연했을지도 모른다.

어거스틴은 수도원의 기원에 대한 고전적 근거인 사도행전 4:32-35을 해석하면서 "한 마음과 한 정신"(*corunum et anima una*)의 이상은 수도원의 삶에서만 가능하고 교회의 삶에서는 부족하다고 주장하고 있다. 그가 수도원을 세운 목적이 바로 이 이상을 실현하기 위한 것이다. 또한 그가 쓴 수도원 규칙도 전적으로 이 목적과 부합하기 위해서였다.

하지만 어거스틴 수도원 규칙과 관련해서 두 개의 텍스트가 전해 오기 때문에 논란이 되고 있다. 짧은 텍스트는 첫째 규칙 또는 수도원 규칙이라 불리고, 내용이 긴 것은 둘째 규칙 또는 *Praeceptum*(규범)이라고 불린다. 짧은 텍스트에는 긴 텍스트 내용 중에서 어거스틴의 편지로 되어 있는 부분을 여자 수도사 공동체를 위해 변형시킨 내용이 들어 있으며, 여기에 수도사의 삶에 관한 어거스틴의 교훈들이 들어 있다.

둘째 규칙은 어거스틴 저작이라 하더라도(논란의 여지는 있지만), 첫째 것은 어거스틴의 교훈을 요약 축소 편집한 것이므로 최소한 어거스틴 자신이 썼다고 보기에는 무리가 있지 않겠는가 하는 것이 학자들의 의견이다. 내용도 일치하지 않는 것이, 둘째 규칙에 없고 첫째 규칙에는 있는 내용이 있기도 하다. 그래서 나온 것이 전해 오던 수도원 이상과 교훈들을 모아서 어거스틴의 이름을 빌려 하나의 규칙으로 만든 것일 수 있다는 가설이다.

이런 문제 제기와 가설을 만든 또 하나의 요인은 당시의 역사적 상황과 관련해서이다. 이 당시의 라틴 수도원들은 『수도사 규칙』과 묶이는 시기인데, 이는 곧 이들 라틴 수도원들이 동방 수도원의 규칙에 관한 내용을 받아들여 자신들 나름의 금욕적 삶의 양태를 만들어 가던 시기이다. 그러므로 이 시기는 수도원들이 규칙을 "만들어 내기"에 관심을 기울였던 시기였다. 수도원들은 이런 전통을 계속 가져서 5, 6세기에는 많은 규칙이 쓰이는 규칙 전성시대를 맞게 된다.[8]

스페인 지역의 수도원이 언제 어떻게 시작되었는지에 관해서는 자료가 워낙 부족하다. 하지만 자료의 빈곤에도 불구하고 이 지역에 수도사 생활의 전 단계인 금욕적 삶의 형태가 4세기경에 교회 안에서 생

---

8) 자세한 내용은 ① L. Verheijen, *La Règle de S. Augustin*(Paris 1967)을 참조; 독일어 번역은 W. Hümpfner = H. U. von Balthasar, *Die Grossen Ordensregeln*, S. 137-171).

기고, 이것이 점점 발전해서 수도원이 되었다는 것은 어렵지 않게 알아낼 수 있다.

이 시기의 스페인 교회는 극단적 금욕 운동을 특징으로 하고 있다. 이 금욕 운동의 지도자는 신학자이자 주교였던 프리스킬리안(Priscillian)이었다. 그는 스페인의 많은 지역과 갈리아 지역까지 금욕 운동을 전파시켜 순수 금욕적 기독교를 고양시킨 장본인이기도 하다. 그는 지나칠 정도로 극단적 금욕을 강조하면서 완전한 금욕에서는 하나님과 만날 수 있다는 견신론(見神論; theosophy)을 전개함으로써 이원론(二元論) 입장을 전개했다.

그런데 이 당시는 마니교와 격렬한 싸움이 있었던 시기로서 특히 정통 신학자들이 마니교의 이원론적 이론 전개를 비판하고 있었다. 프리스킬리안은 그의 극단적 금욕 입장에 반대하던 적대자들에 의해 마니교도로 고발되고, 결국은 385년 트리어에서 처형당하고 말았다.

프리스킬리안이 주도했던 극단적인 금욕 운동은 스페인 교회 전체로 봐서 특별한 경우에 속하는 것은 분명하다. 하지만 이런 운동이 스페인 교회에서 활성화되었다는 것은 당시의 스페인 교회가 수도원이 생겨날 수 있는 기본적 전제가 이미 충족되어 있음을 알려주고 있다.

프리스킬리안 이후에 스페인에는 동방정교회 수도원이 프리스킬리안 위기를 극복하고 뿌리를 내리고 발전했다. 그러나 동시에 라틴권 수도원과 많은 교류를 했고, 또한 어거스틴 수도원의 프로그램에 많은 영향을 받았다.

갈리아 지역에서 수도원 지역이 만들어지고 활성화된 시기는 4세기이다. 어거스틴의 고백록[9]에 의하면 안토니의 수도원 정신이 트리어 지역까지 빛을 비추고 있다고 서술하고 있긴 하지만, 이 말이 트리어 즉 갈리아 지역의 수도원이 이집트 수도원을 그대로 모방하고 있다는 뜻은 아니다.

갈리아 지역 역시 다른 지역과 마찬가지로 여러 경로를 통해서 수도원적 삶을 배웠다. 가장 중요한 경로는 스페인과 프리스킬라의 영향이다. 이 영향은 귀족 계급이 받아들였는데, 지역은 서부 갈리아 지방에서 프와티에(Poitiers) 지역을 거쳐 투르(Tours) 지역으로 전파되었다. 투르 지역이 받은 영향은 주교 투르의 마틴(Martinus von Tours, 397년 사망)의 삶에서 잘 표현되고 있는데, 이 사람의 전기는 술키우스 세베루스(Sulcius Severus)가 『마틴의 생애』(Vita Martini)라는 제목으로 썼는데, 수도원적 삶의 형태와 규범을 가지고 살았던 것으로 전해진다.[10]

그의 전기에 의하면, 마틴은 금욕자들을 투르의 수도원 마모티어(Marmoutier)에 모아서 함께 생활했다. 그들은 큰 방에서 함께 생활했지만, 실제 삶은 거의 은둔자의 생활 형태를 취했다. 주교(主敎)이기도 했던 마틴은 이 금욕 공동체에 제도권 교회에서 파송된 선교사 역할을 하고 있다. 그래서 마틴 식의 수도원 공동체들은 금욕적 경향에서 세상과 단절하는 정신은 갖고 있되 세상일이나 교회 일에서 적극적

---

9) VIII 6.

10) 이 전기는 상세한 주석을 붙혀서 J. Fontaine, *Soueces Chretiennes* 133-135(Paris 1967 bis 69)에서 출간했다. 독일어 번역은 K. S. Frank, *Frühes Mönchtum im Abendland* 2(Zürich 1975).

활동을 하는 경향을 보이고 있다.

마틴 수도원 외에도 갈리아 지역의 다른 곳, 즉 갈리아 동남부 지역에서도 독자적인 수도원 공동체가 형성되었다. 이는 로네탈(Rhonetal), 마르세이유(Marseille)와 지중해 근해에 있는 섬인 레린(L'erins) 등이다. 이 레린 섬의 수도원은 405-410년 사이에 호노라투스(Honoratus)가 건립했다.

그는 여행 중에 동방 수도원을 배웠고, 돌아와서 수도원을 세움으로써 동남 갈리아 지역에 수도원 문화를 심는 계기를 만들었다. 론(Rhone) 지역의 수도원은 전통적 경향을 바탕으로 독자적 특질을 만들어 내었다.

이 수도원은 구성원들이 대부분 사회적으로 귀족 계급(갈리아 로마 귀족)이었으나 퇴역한 귀족들이었다. 이들은 5세기경에 시작된 게르만족의 침입으로 이리저리 몰려다니다가 갈리아 동남쪽 해안에 자리잡은 사람들로서 제도화된 교회 체제 속에서 활동함으로써 새로운 삶의 활기를 찾고자 했다. 즉 정치 환경의 변화로 생겨난 사회적 분위기가 그들을 금욕적 삶으로 이끈 원동력이 된 것이다. 그래서 프린츠(F. Prinz)와 같은 학자는 론 지역의 수도원을 "도망자들의 수도원"이라고 이름 붙이고 있다.[11]

바로 이런 배경을 가지고 수도원이 생겨남으로 이 지역 수도원은 수도원적 금욕이라는 삶의 형태를 기본으로 하되 학문과 문화가 함께

---

11) *Frühes Mönchtum im Frankenreich*(München Wien 1988 2판) 47-87.

묶인 시대의 학문과 문화의 총체가 되는 계기를 마련하게 된다. 학식 있는 수도사들이 수도원에 모여 있었으므로 이들 중에서 갈리아 지역의 주교들이 나오게 된 것은 예정된 수순이었다. 이들 중에서 많은 수도사 주교들이 나오게 된다. 이 수도사 주교들은 수도원을 도울 뿐 아니라 새로운 수도원을 세우는 데에도 큰 조력자로 활동하게 된다.

이런 사람 중에 유명한 사람이 레린 섬에 수도원을 세운 호노라투스(Honoratus)로, 그는 428년 남갈리아 아를(Arles)의 수석 주교가 된다. 그의 사촌이었던 힐라리우스(Hilarius)는 레린 출신 수도사였다가 호노리우스의 주교직을 계승했다: 막시무스(Maximus)와 파우스트(Faustus)는 차례로 이 수도원의 원장과 리츠(Riez)의 주교가 되었다. 오이케리우스(Eucherius)는 리용의 주교로 부임함으로써 섬의 영향권을 넓혀 놓았다. 레린 수도원은 케사리우스(Caesarius, 542년 사망)로 인해서 다시 한번 아를의 주교직을 차지했다. 이 사람은 또한 수도원의 건립자이자 수도원 역사에서 처음으로 수녀원을 위한 규칙을 제정한 사람인데, 내용에서 그는 여자 수도사들 역시 삶의 형태와 수도원적 처신을 함으로써 남자 수도사들에게 주어진 가르침과 질서에 머물러야 한다고 가르치고 있다.

마르세이유에는 5세기 초에 요한네스 카시안(Johannes Cassian, 약 430/35년경 사망)의 등장과 함께 수도원이 시작된다. 원래 카시안은 베들레헴에서 수도사가 되고자 했던 사람이었으며, 이집트 수도원에서 오래 머물렀던 사람이기도 하다. 카시안은 마르세이유에 설교자로서 왔는데, 여기서 그는 수도원에 관한 탁월한 이론가가 되었다. 그가 쓴 책들인 『수도원 제도, 주된 죄와 이의 극복을 위한 여덟 책』(*De Institutis Coenobiorum et de Octo Principalium Vitiorum Remediis*)와 『24 교부 금언집』(*24 Conlationes Patrum*)은 그가 동방 수도원에서 배우고 경험한 것을 갈리아 지역의 수도원에 가르치는 내용이다.

처음의 4권인 『수도원 제도』(*De Institutis Coenobiorum*)에서 카시안은 구속력 있는 수도원의 전통에 관한 광범위한 프로그램을 소개하고 있다.[12] 이것의 내용은 규정으로 소개하기보다는 동방의 수도사들의 실생활에서 하는 표준적 모습을 설명하고 있지만, 그런데도 이 책은 유럽의 수도원에 폭넓고도 중대한 영향을 미쳤다. 왜냐하면 카시안은 금욕과 영적 이론에서 오리겐의 사상을 따르는 에바그리우스 폰티쿠스(Evagrius Ponticus)를 그대로 따르고 있어서 서방의 수도원이 오리겐 사상으로 향하게 하는 계기가 되고, 이는 신학에도 영향을 미쳐서 오리겐의 신학이 서구 신학에 중요한 인물로 부각되는 계기를 마련했기 때문이다.

위의 두 가지 흐름 외에 갈리아 지역에는 또 다른 세 번째 수도원 경향이 있다. 마틴 수도원과 네 수도원은 외부적 영향에도 불구하고 독자적 수도원이라고 할 만하다. 왜냐하면 이들은 최소한 갈리아 사람들에 의해서 만들어진 수도원이었기 때문이다. 그런데 이 세 번째 흐

---

12) 본문과 주석은 J. C. Guy, *Sources Chrétiennes* 109(Paris, 1965); 처음 4권에 대한 독일어 번역은 K. S. Frank, *Frühes Mönchtum im Abendland* 1(Zürich, 1975).

름은 영국 아일랜드에서 들어온 외국 사람이 세운 수도원이다. 아일랜드 지역은 기독교가 들어가면서 수도원이 시작된 특수한 지역이었다.

아일랜드 수도원의 개척자는 패트릭(Patrick, 460년경 사망)이다. 그가 아일랜드에서 수도원적 삶을 전했을 때 놀라운 반향을 일으켰으며, 그 결과 커다란 수도원들이 세워지게 되었다. 이들 수도원은 교회의 중심이 되는 결과를 낳았다. 그러므로 아일랜드 지역에서는 수도원장이 교회를 이끄는 지도자가 되는 특별한 상황이 나타났다.

아일랜드 수도사들의 철저한 금욕은 외부에 알려지면서 아일랜드를 "성자들의 섬"이라는 이름으로 부르게 되었고 수도원 부속 학교에서의 학식 있는 학자, 수도사들의 열심 있는 가르침은 또한 이 섬에게 "학자들의 섬"이라는 이름을 갖게 해주었다. 그런데 이 아일랜드섬의 수도원이 가진 독특한 경향이 있었다. 그것은 고대 사도들의 생활 모습을 본떠서 고향을 떠나서 방랑 생활을 하는 것으로, 이들은 수도사가 된 후 멀리 있는 다른 수도원에 가서 생활하는 전통이 있었다. 처음에는 아일랜드 섬 안에서만 이루어지던 고향을 떠나는 삶의 방식이었는데, 나중에는 아예 외국으로 나가는 경우가 생겼다.

이런 무리 중 하나가 6세기 후반에 콜룸반(Columban)의 지도 아래 아일랜드를 떠나 갈리아 지역에 도착했다. 590년에 이들은 갈리아에 루훼(Luxeuil) 수도원을 건립함으로써 새로운 수도원 중심지를 만들어냈다. 그런데 이들이 세운 수도원은 성향상 어쩔 수 없이 아일랜드-스코틀랜드 식일 수밖에 없었다. 고향을 떠났지만 고향의 많은 부분을 가져온 것이다.

그런데 이런 아일랜드-스코틀랜드 수도원적 생활 방식은 갈리아 지역의 제도권 교회와 메로빙거 왕가의 가신들과 불화를 빚어서 콜룸반은 결국 갈리아 지역을 떠나 보비오(Bobbio)로 이주하게 된다. 이들이 머무른 기간은 몇 년밖에 안되었으나 이들은 나름의 영향을 남겼다. 그는 섬의 수도원 정신을 대륙에 옮겨 놓았다. 콜룸반 수도원의 규칙이 규칙 자체보다는 전통적 수도사의 생활에 더 강조점을 두어서 수도원 규칙은 보충적 역할을 하도록 되어 있었다.[13]

그 결과 수도원 자체의 조직이나 위계질서 등은 상대적으로 소홀히 되었다. 즉 서방 수도원의 일반적 전통인 하루를 세분화해서 기도 시간, 관상 시간 등등으로 나누는 방식을 취하지 않았다. 이런 전통을 접한 서방 수도원은 자신들의 규칙에다 콜룸반 수도원 규칙에서 좋아 보이는 부분들을 취해서 자신들에게 맞는 규칙을 만드는 시도를 하게 되고, 이것이 다음 세대에는 유행이 되어 소위 "혼합 규칙 시대"를 맞게 하는 계기를 마련한다.

서방의 수도원은 6세기 말 경에는 아주 다양하고도 생동하는 모습을 보여준다. 그런데 이 시기는 로마 제국 내에서 아직도 여러 지역에 기독교가 소개 전파되고 있었으므로 새롭게 전파되는 곳에서 수도사들은 선교사의 역할을 하면서, 또는 수도원을 세우고 수도사의 생활 모습을 통해서 그리스도인들의 고유한 생활 양식을 고정하는 데 큰

---

13) 본문: G. S. M. Walker, *Sancti Columbani Opera*(Dublin 1975).

역할을 한다. 물론 수도원에 따라서 약간씩 다른 모습으로 나타나긴 했으나 금욕과 고행은 공통의 특징이었다.

또한 동방에서와 마찬가지로 서방에서도 수도원들이 많아졌다는 것은 그만큼 기독교가 많이 전파되었다는 것을 전제하기도 한다. 복음이 알려지고 기독교가 소개된 후 수도원이 세워지면서 생활 속에 기독교 정신을 심는 역할을 해준 것이다.

여기서 어째서 서구에 수도사적 삶의 양식이 전파된 후 그렇게 짧은 시간 안에 놀랄 만큼 급속하게 전파되었는지를 짧게 요약해 보기로 한다.

1. 귀족 계급에 속한 많은 사람이 금욕적 수도원적 생활 방식을 받아들인 것이 큰 계기가 되었다. 그들은 일선에서 물러난 삶을 살다가 이 금욕적 삶의 방식에서 새로운 활기를 찾았다. 로마의 귀족들은 전통적으로 목가적 삶을 선호해서 "전원생활"의 꿈을 가지고 있었는데, 이들은 "수도원적 삶의 형태"에서 가능성을 발견했던 것이다. 이 결과로 수도원은 부유하고 세력 있는 조력자를 많이 만나게 되었고, 더욱이 귀족 계급이 수도사들에게 존경을 표함으로써 수도사들이 명망 있는 계층으로 자리매김하는 데 큰 역할을 하게 된다. 그러나 이 과정을 통해서 개별 수도사들은 교양이 있고 분별 있는 처신을 하는 사회 고위 계급이 되는 계기도 된다. 수도원의 귀족화는 부를 누리는 경향으로 나타나 수도원에 수도사보다 일하는 사람들이 더 많은 형편이

된다. 원래 수도사의 의무였던 노동은 노예가 하게 되었다.[14] 서양 수도원 규칙의 왕좌 자리를 차지하고 있는 베네딕트 규칙까지도 혹시 흉년 때에 들에 나가 과일을 모아 오는 일이 생기더라도 불평하지 말 것을 명하고 있다.[15]

2. 두 번째 이유로 제도권 교회의 주교단과 수도원과의 결합을 들 수 있다. 개별 주교들이 수도원에서, 또는 수도원과 결합해서 활동한 것은 수도사들이 교회에서 활동하는 길을 열어 주었다. 그 결과 동방 수도원에서와는 달리 서방 수도원은 처음부터 수도사와 수도원이 교회사에 자신의 역할을 계속할 가능성을 열어 놓고 있었다.

3. 마지막 세 번째는 초창기 수도원들이 갖고 있던 자기 이해이다. 처음에 밝힌 것처럼 교회에서는 처음부터 금욕에다 교회론적, 종말론적 의미를 부여하고 있었다.

이런 정신이 4~5세기에 다시 세력을 얻은 것이다. 이것의 계기는 로마제국에서 기독교가 급속하게 세력을 얻어 가는 것과 관계가 있다. 기독교가 국교로 된 이래 로마인이란 말은 곧 기독교인이라는 의

---

14) 세비야의 이시도어(Isidor von Sevilla)의 수도사 규칙에는 5장 7절에서 이렇게 명문화하고 있다.
15) *Regula Benedicti* 48, 7.

미와 같은 것이었다.

이런 상황에서는 사실 "개종"이라는 것은 별 의미가 없는 것이 된다. 다른 종교를 갖는 것이 불법이므로 개종의 여지는 아예 없는 것이다. 개종은 야만족이나 미개인들이 하는 특별한 의식인 셈이다. 그래서 일반 기독교인들과 좀 더 열심 있고 더 하나님의 뜻에 맞게 산다고 생각했던 사람들은 수도생활을 택했다. 이들은 아마도 금욕을 "개종"이라고 생각했는지도 모른다.

기독교의 시작점에서 그리스도인들이 소수 무리로 배타적이고도 소외당하는 무리였던 것을 생각하면 이렇게 소수 무리인 수도사 집단에 속하는 것이 참된 그리스도인이 된다고 생각하는 것은 어쩌면 옳을 수도 있다. 그러나 이런 분위기는 점차 더 확산되어서 진정한 그리스도인은 수도사가 되는 것이라는 생각으로 발전되었다.

이런 생각은 수도원 규칙에도 배어 있어서 수도사가 되는 것을 "그리스도의 군사"가 되는 것이라고 명시해 놓고 있다. 2세기까지 교부들이 이 말을 이해하면서 그리스도인들이 세상을 얻고자 하는 의미로 해석해서 이 세상에 그리스도를 심는 전도의 의미가 강했다. 그러나 이제는 수도사가 완전한 그리스도인이 되기 위해서 관상하고 기도하며 싸우는 의미로 바뀌었다.

고대 교회가 유대인과 세속인들이 육을 따라 산다고 비난하며 자신들의 삶이 영적인 삶이라고 확신했던 것처럼, 똑같은 이분법이 나타나 수도원은 경계로 해서 수도원 안은 영적인 삶이 되고 수도원 밖은 육적인 삶이 되는 구별이 생겨났다. 카시안은 이것을 강조해서 수도원 밖에서 사는 삶은 "율법을 따라 사는 삶"이고, 수도원 안에서 사는 삶이 "복음을 따라 사는 삶"이라고 쓰고 있다.

서방에서 수도원이 틀을 잡고 세력을 얻게 된 시기는 4-6세기이다. 많은 사람이 수도사의 이상을 따라 살았으며, 사회적으로 많은 추종 세력도 얻었다. 이때 간과해서는 안 될 것이 수도원에 반대하는 세력도 적지 않았다는 사실이다. 가장 강력한 반대 세력은 옛날 세속 세력들이었다. 특히 다른 종교 세력들은 자신들의 생활 방식과 특별히 다른 것도 없는 기독교 수도원이 특혜를 누리는 데 대해 불만이 컸다.

또 하나는 가끔 나타났던 황제의 박해였다. 박해가 있을 때 중요한 대상이 교회 지도자들과 수도사들이 되는 것은 당연했다.

또 하나 마지막 세력은 제도권 교회로부터의 반발이었다. 수도사들이 가진 교만스러운 자기 이해는 교회 내에서조차 비판을 불러일으켜서 일부분이긴 하지만 금욕의 정당성 자체를 근본적으로 문제 삼는 사람들도 나타났다.

이런 반(反) 수도원적 반응은 커다란 성공을 거두지 못했다. 하지만 이러한 반발은 금욕에 관해 신중한 판단을 해야 한다는 생각을 심어 주었고, 그래서 금욕적 삶이 철저히 교회적 삶에 예속되도록 했다.

이런 분위기를 만들어낸 또 다른 요소로 생각되어야 하는 것이 5세기 이후로 수도원이 제도적으로 엄격한 체제를 갖추게 되었다는 사실이다. 이렇게 체제를 갖추게 되자 각 수도사 개인들이 가진 개인적 영향력이 크게 미쳐 왔던 것, 또 수도사들이 금욕적 삶의 영역에서 제멋대로 성장해 갔던 상황은 약화되고 통제될 수밖에 없었다.

"서구의 수도원 규칙"은 초기 단계에서는 양적으로 많은 문서로 나타났던 수도원 규범이었는데, 이러한 문제에 대해 명확하고 분명한 대답과 결정을 내려 주었다. 5세기부터 이러한 수도 규칙들이 쏟아져 나오기 시작했다. 이들 중 대부분은 일회성으로 끝났다. 하지만 그중 하나, 누르시아의 베네딕트(Benedikt von Nursia, 547년? 사망)가 자신의 수도원 공동체인 몬테 카시노 수도원을 위해 작성한 규칙만이 유일하게 유럽 전역에 큰 의미를 주는 지위까지 올라갔다.[16] 하지만 이 규칙 역시 처음 쓰였을 때부터가 아니고 나중에 여러 과정을 거치고 나서였다. 처음에 이 베네딕트 규칙 역시 이탈리아에서 쓰인 많은 규칙 중 하나였다. 이 베네딕트 규칙과 시간적으로나 지리적으로 아주 가까운 관계에 있는 것이 누가 쓴 것인지 알 수 없는 중요한 규칙이 있는데, 이를 보통 스승의 규칙(Regula Magistri)이라고 부른다.[17]

30여 년 전부터 이 스승의 규칙과 베네딕트 규칙과의 관계가 논란의 대상이 되어 왔고 연구자들의 관심을 집중시켰다. 아직 완전히 끝나지는 않았지만 다수의 의견으로 접근해 가고 있는 것이 베네딕트가 자신의 규칙을 작성하면서 스승의 규칙을 옮겨왔다는 주장이다. 하지만 옮김에 있어서 이 몬테 카시노의 원장은 커다란 천재성을 발휘해

---

16) 본문은 R. Hansilk: CSEL 75(Wien 1960); 독일어 번역은 많으나 그 중에 F. Faessler = H. U. von Balthasar, *Die Grossen Ordensregeln*, S. 175-259; B. Steidle, *Die Regel St. Benedikts*(Beuron 1952); *Die Benediktusregel*(Beuron 1992).

17) 본문은 A. de Vogüè: Sources *Chrétiennes* 105-107(Paris 1964-65).

서 새롭게 작성해 낼 수 있었다고 한다.

  그는 자신이 쓴 규칙에서 그 규칙이 단지 수도원에서의 삶에서 작은 부분에 대한 가르침일 주고자 할 뿐이라고 명시하고 있어서[18] 소박하고 실제적이며 그가 요구하는 금욕적 삶에 부응하고 적절하게 적응할 수 있는 규칙을 서술하고 있음을 알려주고 있다. 그는 수도원 공동체를 그 자체로 완벽한 단체로, 또 스스로 지탱해 나가기에 충분한 하나의 가족으로 보고 있다. 규칙은 모든 수도사에 의해 종신직으로 선출된 원장을 통해서 수도원에 영적인 교사로, 그리고 모든 것과 모든 것에 책임을 갖는 아버지로서의 역할을 한다.

---

18) *Regula Benedicti* 73,1.

제4장

베네딕트 규칙이
서방 수도원을 점령하다

어거스틴의 친구이자 학생이었던 오로시우스(Orosius)는 수도사란 믿음 사역에만 관심을 가지고 매달리고자 하므로 세상의 번거로운 일은 아예 포기해 버린 그리스도인이라고 정의한 적이 있다.[1]

이런 이해는 굳이 오로시우스가 아니더라도 아주 널리 퍼져 있었다. 이 정의에 의하면 세상과 수도원이 엄격하게 구분하고 있다. 하지만 "믿음 사역"이란 수도사에게만 국한되어 있는 것이 아니라는 것은 분명하다. 믿음에 관계된 사역은 수도사뿐 아니라 그리스도인들 모두에게 관련된 사안인 것이다.

반면에 수도사 역시 세상적 활동으로부터의 완전한 단절이란 불가능하다. 그들 역시 세상적 활동에 참여 없이 살아갈 수가 없기 때문이

---

1) *Adversus Paganos* vii 33.

다. 필요한 물자를 세상으로부터 조달해야 하고, 그들의 이상과 활동이 알려져서 사람들이 방문했을 때 외면해서도 안 되었다. 그들이 좋아하든 싫어하든 나름대로 세상과의 연계는 어쩔 수 없었던 셈이다.

이렇게 세상과 수도원과 완전한 단절은 불가능하다는 것은 오로시우스 때에 이미 알고 있었던 사실이고, 이후 시대에도 계속해서 새롭게 확인되는 사실이었다. 그러므로 수도사의 생활 내용을 설명할 때 다른 것은 다 포기하고 "신앙 활동에만 전념"한다고 해서 신앙적 행위에만 초점을 맞춘다면 제대로 된 설명이 될 수가 없었다.

수도사 생활과 세상적 생활의 엄격한 구분선이 모호한 면이 많았다. 이런 모호함은 수도원 규칙에 의해 해소되었다. 베네딕트가, 규칙을 통해서 잘 나타나는 것처럼, 수도원에서 사는 수도사에게 불가피하게 요구되는 기본적 전제가 "온전한 마음으로 하나님을 추구하는 것"[2]이라고 정리해 줌으로써 수도사의 생활 자체에 대한 정의가 내려졌다. 실제로는 이런 정의가 추상적인 것이기 때문에 구체적 실천에서는 여러 가지 다양한 모습으로 나타날 수 있다. 그런데도 불구하고 이런 베네딕트의 정의는 수도원 역사의 전체적 맥락에서 상당히 중요한 의미가 있다. 왜냐하면 실제로는 다양한 모습으로 나타날 수 있는 수도사의 생활을 전체로 요약해 주고 있기 때문이다.

또한 이렇게 정의해 놓음으로 수도사의 생활 특징을 말할 때는 항상 베네딕트라는 사람을 거론할 수 있게 했으며, 또 똑같은 이상 즉 "하

---

2) *Regula Benedicti* 58,7.

나님의 추구"를 지향하되 실제에서는 여러 다른 모습으로 나타남으로써 각 수도원의 차이나 고유성(固有性)을 가지게 하는 계기가 되었다.

이것은 시골 수도원과 도시 수도원 사이에, 마틴이나 콜룸반에게서 나타나는 목회와 선교의 노력과 수도원적 삶을 결합한다거나, 은거 수도원(성 클라우데)처럼 완전히 은거해서 사는 삶의 모습이라든가, 베네딕트 규칙에서 말하고 있는 소규모 가족 단위의 수도사 모임에서부터 카시노도 수도원의 필경실까지 여러 수도원이 가지는 차이나 독자성으로 나타났다.

하지만 이 모든 차이에도 불구하고 모든 수도사가 이런 일 모두가 "믿음과 관계된 사역"이라는 데서는 완전한 의견의 일치를 보이고 있다. 이때 나타나는 경향은 다양한 강조점을 보여주고 있다. 요한네스 카시안의 저작은 이것과 관련해서 설명될 수 있을 것이다.

이렇게 수도원에서 규범의 중대성이 부각된 시기는 6세기이다. 이 당시에는 많은 규칙이 만들어지는데, 이들 규칙이 가지는 목적이 수도사의 생활에 대한 정형적 모습과 규범을 그려내는 것이었다. 이 당시의 규칙 중에서 지금까지 전해 오는 것의 내용을 보면 당시에 규칙을 만들 때 전통적인 규범과 질서에서 공통적인 요소를 찾으려는 노력을 알 수가 있다.

짧은 규칙집인 소위 『교부 규칙집』(Regula Patrum)은 몇 가지 종류의 사본이 있다. 이 내용에 보면 이 규칙집이 "수도사 회의"[3]에서 만들어

---

3) M. Puzicha, *Die Regeln der Väter*(Münsterschwarzach 1990).

진 것이라는 설명이 있다.

전체 교회사에서 통일적이고 전체 교회를 포괄하는 법을 만든다거나 의무 규범을 만들 때 보통 종교회의를 통해서 만든 것은 사실이지만, "수도사 회의"라는 것이 있었다고 볼 수 있는 근거는 아주 약하다. 그러므로 이 내용 즉 『교부 규칙』이 회의를 통해서 만들어졌다는 기사는 신빙성이 적다. 설혹 회의를 통해 만들어졌다 하더라도 전체 교회적 권위를 인정받는 회의는 아니었다는 것은 분명하다.

또한 수도원 규칙의 역사를 살펴보더라도 수도원 규범이 통일적으로 나타나게 된 데에는 회의를 통해서나 어떤 특별한 계획하에 만들어진 것이 아니라 상황과 연결되어 거의 한 세기를 넘게 걸린 역사적 발전임을 쉽게 알 수 있다.

이 과정에서 가장 중요한 역할을 한 것이 바로 베네딕트 규칙이 전래되고 있었다는 것과 "혼합 규칙 시대"가 있었다는 사실이다. 6세기에 쓰인 베네딕트 규칙이 유럽 전역에 퍼지게 된 경로는 7세기경부터야 추적이 가능하다.

야만족들이 이탈리아 반도를 쳐들어 왔을 때 베네딕트 수도원이 있던 몬테 카시노 지역도 점령되었고, 베네딕트 수도원의 수도사들은 피신해야 했다. 이때 그들 중 일부가 베네딕트 규칙집을 가지고 로마로 피신을 했다. 당시 그들은 교황 그레고리의 배려로 로마의 수도원에서 살게 되었는데, 이때 자신들의 규범을 따라 살았다. 이것은 단순히 로마에 알려진 기록 정도로 볼 수 있다.

베네딕트 규칙이 실제로 로마에서 배타적 지위를 확보하기 시작한 것은 10세기에 가서였다. 처음에 로마에 알려졌을 때, 즉 7세기에는 많은 규범들이 있었고 수도원 원장들은 자신의 수도원을 위해서 전해 오는 규칙들을 모아서 필요한 부분을 발췌해서 편집하는 것이 보통이었다. 그래서 이 시기에 많은 규칙들이 만들어졌고, 이 시대를 혼합 규칙 시대라고 부르는 것도 이 때문이다. 이렇게 혼합 규칙이 특별히 많이 나타난 곳이 갈리아 지역 수도원이다. 이들이 쓴 대본, 즉 참고 원부는 콜룸반(Kolumban) 규칙과 베네딕트 규칙이었다.

이런 규칙 양산 운동은 베네딕트 규칙이 유럽 전역에 퍼지는 데 큰 역할을 하게 되었다. 재미있는 사실은 제일 먼저 베네딕트 규칙이 독보적 지위를 차지한 나라가 영국이라는 것이다. 이탈리아와 갈리아에서 수도원을 보고 배웠던 베넷 비스콥(Benet Biscop)과 빌프리드(Wilfried, 죽은 후 선행자라는 뜻의 Bonifatius로 불림. 다음 페이지 참조)는 7세기 말경 베네딕트 규칙을 영국에 전했던 것으로 보인다.

이렇게 전해진 베네딕트 규범은 순식간에 영국 전체 수도원을 석권했다. 이때 베네딕트 규칙이 보여준 특징은 놀라운 적응력이었다. 다른 문화적 풍토에서도 충분한 적응 능력을 보여준 셈이었다. 이는 또한 수도원 운동이 활성화되는 계기를 주었고, 위대한 수도원장들이 배출되고, 그래서 수도원은 교회적, 문화적 중심지가 되었다.

이들 수도원에서 다음 세대에 유럽 대륙으로 파송하는 선교사들이 길러지게 된다. 영국에서 선교사들이 유럽 대륙으로 진출했을 때 유럽에서는 베네딕트 규칙이 수도원 규칙의 대표적 위치를 잡아가고 있었다. 이런 흐름은 결국 영국(정확히는 아일랜드)에서 파송된 선교사인 빌리보드(Wilibrord, 739년 사망)와 보니파티우스(Bonifatius, 754년 사망)가 독일의 풀다 지역에 수도원을 세우고 공식적으로는 처음으로 베네딕트 규칙을 수도원 규칙으로 택함으로써 베네딕트 규칙의 유럽 정복의 기초를 제공했다.[4]

영국과 독일 지역에서 베네딕트 규칙이 확산되어 가는 동안 프랑스 지역에서도 이 규칙이 점점 더 큰 세력을 얻어 가고 있었다. 7세기 후반 이후에 종교회의들은 베네딕트 규칙을 공식적 수도원 규칙으로 받아들이고, 그것에다 대표성을 부여하는 것이 기정사실로 되어 갔다.

그래서 이 규칙은 로마 수도원의 규칙이 되었고, 이 바탕 하에 베네딕트는 "로마의 수도원장"이라는 칭호로 불리는 데에 이르게 된다. 프랑크 왕국의 수도사들은 베네딕트 수도사가 되었다. 왜냐하면 그들은 로마식이고자 했기 때문이다(Die fränkischen Mönche wurden zu Benediktinern, weil sie römisch sein wollten).

베네딕트 수도원 규칙은 칼 대제 아래서 카롤링거 왕국의 독점적 규칙이 되었다.[5] 베네딕트 수도원 규칙을 공식적으로 유럽 수도원의 일반적 규칙 즉 *una consuetudo monastica*(단일화된 수도원 생활 양식)으로 만든 것은 프랑크 왕국의 왕이었던 경건한 루이의 명령에 따른 아니안의 베네딕트(Benedikt von Aniane)의 공적이다(816-817). 아니

---

4) Ep. 86.

5) 이것은 무엇보다도 784년의 감독 규정을 통해서 이루어졌다. 794년 프랑크푸르트 제국 종교회의와 802년 황제의 프로그램.

안의 베네딕트의 설명에 보면, 통합 프로그램이 어떻게 진행되었는지를 알 수가 있다. 베네딕트 규칙을 통한 수도원 통합은 단순히 규칙 자체에 대한 청교도적 순종이 아니었다. 그가 편집한 『규칙집』(Codex Regularum)과 『통합 규칙집』(Concordia Regularum)을 통해서 그는 전통적으로 내려오던 이전의 수도원의 정신적 전통을 개혁적 입장에서 통합 정리해 놓고 있다.[6]

그는 이 정신적 전통의 흐름에다 베네딕트의 규칙을 함께 포함하는 동시에 이 규칙을 카롤링거 수도원이 따라야 할 규범으로 정해줌으로써 전통적 수도원 정신의 통합과 수도원 일반 규범을 제시하는 역할을 하고 있다. 이것은 규칙의 편집자인 베네딕트가 원래 의도하고 있었던 것이기도 했다. 이 결과로 "베네딕트 수도원의 수도사"나 "베네딕트 수도원"이라는 단어는 이제 거의 수도사나 수도원이라는 말과 같은 의미로 사용되게 되었다. 9세기에 베네딕트 수도원은 유럽의 수도원을 통합한 것이다.

수도원의 베네딕트 규칙 하에서의 단일적 통합은 서방 수도원과 서방 기독교 자체에 몇 가지 영향을 미친다. 우선은 이런 과정을 통해서 수도원이 성직 계급으로 편제되는 결과를 가져왔다는 것을 들 수 있다. 처음 시작될 때의 수도원은 성직 제도에 대한 관심은 아예 가지질 않았다. 물론 무관심의 이유가 교회에 대한 적대감 때문이 아니라

---

6) 본문: *Migne PL* 103; 개정 신판이 K. Hallinger, *Corpus Consuetudinum Monasticarum*으로 준비 중.

자신들의 금욕적 성향 때문이었지만 그들이 일반적 교권에 흥미를 갖지 않고 있었던 사실은 분명하다.

이미 성직자가 되어 있던 사람들도 금욕적 삶에 자신을 드리기를 원하는 사람들은 성직자에게 주어지는 특권을 포기하고 수도원의 문을 두드렸다. 그러나 성직 제도와 수도원 제도가 서로 도저히 연합될 수 없는 것이라는 생각은 역사상 한 번도 나타난 적이 없다. 또한 수도사 역시 성직자가 하는 몇 가지 일에서 자유로워 본 적도 없었다.

동방 수도원 역사의 초기에서부터 나타났고 서방에서도 마찬가지였던 수도사의 사역 중의 하나가 참회에 관한 문제였다. 즉 수도사들은 처음부터 고해성사를 받을 수 있었다.

또 한 가지는 성찬 집례의 문제였는데 성찬에서는 수도사가 할 수 없었고 성직자만이 가능했다. 이런 문제는 성직자인 수도사가 있으면 간단히 해결되었다. 어떤 수도사들이 서품을 받지 않았다고 해서 번거로운 문제가 생기자 수도사로 있던 몇몇은 아예 세상으로 나가서 사제 서품을 받고 즉 성직자가 되어서 다시 수도원으로 다시 돌아오는 경우가 생겨났다. 이렇게 되자 성직 계급은 기독교 공동체에서 일하기 위해서는 불가피하게 가져야 하는 직위가 되었다.

원래 수도사들이 가졌던 생각과는 반대로 되어간 셈이다. 이런 사고방식의 변천은 후에 수도원 타락의 결과로 나타나게 되는데, 제도와 직위를 수단으로 삼는다는 것은 원래 수도사의 이상과 맞지 않아서일는지도 모른다. 어쨌든 수도원과 교권 제도가 실용적 의미에서 연합됨으로써 많은 수도사가 성직 서품을 받았지만, 그렇다고 모든 수도사가 다 성직자가 되거나 수도원 자체가 성직자 양성 기관이 된 것도 아니었다.

수도원은 자신의 이상과 삶의 양식을 지켜 갔다. 이런 과정에서 나타난 영향의 또 하나는 성직자들의 수도사 화(化)이다. 성직자들이 공동생활을 하면서 금욕과 고행, 또 구원을 향한 몰두 등 성직자들의 생활 양식이 수도원 식으로 가게 된 것이다. 이것 역시 성직자와 수도사의 생활 양식이 통합된 것이다.

중세 초기의 교회사의 특징으로 기록될 수 있는 것이 바로 성직자들이 수도사적 삶의 양태를 따라가게 된 것이라고 할 수 있다. 이제 *canonice vivere* 즉 "규칙을 따라 사는 삶"은 수도사의 것만이 아닌 성직자들의 것이기도 했다. 이들은 성직자로서 삶의 양식을 은둔, 청빈 공동의 삶을 가졌다.

8세기 중반에 사제였던 메츠의 크로데강(Chrodegang von Metz, 766년 사망)은 자기 교구 성직자들의 삶을 위한 규칙을 만들어 내기도 했다. 내용에서 그는 상당 부분 베네딕트 규칙서를 원용하고 있는데, 이렇게 됨으로써 평신도 수도사를 위한 생활 규범이 성직자들의 생활 규범을 위한 지침으로 사용되는 결과가 되었다.

수도사와 성직자가 서로 다른 것이라는 것은 누구에게나 당연한 생각이다. 그러나 이때 실제로 나타난 현상은 수도사와 성직자가 서로 거의 동화되어 서로 비슷해지는(특히 삶의 양식에서) 결과를 낳았다.

816년에 독일 도시 아헨에서 열린 제국 의회에서 발표한 『성직자 수도원』(*Institutio Canonicorum*)에서는 이 규칙을 따라 사는 성직자 무리와 수도원 공동체를 엄격히 구별해서 다루고 있다. 하지만 우리가 『아헨 성직자 규칙』(Aachener Kanonikerregel)이라고 부르는 이 규칙을 따라 사는 성직자 무리가 가졌던 규칙을 살펴보면, 내용이 거의 베네딕트 규칙에서 옮겨왔으며 이들의 삶의 방식이 수도사와 거의 대동소이했다는 것을 알 수 있다.

서로 간에 분명한 차이를 보였던 것이 있기는 하다. 수도사들은 베네딕트 규칙에 의해서 개인적으로 소유물을 갖는 것이 엄격히 금지됐지만 성직자에게는 그런 조항이 없었으니 차이라고 할 수 있다. 그러나 실제로 수도사들에게 소유는 금지되어 있지만, 사용이 금지되어 있는 것은 아니었으므로 실제적 차이는 없다고 할 수 있다. 더구나 이런 사제 수도사들이 개인 소유를 포기하는 서원만 한다면 수도사가 될 수 있었으므로 이들도 수도사로 보는 것이 더 옳을 것이다.[7]

이 두 단체가 서로 혼합되고 어떤 한쪽에서 다른 한쪽으로 쉽게 갈 수 있게 된 환경이 조성되면서 수도사들이 자신들도 성직자들과 다를 바 없다는 생각을 하게 만들었다. 이렇게 전개되어간 것은 단순히 수도사들의 생각이 변한 것이라기보다는 원래 수도사들이 하고 있던 사역이 의미가 확대된 것으로 설명해야 한다.

조직화된 수도원이나 특별한 무리가 하는 수도사적 공동체의 예배

---

7) 비교, J. Siegwart, *Die Chorherrenstifte und Chorfrauen-gemeinschaften in der Deutschsprachigen Schweiz* vom 6. Jh. bis 1160(Freiburg/Schweiz 1962).

모임에서 수도사들이 처음부터 고유의 역할을 맡는 경우가 많았다. 보통은 예배를 돕는 역할이었는데, 예배 인도나 성례식에서의 조력 등등의 역할을 했다. 그런데 수도사와 일반 성직자의 구분이 모호해짐에 따라 수도사들이 하던 일들이 성전을 위한 봉사 즉 성직자가 하는 일과 차이가 없다는 생각을 하게 되었다. 그 결과 수도사들이 작은 지역 교회나 기독교와 관련된 기관에서 봉사하는 것이 보편화가 되었다.

중요한 사제의 묘소, 또는 로마나 어떤 성지에서 옮겨온 성 유물이 안치된 장소는 당시에 교회 생활에서 중요한 중심적 위치를 차지하고 있었다. 이런 장소를 관리하고 보살피는 사람들이 필요했고, 이런 일을 하는 데에는 수도사가 아주 적격이었다. 투르의 성 마틴, 파리의 성 데니스, 오세르(Auxerre)의 성 Germain, 트리어의 성 유카리우스, 쾰른의 성 세베린과 성 제레온 등이 당시에 중요했던 성자들의 기념 장소였다.

이들은 또한 다른 지역에서도 그들의 유물이나 유품을 가지고 기념 장소를 마련하기도 했다. 이런 장소에서 봉사하는 사람은 성직자나 수도사였는데, 이들은 보통 헌신자(*devoti*), 감독자(*custodes*), 또는 봉사자(*servientes*)라는 이름으로 불렸다. 여기서 봉사하는 수도사들은 어떤 수도원 소속 수도사로서가 아니라 "투르의 성 마틴의 수도사"나 "트리어의 성 유카리우스의 수도사"라는 이름으로 불렸다. 이들이 하는 일과 관계되어 수도사들의 이름이 붙여진 것이다.

이렇게 수도사들이 교회와 교직 제도에 끼어 들게 되었고 수도사들에게도 성직자에 준하는 봉사를 요구하게 되었다. 이렇게 해서 어떤 건물의 관리를 담당하는 수도사들의 삶이 수도원을 제도권의 성직자로 이끌어 갔다.[8]

프랑크 왕국 시대에 나타난 수도원들에는 또 다른 특징이 있다. 그것은 수도원이 대형화되었다는 것이다. 원래 동방 수도원의 모범을 따랐던 수도원 이상은 위에서 이미 살폈듯이 *"fuga mundi"* (세상으로부터의 도피)였으므로, 수도원이 세워진 곳은 도시에서 멀리 떨어진 장소였다. 피르민(Pirmin, 753년 사망)이 리이헤나우와 호른바하에다 수도원을 세울 때 잘 나타내 보였던 것처럼, 이런 사상은 계속 살아 남아서 수도원을 설립할 때는 세상과 단절된 고립된 장소를 택하는 것이 당연시 되어 왔다.[9]

그런데 8세기경부터 이런 생각에 변화가 왔다. 변화의 동기는 선교였다. 선교가 그 시대의 중요한 주제로 등장하면서 선교 수도사들이 일반 대중 속에 들어가서 선교하는 역할을 담당하게 되는 변화가 생겨난 것이다. 이는 사람이 살지 않는 지역에 수도원 도시를 건설하도록 하는 교회적, 정치적 조직화 계획을 수행하도록 해서 교회적 삶의 새로운 중심지를 만들어 냈다. 이러한 중심지는 전체가 교회를 중심점으로 해서 움직이는 교회적 기능 도시가 될 수밖에 없었다. 코르바

---

8) 비교, A. Häussling, *Mönchskonvent und Eucharisteifeier*(Müster 1973).

9) A. Angenendt, *Monachi Peregrini. Studien zu Primin und den Monastischen Vorstellungen des Frühen Mittelalters*(München 1972).

이의 수도원 교회에 있는 비문의 내용이 이것을 잘 보여준다.

> 주여 당신이 이 도시를 세워 주시고
> 당신의 천사들이 도시의 성벽을 지켜 주소서.
> (*Civitatem istam tu circumda Domine et angeli tui custodiant muros eius.*)

이렇게 해서 생겨난 도시에는 많은 수도사들이 있었다. 그런데 이러한 도시 소속 수도사들은 모두가 성직자의 신분을 갖고 있었고, 이들이 사는 도시는 전체가 수도원 체제로 개발되었다. 이때 실제적 적용에서는 베네딕트 식의 수도원 체제[10]를 현대적으로 해석해서 적용했는데(이런 것을 가장 잘 보여주는 예는 810년에 나온 성 갈렌 수도원의 기획 안이다), 이는 수도원 공동체를 위해 충분한 경제적 토대를 구축하고 또 수도사들이 자신들의 기본 이상으로 가지고 있고 가져야 하는 영적이며 금욕적 삶의 목적을 새롭게 만족시킬 수 있는 여러 가지의 사역 영역을 주는 것으로 나타났다.

이러한 형태의 수도원들이 나타난 곳이 특히 북갈리아 지방과 프랑크 왕국의 동부 지역이다. 이런 경향 아래서 생겨난 중요한 수도원들을 본다면, 풀다(Fulda, 744년 건립), 프리츨라(Fritzlar), 오어드룹(Ohrdruf), 타우버비숍스하임의 수녀원(Tauberbischofsheim), 키징겐(Kizingen), 옥센푸르트(Ochsenfurt) 수도원 등이다.

---

10) *Regula Benedicti* 66,7.

풀다 수도원 건립에 관해서, 설립자였던 보니파티우스(Bonifatius)는 751년 교황 자카리아스(Zacharias)에게 보낸 편지에서 다음과 같이 말하고 있다.

> "이곳은 세상과 단절된 고적한 숲 지역입니다. 하지만 이 숲 지역은 또한 우리가 선교의 대상으로 삼고 있는 백성들이 사는 지역의 한 가운데 있습니다. …우리는 이 지역에 수도원을 세우고 우리의 스승 성 베네딕트의 규칙을 따르는 수도사들을 거주하도록 했습니다…이 장소는 하나님을 두려워할 줄 아는 경건한 사람들이 열심히 노력해서 얻은 땅으로 그들은 이 땅을 구원자의 영광을 위해서 바쳤습니다. …나는 전심을 다 해서 이 지역의 백성들에게 필요한 도움을 주고자 합니다. 내가 할 수 있는 것이 남아 있는 한 나는 이 일을 위해서 최선을 다할 것입니다."[11]

이 편지에서 알 수 있는 것처럼 보니파티우스는 *in ermo* 즉 "단절된 은둔 지역"이라는 표현을 써서 수도원의 고전적 전통에 충실하고 있음을 나타내면서, 또 한편으로는 주변에 사는 사람들에 대한 목회적 관심을 보임으로써 당시의 수도원이 가졌던 세상적 관심을 알려주고 있다. 이것은 정치적 맥락과도 연결되어 있는데, 실제로 보니파티우스는 이 수도원을 프랑크 왕국의 도움으로 건립했다. 프랑크 왕국은 자신들의 통치 기반을 확립하고 확장하는 데 수도원과 수도사의 도움을 많이 받았고 수도사들도 이를 기꺼이 행했으므로 서구 기독교의

---

11) *Ep*. 86.

두 중심축인 교회권과 수도원이 다 함께 정치 세력과 연합되는 계기가 여기서 나타나는 셈이다.

하지만 이것을 부정적 견해에서 해석해서는 안 된다. 당시 프랑크 왕국의 군주들은 자신들을 하나님의 복음을 전파하기 위해서 특별히 선택받은 사람이라고 확신하고 있었으며, 이런 이유로 수도사들도 신앙적 의미에서 군주에게 협력했다.

그러므로 이런 종류의 수도원 건립에는 복합적인 의도가 있었다고 보아야 한다. 이들 수도원은 수도사적 삶을 살기 위한 장소인 동시에, 선교 활동의 중심지였고, 또한 교회와 문화 활동의 중심지이기도 했다. 중세 초기의 이러한 수도원 도시는 "하나님의 일"을 고전적으로 이해하는 것은 후퇴하고 단절된 상태에서 금욕을 통해서만이 아니라 세상과의 적극적 교제를 통해서, 즉 선교에 열정을 가지므로 했다.

이렇게 한 도시가 교회와 수도원적 행정 체계에 의해서 형성됨으로써 나타난 결과는 수도원이 마을의 중심이 되고 문화 활동 모두가 수도원에 의해서 결정되게 했다. 그렇게 됨으로써 마을의 모든 권한이 수도원장에게 결집하는 결과를 낳았고, 결국 789년에 칼 대제는 칙령을 발표하여 모든 수도원들에 학교를 개설하도록 했다. 수도원이 이제는 교육을 담당하는 기관까지 겸하게 되었다. 수도원에 학교를 개설하게 됨으로써 수도원은 서구 수도원과 교회 역사에서 중요한 역할을 한 학문의 요람의 기능을 할 계기를 마련한다.

수도사들은 학교에서 교사로 활동을 하면서 전해져 오는 학문을 받아들여 다음 세대로 넘기는 데에 결정적 역할을 했고, 이는 또한 수도사의 중요 임무 중에 필사와 도서관 사서가 포함되게 하는 계기가 되었다.

그러므로 지금까지는 가지지 않았던 여러 종류의 새로운 과제를 부여받은 카롤링거 수도원은 "카롤링거 르네상스"에 중요한 역할을 한다. 당시에 왕이 직접 수도사들에게 문화적 활동을 수행해 달라고 요청하기도 했던 것을 보면 수도원과 수도사들의 참여는 아주 적극적이었던 것으로 보인다.

칼 대제는 자신의 영토의 여러 곳에서 미개척지인 땅에 수도원들을 세웠다. 그러므로 수도원 건립은 곧 국유지를 확장해 가는 것이자 프랑크 제국의 영토를 늘리는 것이었다.

이 수도원에서 수도사들은 땅을 개간해서 영토를 만들었고, 사람이 살 수 없던 땅을 훌륭한 경작지로 만들어 내었다. 수도원이 원래 가지고 있던 이상인 은둔(eremus)이 수도사들의 손을 통해서 "훌륭한 정원"이라는 꽃을 피운 것이었다.

카롤링거 제국에는 거의 모든 곳에 이런 수도원이 설립되었다. 이 과정을 통해서 수도원은 또한 "왕 소유의 수도원"이 되어 국가 조직 일부가 됨으로써 국가의 보호를 받았고, 또한 칼 대제는 자기가 신뢰하는 가신들을 수도원장의 자리에 앉게 함으로 국가에서 수도원이 갖는 정치적 역할이 현저히 커지게 되었다. 제국의 동쪽 지역에서는 수도원의 선교 활동이 국가를 유기적으로 조직하는 국가적 과업과 서로 연합되었다.

칼 대제는 동 프랑크 왕국의 북에서 남까지 대형 수도원들을 세웠는데, 이는 새로 얻은 지역의 주민들을 기독교로 개종시키려는 조처였다. 선교의 구체적 단계는 상당히 조직적으로 전개되었다. 처음에는 수도사들을 통해서 기독교의 복음을 알려주고, 다음 단계에서는 정규의 교권 제도에게 관리를 맡게 하고 수도원과 수도사는 관여를 못 하게 했다.

이렇게 되자 원래 선교의 목적을 위해서 세워진 수도원 공동체들은 자신들의 임무가 사라진 꼴이 되었다. 특히 큰 조직으로 결성된 대형 수도원들은 커다란 위기에 빠지게 되었다. 그들은 자신들이 할 바를 알지 못하게 되었다. 그래서 일부 수도원들은 어쩔 수 없이 다시 영적인 임무에 전념하는 결과를 낳기도 했다. 그렇지 않으면 국가의 행정 조직의 일원으로서 근무하는 수밖에 없었다.

그런데 영적인 임무 즉 수도사의 고유 활동에 전념하려면 국가의 보호를 더 이상 기대할 수 없었으므로 어려움을 감수해야 했다. 왜냐하면 칼 대제는 원래부터 "수도원의 본질적 이상(理想)이 하나님을 위해서 자신의 모든 세상적인 것을 포기하고 하나님을 향한 삶을 사는 것임을 이해하고 있는 사람이 아니었기 때문이다. 그에게는 수도원이란 국가의 조직체의 일부였을 뿐이다. 그의 제국이라는 전체적 입장에서 그는 수도원이 세상과 단절하고 있어서는 안 되고 세상 안에서 세상을 위해서 행동하는 조직체여야 했다."[12]

---

12) J. Semmler, *Karl der Grosse und das Fränkische Mönchtum = Karl der Grosse* 2(Düsseldorf 1967) 255-290.

카롤링거 시대의 수도원은 정치적 요소를 가지게 되었는데, 이는 싫든 좋든 수도원이 서방의 전체를 결집해서 자신에게서 하나의 통일체로 만드는 계기를 마련한다. 수도원에 따라 차이가 있었고, 또 대다수의 개개 수도원들은 수도원적 삶의 형태를 나름대로 제한적으로 이해하고 있었지만, 서구 수도원이 전체적으로 이런 통일적 경향을 보이게 된 데에는 베네딕트 수도원이 서구 수도원을 통일함으로써 베네딕트 수도원은 곧 서구 수도원이라는 생각을 하도록 한 것에 근본적 원인이 있다.

모든 수도원장이 자신들의 수도원이 베네딕트를 따른다고 했다. 베네딕트 수도원이나 그의 규칙은 서방 수도원을 대표하는 지위를 획득한 것이다. 그런데 이 베네딕트 수도원은 원래의 베네딕트 수도원과는 약간 다른 새로운 형태의 것이었다. 위에서 본 것처럼 원래의 베네딕트 규칙이 새로운 시대에 새롭게 변용되어 채택되고 있다. 원래의 베네딕트 규칙은 이제 새로운 시대에 맞는 새로운 해석을 통해서만 역사성을 가질 수 있는 즉 역사를 만들어가는 구성 요소로 작용할 수 있게 된 것이다. 수도사의 활동 내역인 선교, 영토 확장, 학교에서 가르침, 책의 필사, 또 예술 활동은 이제 세상 속으로 파급되었고, 또한 세상이 수도사들의 고유 업무였던 것을 하게 됨에 따라 세상은 수도원에다 자신의 영향력을 행사하려 했다.

황제만이 수도원을 마음대로 하려 한 것이 아니라 귀족들 또한 수도원을 세우고 스스로 원장에 취임하거나 수도원 건립에 기부자가 된다거나 함으로써 수도원 공동체가 세상적 권력이나 부의 대상이 되게 되었다. 이런 귀족들은 수도사들에게 자신을 위해서 기도하라고 하거나, 수도원의 생산품들을 사유로 사용하거나, 또는 수도원 운영과 원장 선거에 관여함으로써 자신들의 권리를 주장했다.

수도원장은 이미 정치 세력을 가진 영주가 되어 있었다. 처음에 언급했던 오로시우스(Orosius)의 표현으로 수도사의 삶은 가장 소박하게 표현한 "하나님의 일"은 이제 대단히 세상 적으로 해석해야 했다. 그런데 이런 세속화(?) 과정을 통해서 중세 초기의 수도원이 우리가 현재 알고 있는 수도원의 모습을 갖추게 되었다는 것은 하나의 아이러니이다.

은둔과 하나님께 대한 헌신 등의 이상을 가지고 있으면서 세상에는 커다란 영향력을 행사하는 수도원이 당시의 모습이었다. 그런데 카롤링거 왕조와 수도원이 서로 밀접하게 결합하면서 둘이 거의 하나의 세력으로 통합되었으므로 카롤링거 왕조의 몰락과 함께 수도원도 몰락하게 된 것은 새삼스러운 것이 아니다. 프랑크 왕국의 몰락과 함께 수도원도 쇠락의 길을 걸었는데, 쇠락이란 실제로는 파괴나 몰락인 동시에 타락이었다. 수도원에는 정치적, 경제적으로 이권이 개입되어 있었고 원래의 이상보다는 정치 권력의 오른팔에 불과했고 동시에 많은 수도원이 노르만인들과 헝가리인들에 의해 약탈당하고 파괴되었다.

귀족들과 감독들은 수도원을 사유 재산화하였고, 전임 수도원장을 살해하고 원장직을 차지하기도 하였으며, 수도원의 수입 또한 사유 재산으로 하였다. 이때 원래 베네딕트 수도원이 세워졌던 몬테 카시노 수도원이 사라센인들에 의해 파괴된 것은(두 번째 파괴, 883/84) 꽤 상징적이다.

베네딕트 수도원, 즉 서방 수도원이 개혁의 깃발을 들게 된 것은 10세기 초반에 부르군디 지방의 클뤼니(Cluny) 수도원이 수도원 갱신 운동이 시작하면서부터이다. 클뤼니 수도원이 개혁 운동을 시작하자 많은 수도원이 이 모범을 받아서 연합으로 개혁 운동을 시작하였다. 그래서 수도원 개혁 운동은 전 유럽으로 파급되는 데 결국 실패하기는 하지만, 이 개혁 운동은 개혁의 당위성을 천명하는 것에 결정적 영향을 미쳤고 시토 수도원 개혁 운동이 일어나 수도원 개혁이 성공하는 주춧돌을 놓았다. 이러한 맥락은 수도원 속에서 종교개혁의 필요를 깨달은 종교개혁가 루터에게까지 이어진다.

클뤼니 수도원의 개혁 운동에 동참해서 함께 한 수도원들은 디용의 성 베니히누스(St. Benignus), 브로그네(Brogne), 고르체(Gorze), 아인지델른(Einsiedeln), 레겐스부르그(Regensburg), 수비아코(Subiaco), 파르파(Farfa), 웨스트민스터(Westminster), 캔터베리(Canterbury) 등이다.

이 개혁 운동은 또한 단순히 새로 세워지는 수도원이나 또 수도원 내적인 문제가 아니었다. 수도원 공동체는 물론이고 사제나 귀족들도 모두 함께 한 연합적 개혁 운동이었던 것이다.

클뤼니 수도원은 원래 910년에 아퀴타니엔의 빌헬름(Wilhelm von Aquitanien) 공작에 의해 세워졌다. 그는, 이미 수도원 두 개를 새롭게 갱신시켜 이끌고 있었으며 아니안의 베네딕트(Benedikt von Aniane)의 전통에서 위대한 인물로 부각되고 있던 아우툰의 베르노(Berno von

Autun)를 원장으로 불렀다. 그런데 베르노는 원장으로 취임은 하되 지금까지 맡고 있던 수도원의 원장직을 사임하지는 않았다. 즉 세 수도원의 원장을 겸임한 것이다. 그 결과 당시의 수도원들이 하나의 수도원을 중심으로 여럿의 수도원들이 연합해서 통합적 시스템을 구축하는 형태가 생겨났다.

빌헬름(Wilhelm) 공작은 수도원을 세우면서 수도원장의 선출을 전적으로 수도사들에게 위임했다. 더구나 수도원 소유자로서의 권리도 완전히 포기하고, 이 수도원이 교황의 직접적 감독과 보호 아래로 헌정했다. 이렇게 교황권의 직속으로 만든 것은 물론 후에 수도원에 교황권의 영향력이 절대적으로 커져서 수도원과 수도사가 교황의 파수꾼이 되게 한 것도 사실이지만, 당시로서는 수도원이 사유화되고 개인적 권력의 노리개로 전락하는 것을 막기 위해서는 불가피한 조처였다. 교황권에 위탁되면서 수도원은 점차 귀족들이나 욕심 있는 사제들의 손에서 벗어날 수 있었다.

클뤼니 수도원은 시작될 때는 말 그대로 작은 시작이었고 미미했다. 그러나 초대 원장이었던 베르노의 사망 이후 유능하고 이상을 지닌 원장들이 계속 대를 이음으로써 클뤼니는 위대한 개혁 운동의 중심지가 되었고, 이들은 합해서 210년 동안 클뤼니 수도원을 개혁의 중심지로 만들었다. 그 원장들의 이름은 다음과 같다. 오도(Odo, 927-994), 마요루스(Majolus, 943-994), 오딜로(Odilo, 994-1049), 휴고(Hugo, 1049-1109), 그리고 "덕망 있는 자"라는 칭호를 받고 있는 페트루스(Petrus, 1122-1156) 등이다.

그러므로 이 시대는 성 클뤼니 수도원"(Sacer Ordo Cluniacensis)이 생겨난 시대이고, 이 수도원이 서방 수도원을 석권한 시기이기도 하다. 독자적인 원장 선거와 수도원 설립자의 권한 포기라는 두 가지 자유의 덕택에 클뤼니파 소속 수도원들은 자신들만의 독자적 세계를 구축할 수 있었으며, 그 결과 이들은 순수한 입장에서 베네딕트 규칙의 요구 조건을 지키는 데 성공할 수 있었다. 그러나 문자적으로 따랐던 것은 아니고 그들의 입장에서 해석했다는 것이 더 정확한 표현이다.

전래적으로 정치적이고 공공적인 분야에 활동을 가져서 학문 영역과 수도원 전통인 수공업에 많은 노력을 기울였던 대신에, 클뤼니 수도원 수도사들은 예배를 아주 중요시해서 베네딕트 규칙이 정하고 있는 이상으로, 즉 수도원에서의 하루가 거의 예배로 지낼 만큼 강조했다.

이런 수도원 분위기에 대해서 이탈리아의 수도원 개혁가였던 페트루스 다미아니(Petrus Damiani)는 놀라움을 나타내었다.

"나는 이 새로운 수도원에서 경험했던 엄격하고 빽빽하게 짜인 하루의 일정을 회상할 때마다 당신들이 전적으로 성령에 이끌려서 하루를 지낸다고 인정할 수밖에 없다. 왜냐하면 당신들은 종일 쉬지 않고 계속해서 예배를 드리고 있으며, 하루가 긴 여름날의 무더운 시간대에도 많은 시간을 낭송 기도에 헌신하고 있었기 때문이다. 당신들은 회랑에서 서로 대화할 수 있는 휴식 시간에는 거의 30분도 할애하고 있지 않았다."[13]

장시간 계속되는 낭송 기도 때도 수도사들은 아주 무거운 외투들을 입고 있어야 했다고 한다. 이것을 보면 클뤼니 수도원은 베네딕트 규칙을 해석하면서 규칙이 정하고 있는 기도와 말씀과 노동을 지혜롭게 조화하지는 못했던 것으로 보인다.

하지만 이때 만들어진 전통에 의해서 다음 시대에는 베네딕트 수도원의 가장 큰 특징이 예배가 되는 계기가 되었다. 휴고(Hugo)가 수도원장이었을 때 세운 커다란 수도원인 성 베드로 수도원 교회는 예배에 있어 커다란 위엄을 보이는 특징을 가진 것으로 유명하다. 여기서 드려지는 예배는 거룩함의 극치를 이루고 있으며 수도원에서의 삶이 어떤 것인지를 보여 주고 있다. 그들의 예배시에 드리는 기도와 중보기도에서는 세계를 위한 기도가 특징을 이루고 있다.

이들 수도원이 가지는 베네딕트 규칙과는 다른 또 하나의 특징은 여러 수도원이 묶여서 연합하는 시스템으로 구성되었다는 것이다. 이런 특징은 클뤼니 수도원이 처음 세워 질 때부터 원장이 세 개의 수도원에 동시에 원장으로 활동함으로써 선례를 만들었다.

이런 예를 따라 다른 수도원들도 계속해서 기존 수도원의 이름 아래 설립되었는데, 이들은 또한 클뤼니 수도원이 베네딕트 규칙을 자신의 방식으로 해석한 것을 그대로 넘겨받았다. 이 내용은 또한 시간이 지

---

13) *Ep.* VI 5.

나면서 문서로 정리되어 나타났다. 이 내용은 그들이 떨어져 있었고 통합 시스템을 구성하고 있었으므로 정신적으로 서로 하나의 조직체 안에 묶여 있다는 것과 이들 전체가 영적으로 한 형제라는 것을 강조했다. 그러나 이들이 연합 관계에 있음은 단순히 정신적이고 영적인 면에서 끝나지 않았다.

개개의 수도원들은 법적인 의미에서 클뤼니 수도원의 하부 조직이 되어갔다. 클뤼니 수도원과 연결되어 있거나, 클뤼니 수도원에 의해 설립된 각 수도원 사이에는 계약적 관계가 성립되었다. 종속의 정도나 상위 수도원의 원장이 갖는 영향력의 정도는 일정치 않았으나, 모든 수도원에 대해 클뤼니 수도원은 최고의 권위를 가졌다. 그 결과 수도원의 역사에서 처음으로 수도원들이 위계 질서 안에 상하 관계가 있는 중앙집권적 조직체로서의 모습을 드러내게 되었고, 이는 또한 전체를 묶는 확고한 규범을 만들어 내도록 했다.

이렇게 구성된 전체 조직체의 책임자는 클뤼니 수도원의 명망 있는 수도원장들로서 그들은 수도원과 수도사들의 삶을 봉건제도식의 구성 체제로 만들어 냈다. 즉 봉건제도의 특징인 약한 자들이 강한 자에게서 도움을 받는 대신에 상하 관계를 맺어서 순종 관계로 들어가는 체계가 수도원 제도에도 도입된 것이다. 그런데도 원래 클뤼니 수도원이 세워질 때 가졌던 외부 세력으로부터의 자유를 갖고 있었던 것이 이렇게 상하 관계로 묶인 상태에서는 하부 수도원들에도 여러 가지 면에서 자유를 갖게 하는 데 도움을 주었다. 그래서 하부 수도원들이라 할지라도 영적인 면에서는 자유로울 수 있었고, 이것이 또한 수도원들 사이에 나타나는 종속 관계를 수긍하고 받아들일 수 있는 이유가 되었다.

클뤼니 수도원의 계율은 부르군디 지방의 수도원들도 점령함으로써 프랑크 왕국의 경계를 넘어갔고, 또한 주변의 다른 국가들에까지 영향력을 행사했다. 확장의 열기는 특히 950년부터 1050년 사이에 급속하게 나타났는데, 이때가 바로 클뤼니 수도원의 개혁 운동이 첫 성공을 거둔 시기이다. 클뤼니는 이제 사람들을 열정적 신앙으로 인도하는 시대의 종교 정신에서 빼놓을 수 없는 종교적 "사회 기관(*Establishment*)"을 대표하게 된 것이다(D. Knowles).

클뤼니 수도원이 10, 11세기의 수도원 개혁 운동을 주도한 것은 분명하지만, 그렇다고 모든 것을 클뤼니 수도원과 관련해서 설명하는 것은 온당치 못하다. 클뤼니 외에 개혁 운동을 했던 곳으로 부르군디 수도원의 원장들 몇몇이 있고, 다른 곳들에서는 자신을 진정한 베네딕트 정신을 구현하고 있다고 생각하고 있는 수도원들이 있어 클뤼니 수도원의 커다란 성공에 대해 정통적 베네딕트 사상에서 빗나갔다고 반대하기도 했다.

> "그들(클뤼니 수도원 수도사들)은 자신들만이 옳고 정당하며 (베네딕트) 규칙을 제대로 지킨다고 생각한다. 그들은 스스로 하늘나라 사람들이며 영적인 사람들로 생각하고 자신을 높인다."[14]

---

14) St. Hilfisch, *Das Benediktinisch-monastische Ideal im Wandel der Zeiten: Studien u. Mitteilung aus dem Benediktiner und Zisterzienseorden*

원장 빌헬름(Wilhelm, 1031년 사망)으로 클뤼니 수도원과 직접적인 관계를 갖고 있던 수도원인 디욘(Dijon) 지방의 성 베니그네(St. Benigne) 수도원이 또 하나의 수도원 개혁의 중심지가 되었다. 빌헬름은 이탈리아 태생으로 클뤼니 수도원의 계율을 자신의 고향으로 가져가서 개혁 운동의 선봉이 되었고(이탈리아 Fruttaria의 개혁), 이 개혁 운동은 노르만디 지역까지 확장되었다(Fecamp 수도원). 또한 프랑크 왕국의 북쪽에 위치한 수도원 브로그네(Brogne)도 설립자 게하르트(Gerhard, 959년 사망)의 지도 아래 짧은 시간에 영향력 있는 수도원 개혁 운동의 중심지가 되었다. 다른 프랑스 지역 대 수도원들―이를 테면 마르세이유의 성 빅토르(St. Victor) 수도원, 플로이리(Fleury) 수도원, 베르덩의 성 반(St. Vanne) 수도원―도 개혁 운동의 중심지 역할을 했다.

영국에서는 수도사이며 사제였던 둔스탄(Dunstan, 998년 사망), 에델월드(Ethelwold, 984년 사망), 오스왈드(Oswald, 992년 사망) 등 세 명이 대륙의 수도원 갱신 운동의 본을 따라 개혁 운동을 전개해서 성공을 거두었다. 이들의 활동은 이 섬나라가 베네딕트 수도사들이 입는 옷을 빗대어 말하는 "검은 옷의 수도사"들로 뒤덮이는 결과를 가져왔다.

같은 시대에 이탈리아에서도 옛 수도원들이 재 건립되고 개혁 운동도 함께 일어났다. 그 중 대표적인 곳이 북부 이탈리아의 파르파(Farfa)와 몬테 카시노(Monte Cassino)이다. 특히 남부의 카바(Cava) 수도원은 클뤼니 수도원처럼 여러 수도원들을 묶는 연합 수도원 체제

68(1957) 78.

의 중심 수도원 역할을 하기도 했다. 그 외에 그 동안 클뤼니의 그늘에 가려서 연구자들의 주목을 받지 못하고 정당한 평가를 받지 못했던 수도원 개혁 운동의 중요한 중심지가 933년에 재건축된 메츠(Metz)의 고르체(Gorze) 수도원이다. 당시의 은둔적 금욕 성향의 요구에 부응해서 사제였던 메츠의 아달베로(Adalbero von Metz)가 이 옛 수도원을 복구했다. 이 수도원은 사제단과 로트링겐(Lothringen) 지방 귀족들의 도움으로 로트링겐 지방의 개혁 운동을 주도했는데, 여기서 시작된 개혁 운동은 트리어의 성 막시민(St. Maximin) 수도원과 레겐스부르그(Regensburg)의 성 에메람(St. Emmeram) 수도원 등을 거쳐서 독일 지역에서의 수도원 개혁 운동에 폭넓은 영향을 미쳤다. 이곳에서는 클뤼니에서처럼 수도원간의 연합 구성은 나타나지 않았다. 여기서는 수도원을 서로 묶어 주는 끈은 모두가 같은 생활 양식을 가지고 있다는 것이었다.[15]

수도원 개혁 운동은 독일 지역에서도 여러 가지로 나타났다. 고르체(Gorze) 수도원에서의 개혁 운동이 이곳까지 알려져서 이를 따라 자체 개혁을 시도한 곳이 있는 반면에, 몇몇 수도원들은 서로 함께 모여서 연합으로 개혁 운동을 추진해 나가기도 했다.

1069년에 재건축 된 독일 슈바르츠발트(Schwarzwald) 지역의 히르쉬(Hirsch) 수도원은 독일 수도원 개혁 운동의 중요한 시작점을

---

15) K. Hallinger, Gorze-Cluny, *Studien ze den Monastischen Lebensformen und Gegens tzen im Hochmittelater*(Rom 1950-51).

열었다. 원장이었던 빌헬름(Wilhelm, 1091년 사망)은 레겐스부르그(Regensburg)의 성 에메람(St. Emmeram) 수도원에서 고르체(Gorze) 개혁을 알게 되었고, 나중에 클뤼니식의 생활을 받아들였다(1080년경의 히르샤우 수도원 생활 양식이라고 칭함).

히르샤우(Hirsau)에서 시작된 개혁 운동은 독일 전역으로 확장되어서 100여 개가 넘는 수도원들이 히르샤우 휘하에 들어왔다. 그러나 원장 빌헬름은 클뤼니식의 중앙집권적 구성을 해서 전체를 지도하는 체제로 간 것이 아니라, 교권 제도 안에서 주교의 관할 하에 두었다. 수도원의 소유물을 사유재산으로 하겠다고 요구함으로써 히르샤우 수도원의 사람들은 수도원을 평신도 형제들의 조직으로 키워 냈다.[16]

라인 지방에서는 11세기 후반에 지익부르그(Siegburg) 수도원 원장이 베네딕트 개혁 세력을 결집하면서 개혁 운동이 전개되었다. 이 운동은 독일의 베스트팔렌(Westfalen), 바이에른(Bayern), 오스트리아 지역 등으로 확장되었는데, 이들 지역의 지역 주교들이 가지고 있는 규칙이 이탈리아 프루투아리아(Fruttuaria) 수도원의 것이었다는 것이 좀 특이하다. 또한 이 지역에서는 평신도 수도원장이나 교구단은 배제되었다는 것도 특징이라 할 수 있겠다.[17] 이 개혁 운동은 또한 도이츠(Deutz)의 원장 루페르트(Rupert)가 글로서 강력하게 옹호해서 큰 도움

---

16) H. Jokobs, *Die Hirsauer. Ihre Ausbreitung und Rechtstellung im Investurstreit*(Köln 1961).

17) J. Semmler, *Die Klosterreform von Siegburg. Ihre Ausbreitung und ihre Reformprogramm im* 11. und 12. Jh.(Bonn 1959).

을 받았다.

지금까지 거론된 수도원과 수도사들이 베네딕트 규칙을 그들의 생활 규범으로 삼았다는 것을 아는 것은 중요하다. 그렇지만 각 수도원이 서로 연합해서 묶여 있다고는 하지만, 각각의 수도원은 자기들 나름의 생활 양식을 가지고 있었고, 그 결과 시간이 지나면서 수도원의 통일성은 현저하게 약화되었다. 그래서 지금까지는 "참된 수도원 생활 양식"(*vera consuetudo*)이 논쟁의 핵심이었으나, 이제는 "단일화된 수도원 생활 양식"(*una consuetudo*)을 요구하는 외침이 높아졌다.

11세기를 넘어가면서 모든 "검은색 옷을 입은 수도사들"의 개혁 운동의 관심이 통일적 생활 양식에 모였다. 이렇게 되자 수도원 연합을 가능하게 했던 원래의 개혁 열정은 약해져서, 다른 한편으로는 새로운 현대적 수도사 생활 양식을 찾고자 하는 수도사들은 생각이 맞는 수도사나 수도원들끼리 무리를 지어서 새로운 시도를 했다. 이는 지금까지 지탱해 왔던 전통적 수도원의 방향을 뛰어넘어 수도원이 가졌던 역사적 의미를 좀 다른 방향으로 이끌어갔다. 이는 어쩌면 지금까지 수도원 개혁 운동을 주도해 오고 명분을 제공했던 클뤼니 수도원의 목적이 실현되고, 새로운 출발을 예고하는 것인지도 모른다. 이제 개혁 운동의 흐름이 다른 수도원으로 넘어갈 때가 된 것이었다.

제5장

11, 12세기의 새로운 수도원 단체들

수도원 제도는 10세기 말에서 11세기 초에 이르는 기간에 서방 교회에서 단일화된 하나의 통일체로 형성되어 나타났다. 몇몇 수도원이나 수도원 연합체에서 약간 다른 형태의 생활 모습이 나타나긴 했지만, 베네딕트 규칙은 서구 수도원 전체의 구속력 있는 규범이었다. 각각의 개별 수도원들이 고유의 특질을 따라 자신들만의 수도 생활의 방식을 가지고 있었으나, 이들이 목적하고 있는 바는 베네딕트 규칙을 제대로 이해하고 이 내용을 올바로 구현하는 것이어야 했다.

이 시대 즉, 중세에 있어 베네딕트 규칙은 수도사에게 있어 하나님과 연결하는 끈이요 구원으로 인도하는 문이었다. 그들은 하나님께서는 베네딕트 규칙을 가지고 구원을 이루는 계시를 마침내 완성하셨다고 믿었다. 즉 하나님께서는 "자연법칙을 통한 계시, 모세 율법을 통한 계시, 그리고 그리스도의 계시에 이어서 마지막 네 번째 계시를 주심으로써 이미 완성된 율법을 더욱 강력하게 하셨는데 이것이 곧 베네딕트 규칙"[1]이라는 것이다.

이것이 보여주는 바는 베네딕트 규칙이 실제에 있어서 수도원 전체를 포괄하는 모든 규범의 기본적 틀로서 가변성과 적응성이 뛰어남이라는 것이 분명하다. 규칙에 쓰인 내용은 수도원 공동체의 구체적 삶을 통해서 실제화되었고, 교회적 상황을 위한 적절한 해석을 통해서 실제적 현실에 적용되었다. 이 말은 곧 베네딕트 수도원 제도가 어떤 정형적 모습을 가지고 있다고 단정해서 말하기는 어렵다는 뜻이기도 하다. 베네딕트 수도원 규칙을 따르는 수도원들은 (같은 규칙을 따르더라도) 자신들만의 독자적인 삶의 형태를 보이고 있는 것이다.

서방 수도원 제도를 말하면서 정형화된 모습이라고 표현할 때에, 이 말이 상대적 의미라는 것을 또한 염두에 두어야 한다. 왜냐하면 서방 수도원 중에는 방대한 조직을 가진 커다란 몸체를 자랑하는 것들도 있지만, 이와는 전혀 다른 상황에 있는 것들도 있었기 때문이다.

실상 수도원의 시작점은 은둔사상이었고 자신들의 뿌리가 되는 이 사상을 수도원들을 절대 잊지 않았기 때문에 은둔의 삶은 항상 수도원과 수도사들의 삶을 규정해 주는 기본 토대였다. 물론 서방 수도원은 처음부터 조직화한 수도원 체계로 시작한 것이 사실이다. 하지만 이 속에 은둔적 삶의 양식이 살아 있던 것 또한 사실이다. 은둔적 삶은—특히 요한네스 카시안(Johannes Cassian)의 이론적 해명 덕택으로

---

[1] Odo von Canterbury(959 사망) = J. Mabillon, *Vetra Analecta* I 352-353.

―수도사의 삶의 최고 형태로 인정되었다. 또한 이런 삶에서 홀로 있는 시간을 더 많이 얻을 수 있고, 기도와 금욕에 더 많은 시간을 들일 수 있었다.

중세 초기의 유럽 수도원이 가진 은둔 이상은 실제에서 다양한 형태로 나타났다. 이 당시에 수도사나 수도원장, 또 성직자 중에서 자신이 가진 현재의 직책을 떠나 홀로 사는 은둔의 길로 들어서는 사람이 끊임없이 생겨나서 독자적 은둔의 모습이 많이 나타났다.

이렇게 홀로 사는 은둔자의 삶으로 끌어당긴 강력한 요인은 당시에 영국-스코틀랜드 수도사들이 보여주었던 고향을 떠나 방랑 생활을 하는 수도 생활 모습이었다. 이 방랑 수도사들(*Monarchi Peregrini*)은 유럽 대륙에서 모방자들을 얻게 되었다. 은둔적 방랑 수도사는 어디에 특정한 목적지를 정해 놓고 길을 가는 것이 아니었고, 말 그대로 유랑의 길을 걸었다.

옛날에 황폐하고 물이 없는 이집트의 광야 지역을 의미했던 "은둔"의 개념이 서방에서는 깊어서 뚫고 들어가기가 어려운 불모지의 숲을 의미하게 되었다. 그 결과 은둔지라는 말은 여기서는 정리되고 문명화된 땅에 대한 반대 개념이었다. 그러나 어떻게 해석하든 "은둔"이란 말은 은둔자의 삶을 사는 사람이 자기 삶의 목적을 찾고 있는 장소라는 것은 분명하다. 이들이 가진 삶의 목적은 "하나님을 생각하는 삶"(*Memoria Dei*)인데, 이것에 관해서는 아이길(Eigil)이라는 사람이 후대의 수도원 원장이었던 풀다의 스투름(Sturm von Fulda)의 생애에 관해 쓴 책에서 전통적인 은둔자의 삶에 관해 설명하면서 잘 묘사해 주고 있다.[2] 그러므로 황무지의 땅이 은둔자에게는 고귀한 광야(*dilecta eremus*)가 된다는 것이 은둔자들의 삶에서는 당연하게 되는 것이다.[3]

중세 초기의 은둔주의가 서로 상관없이 개별적으로 등장했다는 것이 사실이다. 그러나 11세기 동안에 서방의 수도사 밀집 지역에서 진지한 은둔 운동이 생겨나 널리 퍼지고, 이런 운동을 통해서 수도원 이상을 은둔 공동체라는 새로운 삶의 양식에서 실현하고자 노력했다.

그런데 도대체 무엇이 이 당시의 서방 사람들을 멀리 떨어진 황량한 숲으로 가는 동기를 만들어 주었을까? 또한 어째서 적지 않은 숫자의 수도사들이 그들이 속했던 커다란 도시 수도원들을 버리고 거칠고 황량한 산속으로 들어갔을까?

클뤼니 수도원의 수도사들과 다른 베네딕트 수도사 중 많은 숫자가 은둔자가 된 것은 그 당시에 베네딕트 수도원 체제가 처해 있었던 상황과 관련해서 나타난 반응이었다. 이 시대 즉 11세기에 "수도원의 위기"가 왔다. 이러한 위기에서 "광야로의 도피"는 대형화된 수도원들이 제대로 해주지 못했던 요소들을 다시금 제공했다. 세상과 단절하고 세상의 요구와 전혀 다른 삶을 산다는 외형적인 모습인 수도원으로 나타났으나, 내적으로는 부족했던 것이 이제 많은 수도사에게 새

---

2) *Vita Sturmi*, 5.

3) 중세의 은둔주의에 관한 자료로는 전집으로 된 "Lèremitismo in Occidente nei secoli XI e XII"(Mailand 1965)에 풍부하게 들어있다.

롭게 부각되었던 것이다.

이때 나타난 프로그램이 "광야로 돌아감"이었으며, 이런 표어 아래서 수도사들은 원래 자신들에게 요청되었던 부름에 다시 응하게 되었다. 고독과 청빈은 거대한 수도원에서보다는 작은 은둔 지역에서 더 잘할 수 있었으며, 고독과 청빈이 수도사의 삶의 갱신을 나타내 주는 표징이 되었다. 이러한 은둔 운동은 그 당시의 수도원들이 가졌던 생각이 반영되어 나타난 것이긴 하지만, 그렇다고 수도원적 생활 형태에 대한 반대 운동으로 이해해서도 안 될 것이다.

은둔과 수도라는 두 종류의 수도사적 삶의 양태에는 서로를 다시 묶어줄 수 있는 공동의 뿌리가 있다. 그것은 자유의 이념이다. 이 자유의 이념은 클뤼니와 그 외 다른 개혁 수도원 무리가 올바로 이해해서, 그 결과로 수도원 연합이라는 공간 안에서 실현되었던 것으로서, 이 이념은 은둔 운동에서 또한 요청되었다. 은둔자들은 자신들이 자유의 최고 경지에 도달해 있다고 생각했다. 이들은 단순히 세상의 통제로부터의 자유가 아니라 세상 자체로부터의 자유를 가진 자들로서 세상을 등진 실질적 자유를 의미하고 있었다.

수도원제(修道院制)가 생긴 초기부터 계속되어 온 역사적인 전형인 이 자유의 개념은 개별적으로 은둔 생활을 하던 사람들에게 계속 살아남아 있었고 특히 남이탈리아에서 계속 명맥을 이어오던 동방수도원적 삶의 형태였는데—하지만 아마도 게으른 전승 수호자들로 외형만 남아 있었던 것으로 보이긴 하지만—이 삶의 형태가 중세적 은둔 수도원이라는 새로운 형태로 다시 역사의 무대에 등장하게 된 것이다.

이탈리아-그리스 전통을 따르는 수도원에 관한 설명에서 중요한 사람이 닐루스 로사노(Nilus Rossano, 910-1004)이다. 그는 몇 개의 수도원을 건립했는데, 마지막으로 건립한 것이 로마 근교의 그로타페라타(Grottaferrata) 수도원이다. 이 사람은 이탈리아에서 있었던 은둔 운동의 지도자로 분류되지는 않으나 개혁 활동을 통해서 사람들이 은둔적 삶의 유산에 눈을 돌리게 함으로써 수도원 갱신 과정이 시작되는 데에 결정적 공헌을 했다.

이탈리아에서 일반인들이 은둔 운동에 열성적 관심을 보이게 됨에 따라, 그 시대에 라벤나의 로무알트(Romuald von Ravenna, 950-1027)는 이 은둔 운동을 수도원 프로그램에 포함했다. 라벤나 공작의 아들이었던 그는 라벤나 근교의 클라세 지역에 있던 클뤼니 계통의 수도원 성 아폴리나레(Sant' Apollinare)에서 20년이 넘게 수도사 생활을 했다. 그는 이 수도원을 떠났는데, 그 이유는 은둔자의 삶을 살기 위해서였다.

그는 처음에는 베네치아 늪 근방에서 살다가 그 후 몇몇 동료와 함께 피레네 산까지 갔고, 988년에 이탈리아로 다시 돌아왔다. 이 여정의 특징은 은둔과 순례였다. 이탈리아의 고향에 돌아온 후에도 그는 방랑 은둔자로 살면서 수도원들에 개혁의 동기를 제공하고 은둔자 거주 지역을 만들었다. 그중에 아레체(Arezze) 근방 카밀디(Camalddi)의 깊은 산 속에 만들었던 거주 지역이 가장 유명하며, 여기에 만들어진 수도원은 산 이름을 따라 카말드리 수도원이라고 불리게 되었다. 로

무알트(Romuald)는 함께 있던 은둔 수도사들에게 새로운 규칙을 제공하지 않고, 지금까지의 수도원처럼 베네딕트 규칙을 따르게 했다. 이렇게 되자 베네딕트 규칙은 은둔자의 삶을 위한 기준으로 적용되었다.

은둔 지역은 옛날 라우렌 지역의 전통을 따라 구성되었다. 여기에는 은둔자를 위한 오두막과 전체 공동체를 위한 공공의 큰 방들, 그리고 교회로 구성되었다. 이 은둔 지역의 구성 요소로 수도원도 포함된다. 여기서 수도원의 역할은 세상으로부터 은둔 지역을 보호하는 일, 그리고 꼭 필요한 경우 세상과 은둔 지역을 연결하는 창구 기능을 맡았다. 이것은 두 가지의 조직이 한 거주지 안에 통합된 형태였다.

은둔자였던 사람이 이 수도원 식으로 조직된 은둔 수도원의 원장직을 맡았던 것이 분명한 것 같다. 원장직을 은둔자가 맡았다는 것은 당시에 은둔주의가 높은 평가를 받고 있었음을 잘 보여주고 있다. 여기에서 공동체의 삶이란 은둔자가 방해받지 않고 금욕적 삶을 살 수 있도록 하려고 자유 공간을 제공한다는 목적을 달성하기 위한 수단으로 인식되고 있다.

로무알트(Romuald)의 활동은 같은 라벤나 출신이며 수도원 이상은 곧 은둔자의 삶이라고 이해하고 있었던 페트루스 다미안니(Petrus Damiani, 1007-1072)를 통해서 계속 맥을 이었는데, 이 사람은 자신의 사상을 신학적이고 조직적인 틀로 정리해서 신학적 기초를 놓았다. 개혁 수도사로 분류될 수 있는 이 사람은 1057년 추기경이 되었고, 그는 추기경으로서도 이 활동을 계속해서 개혁 운동이 단순한 수도원의 벽을 넘어서 전체 교회에 영향을 미쳐 교회 내에 자기 갱신적 은둔 이상이 시작되는 전형적 예를 제공한 사람이 된다. 이런 개혁 분위기에서 엄격한 은둔적 삶을 기독교적 삶의 이상으로 설명되는 것이 당연시되었고, 이에 상응해서 수도원과 교회를 향해 이런 삶의 양식을 진지하게 요구하는 결과를 낳게 된다.[4]

수도원 삶의 형태에 은둔의 이상으로 접목시키는 데 직접적 영향을 미친 은둔 개혁가로 대표되는 사람은 요한네스 구알베르투스(Johannes Gualbertus; 990-1073)이다. 이 사람은 카말돌리(Camaldoli)의 은둔지를 떠나 플로렌스 근방 발룸브로사(Vallumbrosa) 지역에 엄격한 베네딕트 수도원을 건립했다.

이 수도원의 목적은 공동체를 통해서 고독과 청빈의 이상을 실현하려는 것이었다. 그 결과는 공동체적이지만 은둔자적 고행의 엄격함이 특징으로 나타나는 삶의 양태였다. 청빈에 대한 요구와 세상과의 엄격한 단절 요구는 개혁적 위치에 서 있던 수도원들을 새로운 모습으로 변화시켰다. 수도원에서 봉사의 일을 담당하고 있던 평신도들은 "평신도 형제"로서 수도원 공동체에 편입되었다. 이런 과정이 단순히 경제적 입장에서 이해되어서는 안 된다. 즉 이렇게 평신도들이 수도원에서 형제로 편입된 것은 단순히 수도원의 경제적 소유물을 안전하게 지키고 잘 관리하기 위해서가 아니라, 평신도들 역시 이 개혁 운동

---

4) J. Leclercq, *Saint Pierre Damien. Erémite ey Homme d'église*(Rom 1960).

에 뜻을 같이해서 그들 역시 그 당시에 확산되어가고 있던 이 생활 형태에 동참하고자 했다는 것을 보여준다. 가난한 은둔자로 산다는 것은 다른 것은 다 제쳐놓고 복음적 삶을 실현하는 것으로 생각되었다. 이러한 복음적 삶의 요구는 또한 (교회와 수도사에 대한 날카로운 비판과 결합하여서) 사람들이 은둔 운동에 깊은 관심을 불러일으키는 역동성을 부여했고, 사람들의 공감을 얻어냈으며, 곳곳에서 추종자가 생기는 결과로 이어졌다.

은둔주의 운동은 프랑스에서 특히 커다란 반향을 불러일으켜 여러 종류의 새로운 은둔 운동이 새롭게 일어나는 계기가 되었다. 그중 하나가 쾰른의 브루노(Bruno von Köln)의 활동이다. 이 사람은 1030/35년 쾰른에서 태어나 목회자가 되었고, 1056년 라임 성당 학교의 책임자가 되었고, 1075년에는 교구의 궁내관이 되었다. 그는 자신의 교구의 대주교와 심각한 분쟁을 하게 되었다. 그 결과 1081년 자신이 대주교로 선출되는 데 방해를 받아 좌절되게 되자 그는 교회 조직에서 자신의 인생을 추구하던 것을 포기하고, 전적으로 그 당시의 사회적 분위기와 상응해서 고독의 은둔생활로 들어갔다.

여러 과정을 거쳐 그는 주교인 그레노블의 휴고(Hugo von Grenoble)로부터 광야인 카르투시아(Cartusia) 산지(山地)를 얻어서 거기서 1084년부터 6명의 동료와 함께 거주를 시작했다. 이것은 당시에 유행했던 여러 거주지 중 하나였다. 한 곳에 고정적으로 거주하며 활동하는 것은 당시의 풍습이 아니었다.

그런데 이 거주 지역에 중대한 위기가 닥쳐온 것은 브루노(Bruno)

가 1090년에 교황 우르반 2세(그는 브루노가 라임 성당 학교에서 가르친 제자였다)로부터 로마로 부름을 받았을 때였다. 그러나 교황은 1년 후에 브루노를 다시 은둔생활로 돌아가도록 허락했고, 그는 칼라브리엔(Kalabrien)에 있는 라 토레(La Torre)에 새로운 은둔 지역을 세우고 살다가 거기서 1101년에 생을 마감했다.

그 후 몇 년이 지나서 샤르트로(Chartreuse)의 원장이었던 샤스텔의 귀도(Guido de Chastel, 1137년 사망)가 은둔 수도자들에게 정형화된 삶의 규칙을 주었고 이로 말미암아 브루노가 시작했던 활동이 미래를 얻게 되었다.

카말드리 수도원과 마찬가지로 카르투지오(Kartäuser) 수도사들도 수도원과 은둔 운동을 결합하는 데 노력을 기울였다. 여기서는 각 수도사가 자신들 개인의 집에 살았는데, 이 집들은 십자형의 길을 통해서 서로 연결되어 있었다. 교회와 공동의 큰방은 거주지 근방에 세워져 있었다.

귀도(Guido)의 규약들은 광야적 이상을 (공동체적 수도원 내에서도) 지탱할 만한 삶의 양식으로 변형시켜 냈다. 그가 만든 프로그램에서는 사색을 통한 수도원 활동을 확장하는 요소들을 배제하고(그 자신이 이런 수도원을 6개를 건립했다), 평신도 식의 조직을 받아들여서 엄격한 조직 체계를 갖추어 전형화된 틀을 만들어서 이 카르투지오회가 오늘날까지도 원래의 형태를 유지할 수 있는 기초를 놓았다.[5]

---

5) 카르투지오 수도원의 역사는 J. Hogg, *Analecta Cartusiana*(Salzbuerg,

같은 시대에 광야 금욕에 대한 열정은 전통적인 베네딕트 수도원에 속한 수도원들에도 불어닥쳤는데, 이는 위대한 수도원장들이 줄줄이 배출되는 결과를 낳았다. 이것은 또한 시토 수도원의 건립으로 시작된 것이다.

은둔 운동은 이 시토 수도원 운동의 근본적 뿌리로 이해되어야 한다. 다른 뿌리는 그 당시에 시대적 성향이었고, 특히 베네딕트 수도원적 삶인 클뤼니 수도원 소속 수도사들의 실제적 삶에 있다. 그러나 이 뿌리는 클뤼니 수도사들의 삶의 모습보다는 오히려 베네딕트 규칙의 기본 전제에 관심을 가지도록 했다. 홀로 사는 은둔과 공동체적 삶의 형태는 여기서 새롭게 나타난 수도원적 삶의 두 가지 요소가 되었다. 공동체적 삶에 대한 강조, 이는 베네딕트 규범을 엄격하게 따르는 단순한 형태로 나타났다. 은둔의 이상이 높게 평가되던 이 시대에 나타난 시토 수도원 수도사들을 수도원 운동의 구원자로 만들어 주었다.

새로운 수도원을 설립하는 데 시작점을 제공한 사람은 베네딕트 수도원의 원장이었던 몰레슴의 로버트(Robert von Molesme)이긴 한데, 그는 아마도 이 수도회의 "반쪽 설립자"라고 해야 맞을 것이다. 1028년경 샴페인(Champagne)에서 태어난 그는 젊은 나이에 베네딕트 수도원에 들어갔다. 수도원을 몇 번쯤 바꾸다가 1076년에 마지막으로 랑게레(Langeres) 교구에 있는 몰레슴(Molesme) 지역에 자리 잡았다.

그가 수도원을 세운 기본 생각은 베네딕트 규범의 기본 원칙에 따

1970).

라 세상을 등지고 사는 수도사의 삶을 살도록 하고자 하는 단순한 것이었다. 이는 클뤼니 수도원이 행하던 생활 모습에서 강한 영향을 받기는 했으나, 그것을 넘어 베네딕트 규범을 "문자 그대로"(ad apicem litterae) 따르고자 하는 것이었다.

이 수도원은 파리의 주 도로와 붙어 있고 리용과 이탈리아와도 연결되는 지리상의 장점이 있었다. 또한 개혁 운동의 산실로 이름이 났기 때문에 많은 지원자가 몰려들었다. 작은 방 하나에 불과했던 이곳은 급속하게 커져서 분원을 가진, 또 목회 사역의 의무를 진 커다란 수도원이 되었다. 이렇게 되자 본래의 의도는 훼손될 수밖에 없었다. 공동체는 소란과 불만에 휩쓸렸고, 설립자 로버트조차도 자기를 따르는 몇몇 동료와 함께 자기가 세운 수도원을 떠나 다른 곳으로 옮겨가 새로 시작했다.

개혁 운동에 의지를 가졌던 다른 수도사들은 새로운 수도원을 세우는 방법으로 그들의 목적을 이루고자 했다. 또한 로버트는 몰레슴(Molesme)으로 다시 부름을 받았지만, 그는 그 수도원 내에서의 다양한 규칙 해석을 놓고 논쟁이 심해서 자기가 세운 이 수도원에서 주인이 될 수가 없었다. 1098년에 그는 이곳의 원장직을 떠나 디용(Dijon)의 남쪽 지방인 사람이 살기에는 황량한 시토에다 새로운 수도원을 건립했다: "이 수도원의 원장(Robert)과 함께 21명의 수도사들이 이주해 갔다. 그들은 함께 의논하고 소박하게 살려고 노력했다. 그리스도 안에서 경건하게 살고자(딤후 3:12) 했기 때문이긴 하지만, 모든 사람을 피곤하게 할 수밖에 없었던 많은 노력과 극도의 어려움이 지나간 후에 그들은 그들의 소원을 이루기 위해 그 당시에는 아주 열악한 황량한 곳이었던 시토로 왔다. 그리스도의 군사인 그들은 이 황량한 곳이야말로 아주 적절한 곳이라고 단번에 결정해 버렸던 것이다."

은둔의 이상에 관해서, 가기에 쉽지 않은 이 황량한 장소에 관해서 알려주고 있는 문헌은 이 새로운 수도원이 있게 한 또 다른 하나의 원인에 관해서도 언급하고 있다: "성 베네딕트 원장의 모범을 본받아 그가 제정한 규범을 따른다."[6]

로버트는 그가 전에 머물렀던 몰레슴(Molesme)의 수도원을 떠난 지 1년 만에 이 수도원으로 다시 부름을 받았고 몇몇 수도사들과 함께 다시 돌아갔다. 시토 광야에 계속해서 남아 있던 사람들은 이미 시작해 놓은 일을 계속하기로 하고 자신들의 공동체에 조직과 체계를 갖춘 명료한 프로그램을 제시하고자 했다. 로버트가 수행했던 원장 자리에는 알베리히(Alberich)가 새로이 선출되었다. 그는 새로이 시작된 수도원이 가졌던 초창기의 어려움을 다행히도 잘 견뎌 냈고, 10년 동안 조직을 잘 이끌었다.

영국인인 스테판 하딩(Stephan Harding)이 그의 뒤를 이었다(1109-1133). 스테판은 영국의 베네딕트 수도원 출신으로서 이탈리아에서 은둔 운동에 관해서 배웠고, 로버트가 몰레슴에 있을 때 몰레슴 수도

---

6) *Exordium Cistercii* 1-2; 비교 L. Lekai-A. Schneider, *Geschichte und Wirken der Weissen Mönche*(백의의 수도원의 역사와 활동)(Köln 1958); *Die Zisterzienser, Geschichte-Geist-Kunst*(시토 수도원, 역사–정신–문화) (Köln 1977 2판).

원에 들어갔었다. 그러므로 스테판은 이 새로운 수도원(시토 수도원)의 개척자의 자리를 차지하고 있다. 또한 그는 시토를 서방 수도원 지역의 확고한 중심지로 만든 장본인이기도 하다. 아마도 스테판의 전임 원장이었던 알베리히도 수도원에다 자신이 만든 규칙을 제공했던 것으로 보인다. 스테판은 새로 시작된 시토의 모범을 몸으로 체험한 건립지였다.

> "주께서 이 나라를 창성하게 하시며 그 즐거움을 더하게 하셨으므로"(사 9:3), 곧 행복한 어머니(즉 시토 수도원)가 자녀와 자녀의 자녀들에 의해, 20년 동안에 12명의 원장들에 의해 둘러 쌓였으니 이는 마치 올리브 나무의 어린 싹들이 상을 둘러싸고 있는 것을 보는 것과 같다(시 127:3 참조)."[7]

이러한 예기치 않은 확장은 시토에서의 삶의 방식을 다른 수도원들이 주의 깊게 관찰하도록 하는 계기를 마련했고, 그것은 시토에서의 형식이 그대로 정형화된 형식으로 파급되는 결과를 낳았다. 이런 배경 때문에 스테판은 여러 다른 수도원들에서도 시토의 수도사들의 통일된 방식을 유지하려고 "박애헌장"(*Carta Caritatis*)이라는 것을 만들었다.

새로 생겨나는 수도원 단체는 이 헌장에 따라서 자체적인 수도원 체제하에 있긴 했으나 철저히 베네딕트 규범에 따라 행해졌다. 하지만

---

7) *Exordium Cistercii* 2.

개개의 수도원들이 수도회가 실질적인 통일체로 있기 위해서 (시토 수도원과) 모(母) 수도원과 자(子) 수도원의 관계로 연결되어 있기를 원했다.

이러한 모자 관계의 수도원 체제는 시토 수도원들이 갖는 조직화된 체계적 통일성의 기초가 되었다. 자(子) 수도원의 첫 번째 건립은 시토 수도원에서 시작되었다. 첫 번째에 속하는 네 개의 수도원이 라 페르테(La Ferte), 폰티그니(Pontigny), 클레르보(Clairvaux), 그리고 보통 프리마(Primar) 수도원으로 알려져 있는 모리몬드(Morimond)인데, 이들은 (시토 수도원처럼) 중요한 새 수도원 설립의 근거지가 되었다.

이런 수도원들과 연결된 수도원들은 모자 관계의 체제를 통해서 자신들의 본거지를 원 수도원에다 두었다. 모 수도원의 원장에게는 자 수도원에 대한 시찰권이 주어지도록 약정했다. 시토에서는 프리마 수도원의 원장에게 이 시찰권이 주어졌다.

통일체 체제를 가진 수도회의 또 다른 요소는 박애헌장(*Carta Caritas*)이 규정해 놓고 있었던 총회 제도였는데, 이는 1년에 한 번씩 모든 수도원장이 시토 수도원, 즉 모든 수도원의 어머니 격인 이곳에 모이는 것이었다.

각각의 수도원들에서의 생활 형태 또한 총회 제도를 통해서 스테판이 시작했던 원칙을 근거로 하되 더욱 발전된 형태로 확정되었다. 소박하고 단순하고 값싼 옷(검은색이었던 베네딕트 수사의 옷은 아마 이미 흰색으로 바뀌었던 듯하다), 소박한 식사, 손으로 하는 작업을 통한 생필품의 조달, 특히 수도원에 속해 있던 평신도 가족들이 도와서 함께 일했던 농업, 꾸밈없는 수도원과 교회의 건축, 단순한 형태로 행해진 예배 등.

이러한 모든 것의 목적은 물론 모든 사람이 베네딕트 규칙을 올바로 이해하고 쓰인 그대로 지키고자 하는 것이었다. 이들 시토 수도원 수사들이 살았던 삶은 (이들이 역시 베네딕트 수도사였긴 하지만—역자 주) 그 당시의 다른 베네딕트 수도원과는 아주 다른 모습을 보여주는 새로운 생활 형태였다.

스테판 하딩이 시토 수도회의 건립자라고 불릴 만한 타당한 근거를 몇 개 가지고 있지만, 이 수도회가 세계로 뻗어 나가 확장된 것은 부르군디의 귀족 출신인 1090년생의 클레르보의 버나드(Bernard von Clairvaux)의 덕택이다. 그는 1112년에 30여 명의 친척과 함께 시토 수도회에 입문했다. 1115년에 스테판은 그를 한 무리의 수도사들과 함께 클레르보로 보내서 수도회를 건립하게 하고 원장으로 세웠다. 버나드는 1153년 죽을 때까지 이 수도원에 머물렀다.

그런데 그의 영향은 수도원이나 수도회 안으로 한정되지 않았다. 사람들은 이때를 "버나드 수도회의 시대"라고 부르기도 하고, 같은 의미로 "시토 수도회의 세기"라고 말하기도 한다. 이렇게 말하는 이유는 버나드의 영향 하에 이 수도회는 전 유럽으로 급속도로 확장되어 나갔기 때문이다.

그의 임종 시에 시토 수도회의 숫자는 300개를 넘고 있었는데, 그 중 5분의 1이 넘는 숫자가 클레르보의 수도회가 직접 세운 것이었다. 클레르보 지역만 하더라도 1153년에 수도사의 숫자가 700명을 넘어서고 있었다. 이런 외적인 발전은 버나드의 활동 없이는 불가능했다. 하지만 그는 수도회 자체를 변화시킨 데서도 탁월한 능력을 발휘했다. 그는 시토 수도원이 건립 초기에 가졌던 이상이었던, 거의 청교도적이라고 할 수 있는 시토 수도회의 혹독한 엄격함을 회칙에다 집어넣었다. 또한 여기에 그치지 않고 그는 이런 생활 방식을 그의 신비적 경건을 통해 균형을 잡도록 했는데, 이 신비적 경건은 예수와 마리아를 뜨겁게 경배하는 것으로 나타났다. 이는 수도회의 수도원들을 통해서 시작되었으나 수도원을 넘어 널리 확장되어갔다.

버나드가 교회와 정치적 활동에 폭넓은 영향을 미침에 따라 그와 같은 소속이던 수도사들도 이런 영역에 눈을 돌리게 되었다. 버나드가 제2차 십자군 운동의 준비에 관계하게 되자 소속 수도사들은 곧 그의 편에서 서서 설교를 하게 되었다. 이 설교의 내용은 십자군들이 프랑스의 알비파 이단을 막으러 가야 한다는 것이었다.

버나드가 귀족들 편에 서서 일했던 것과 마찬가지로 시토 수도회 수도사들도 버나드를 따랐다. 이로써 이 수도회는 전체 교회에 영향력을 갖게 되었다.

시토 수도회의 초기 원장들은 침묵과 독거를 추구했고, 버나드의 때에는 또한 그의 예를 따라 수도사들이 설교와 저술과 문화 활동을 통해 세상을 위해 봉사하는 일에 관심을 가졌다.

버나드의 특별한 영향력을 통해서 강력하게 확장되어 가던 수도회는 버나드가 속해 있었던 옛 베네딕트 수도원과는 다른 새로운 공동체로 자리매김하였다. 하지만 시토 수도사들, 즉 흰옷의 수도사들도 베네딕트회 수도사였던 것은 물론이다.

이런 현상은 베네딕트의 유산을 놓고 논쟁을 일으키게 했다. 이 논쟁은 검은 옷의 수도사와 흰옷의 수도사들 사이로 확대되었고, 많은 논쟁의 문헌이 만들어지는 동기가 되었다.

버나드 자신도 이 논쟁에서는 맨 앞에서 싸웠다. 그의 반대편에 선 사람들의 대표자가 클뤼니 수도원의 원장이었던 페트루스 베네라빌리스(Petrus Venerabilis, 1094-1156)였다. 버나드는 편협하고 도전적인 시각에서 클뤼니 수도사들을 보고 그들에게서 쇠퇴와 배반, 또한 명백한 퇴락을 찾아냈다. 페트루스는 자신의 견해에서 클뤼니의 생활 방식이 장기간의 전통을 가진 생활 양식이며, 인간의 나약함을 고려한 생활 방식이라고 변호했다.

이 논쟁은 근본적으로 베네딕트 수도사의 두 종류의 생활 방식에 관한 것으로서, 원래의 베네딕트 이상에 관한 게으름과 몰두, 불성실과 성실의 태도를 문제 삼고 있었다. 물론 어떤 쪽이 옳은 것인지 간단하게 구별하기는 불가능했다.

버나드가 자신의 시토 수도사들에게 요구했던 베네딕트의 이상이었던 이 배타성은 적대적인 상대편이 보기에는 당연한 것으로 보였다. 버나드가 보기에는 시토 수도원들이 올바른 수도사의 삶을 위한 유일한 장소였으며(전적으로 폭넓게 파급된 수도원의 자기 이해의 결과로), 또한 진실한 그리스도인의 삶의 유일한 장소였다.

버나드에 따르면 마태복음 19장 27절은 바로 사도들이 수도사로 선서하는 선언이었으며 사도적 삶으로 불리는 그들의 생활 형태로서, 이는 시토 수도사들에게 바르게 살아 계속되고 있으며 이상적인 교회의 시작점이었다(행 4:32 이하)—"수도회는 첫 시작이 교회에서였고, 또한 수도회의 바탕에서 교회가 시작되었다"(*Ordo qui primus fuit in Ecclesia, imo a quo coepit Ecclesia*).[8] 동시에 그것은 그의 수도회에서 제대로 되살아난 것이었다.

그러나 이러한 운동의 이상과 실제가 어떤 한 사람에 의해서 설명될 수는 없다. 이(시토) 수도회의 급속한 확장은 또한 쇠퇴의 씨앗을 잉태하는 것이기도 했다. 수도 없이 자주 개최되었던 강력한 회의에는 수백 명에 달하는 형제들이 함께 해야 했는데, 회의에서 인간적인 문제들이 발생하는 것은 어쩌면 당연했다. 그리고 이 문제들이 항상 해결되는 것도 아니었다.

자가 경작의 원칙은 (시토) 수도원들에 부(富)를 가져다주었으며, 이로 말미암아는 이 수도원들이 토지 소유에서는 다른 수도원들과 더 전혀 다를 바 없게 되었다. 많은 수도원이 넘겨받고 있었던 토지 개간 작업은 결과적으로 수도원들이 다시 대지주 즉 거대한 농업 기업이 되게 했다. 그들이 더 자신들이 직접 농사를 지어 그것으로 식생활을 하는 것이 아니라 토지에 딸린 사람들의 경작을 통해 벌어들인 수입으로 쾌적하고 편안하게 먹고 살았다.

이 수도회의 확장과 관련해서 독일의 경우를 본다면 동쪽으로 진행되어서 독일의 동부 지역에 그들의 목적지였다. 12세기 말, 13세기

---

8) 설교 X 24.

초에 이들 정주 공간은 상당 부분 고갈되었고, 그 결과 수도원이 해 오던 개간과 식민 활동은 끝나게 되었다. 상당히 활동의 제한이 전제될 수밖에 없긴 했으나 독일의 동부 지역에서의 식민 활동은 선교 활동과 맞물려 있었다. 이 두 활동을 동시에 지원해 주기 위해서 1202년 뒤나뮌데(Dünamünde) 출신의 수도사가 칼을 가진 형제단인 기사 수도회를 세웠다.

다른 나라에서도 시토 수도사들은 교회와 관련되고 정치적인 것들과 관련하면서 자신들의 수도원에서 빠져나왔다. 프랑스에서는 알비파에 반대하는 십자군에 참여하기도 했는데 (군사로서가 아니라) 설교자로서였다. 그런데도 이것은 수도회에다 명예와 존경을 안겨 주는 활동은 아니었다.

스페인에서는 수도회가 아랍인들에게 대항해 싸웠다. 여기에는 시토 수도회 출신 원장이 칼라트라바 기사 수도회를 세웠다. 여기서도 사람들은 버나드의 예를 따른 셈이 된다. 버나드는 다른 기사 수도회 공동체들을 세우는 데에도 영향을 끼쳤는데, 그의 수도회가 영향과 활동의 범위를 수도원 밖에까지 미치게 한 것이 여기서도 나타나는 셈이다. 버나드의 세기에 살았던 프라이징의 오토(Otto von Freising; 이 또한 시토 수도사이다)가 "세계가 시토 수도회적으로" 되었다고 했는데, 시토 수도사들은 실제로 유럽의 수도회 전체를 정복하고 다스릴 수 있었다.

그들이 세운 수도원과 교회들은 서방의 문화계를 풍요롭게 했다. 그러나 12세기 말경에 이 수도회의 생동력은 고갈되었다. 수도사의 역사를 위해 가졌던 시대적 의미가 종말에 이른 것이다. 지금까지 이 수도회가 가지고 있던 폭발적 확장의 자리에는 침체가 들어와서 완만한 해체와 점차적인 붕괴로 대체되고 있었다.

원래는 세상에서 탈피해서 나가고자 했던 은둔 운동이 세상에서 특별한 반향을 일으키게 되었다. 이 새로운 경향을 따라 설립된 수도원들과 공동체로 사람들이 몰려들었고, 그 결과는 수도원 역사상 유례가 없는 성장을 가져왔다. 이러한 성장은 이 시대를 종교적 열정기로 표현하게 하는 표식이 되었고, 이는 "그레고리 개혁"이라고 이름이 붙여진 교회 개혁까지 연결되는 계기가 된다. 새로운 수도회들은 한편은 물론 이런 은둔 운동의 결과였지만, 다른 편으로 보면 이 운동을 지탱시켜 주고 이끌어 간 가장 중요한 세력이기도 했다.

또한 지리적이고 경제적 요인들도 간과되어서는 안 된다. 유럽 인구는 1050-1200년 사이에 거의 두 배로 증가했다. 이는 교회와 종교적 특징이 특별히 뚜렷했던 중세의 사회 분위기에서 수도사의 숫자도 배로 증가하도록 했고, 더구나 참된 기독교 정신에 대한 동시대인들의 요구는 개인들이 수도사로 결단하도록 촉구했다.

이 금욕적-수도사적 사회 분위기는 다른 수도회 공동체도 결성하게 했는데, 그중에는 특히 "홀로 하는 은둔"이라는 구호 아래 만들어진 모임이 있었고, 또 설교자나 방랑 사제의 삶을 취하는 무리도 생겨났다.

은둔주의와 방랑 설교가 결합해서 프랑스에서 몇몇 새로운 수도 공동체가 결성되었다. 그중 가장 독자적인 것이 아비셀의 로버트(Robert von Abrissel, 1114년경 사망)가 설립한 것이었다. 이 사람 또한 처음에는 은둔자로서 "복음적이며 사도적 삶" 즉, 전통적 방식에서의 삶의 형태를 가졌었다. 그러나 그 후 그는 방랑단이 되었고, 이 방랑단은 1096년 교황 우르반(Urban) II세에게 공인 받았다. 이것을 계기로 "사도적 삶"은 새로운 강조점을 얻게 되었는데, 이는 사도적 삶에다 사도들의 사역이기도 했던 설교가 추가된 삶의 형태가 재등장한 것이었다.

사도적 삶을 모방해서 사는 이러한 삶의 방식은 특별히 이단 세력들에게 폭넓게 받아들여져서 (제도권) 교회에서 하는 방랑 설교는 단지 교회에 대한 저항과 반대를 설교를 통해서 하던 이단들에 대한 반응 정도로 생각되었다.

로버트의 설교는 특별히 여자들에게 관심을 불러일으켰다. 이는 이단 운동들이 일반적으로 가졌던 성향이기도 하다. 로버트는 여자들에게 (그의 운동에 동참하기 위해서는) 아주 엄격한 시험을 통과하게 함으로써 그가 (제도권) 교회와 같은 경향을 가지고 있다는 것을 증명해 보였다.

폰테브롤트/ 디외체제 프와티에(Fontevrault/Diözese Poitiers)라는 곳에 혼성 수도원이 세워졌다(약 1100년경). 요한복음 19장 27절을 기념해서 남녀 혼성으로 구성된 이 수도원의 지도자는 여자 원장으로 했다. 그들이 취한 규범은 베네딕트 규범으로 하되, 이 규범에다 몇 가지의 특별 규칙을 추가해서 만들었다. 이 수도회는 프랑스에서 널

리 퍼졌고, 후에 스페인과 영국에도 전래되었다.[9]

은둔 운동과 방랑 설교와 전통적인 수도원의 결합은 크산텐의 노베르트(Nobert von Xanten; 약 1082-1132)의 삶에서도 비슷하게 나타난다. 남부 라인 지역 귀족 출신인 그는 크산텐에서 성직자 수도회 회원이 되었고, 후에 하인리히 5세의 궁정 사제가 되었다. 그러나 방향을 바꾸는 회심을 하게 된 그는 복음과 사도를 따르는 삶(vita evangelica, vita apostolica)을 따르고자 했고, 방랑 설교자로 자신의 이상을 채우고자 했다.

1120년 그는 라온(Laon)에서 은둔 생활로 돌아갔고 여기에다 쁘레몽트레(Premontre) 공동체를 세웠다. 여기서의 은둔적 삶은 성직자 수도원 방식의 생활 양식과 결합하였다. 그러므로 이것은 어거스틴이 전해 준 생활 방식이 새롭게 옹호자를 만나게 된 것이었고, 이 생활 방식이 전파되는 계기를 준 셈이 되었다.

다른 방랑 설교 무리와 마찬가지로 노베르트가 세운 공동체 역시 여자들의 관심을 불러일으켰고, 그 결과 쁘레몽트레 지역과 노베르트가 시작한 쁘레몽뜨레 수도원 역시 혼성 수도원이 되었다. 하지만 이 결정은 1140년 총회에서 금지되었다.

노베르트의 방랑 설교자로서의 활동, 성직자 수도원 출신이란 점,

---

9) J. von Walter, *Die Estern Wanderprediger Frankreichs, Studen zur Geschichte des Mönchutums*(Leipzig 1903-06); W. Grundmann, *Religiöse Bewegungen im Mittelater*(Neudruck Darmstadt 1961).

또 은둔 운동과의 결합 등은 그가 세운 새로운 수도회 공동체가 명성을 얻게 했고, 그 결과로 공동체 안에 두 가지 경향이 나타났다. 하나는 관상적 금욕의 입장이었고, 다른 방향은 금욕적 목회의 입장이었다. 관상적 금욕 경향은 프랑스에서 널리 퍼졌는데, 대표자는 쁘레몽뜨레의 지도자로 노베르트의 후계자였던 포세의 휴고(Hugo de Fosses, 1129-1161)로서 수도회의 확장에 큰 역할을 했다.

금욕적 목회 경향은 독일의 수도원들에서 특징으로 나타났는데, 특히 노베르트가 1126년 막데부르그(Magdeburg)의 대주교가 되어 쁘레몽뜨레 수도사들에게 독일 동부 지역의 선교와 식민의 과제가 부여된 다음부터 증가했다. 이 지역의 브란덴브르그, 할벤베르그, 랏체부르그 등의 주교직이 수도회가 관장하던 곳이었다.

쁘레몽뜨레 수도회의 확장은 시토 수도회의 확장과 거의 비슷하게 전개되었다. 100년도 채 안되어 이 쁘레몽뜨레 수도회는 전체 유럽에 퍼져 나갔다(1230년에 약 1000여 개의 수도원). 이전에 시토 수도원이 했던 방식인 총무원장과 총회가 중심적 지도권을 행사하는 관리 방식은 거의 채택되지 않았다. 전체를 안정적인 통일체로 유지하고자 하는 분원 제도 대신에, 쁘레몽뜨레 수도사들은 소위 치르카리(Zirkarie)라고 불리는 방식, 즉 지역별로 수도원들을 묶는 것을 원칙으로 하는 방식을 택했다. 1300년경에는 이런 단위체가 30개가량 있었다.

그런데 이 수도원 역시 시작된 지 100년이 넘게 되자 자신들과 비슷했던 수도원인 시토 수도원의 운명과 같아졌다. 즉 시토와 마찬가지로 쁘레몽뜨레에도 자신의 생활을 지탱하는 고유의 능력이 고갈되었다. 종교적 삶이란 끊임없이 새로운 삶의 표현 방식을 만들어 내고, 이는 또한 새로운 수도회 공동체를 낳도록 하며, 지금까지의 수도회들은 쇠퇴하게 된다는 것을 인정해야만 되었다.[10]

11세기에 새로 생긴 수도원 공동체들은 전체 교회적 사건 전개와 따로 떼어서 관찰하거나 평가되어서는 안된다. 전체(제도권) 교회는 최소한 공식적으로는 포괄적 개혁 프로그램을 진행했다. "그레고리 개혁"은 교회권 전체를 압도했다. 그렇다고 새로운 수도회들이 이 개혁 운동을 일으킨 장본인은 아니었다. 오히려 이들은 이 개혁 운동으로 인한 최초의 수익자라고 불러도 좋을 것이다. 이들은 교회의 개혁에 대한 요구의 결과였고, 개혁 운동에서 가장 앞장섰으며, 그로 인해 이들이 교회가 개혁 운동하고 있다는 가장 분명한 증거가 될 수 있었기 때문이다.

수도회와 교회 개혁 사이의 관계는 수도사들이 수도원의 바깥에도 강력한 영향을 미쳤다는 것을 증거가 돼 주고 있으며, 또한 수도사적 삶이 일반 민중 계층에도 폭넓게 강한 흡인력을 갖고 있었다는 것을 알려주고 있다. 수도원에서의 삶을 참된 그리스도인의 삶으로 여긴 것이나 여러 종류가 있었지만, 수도사 공동체를 통해서 복음적 삶(*vita evangelica*)과 사도적 삶(*vita apostolica*)이 요구하는 배타적 삶을 살 수

---

10) 쁘레몽뜨레 수도회의 영적 이상에 관해서 F. Petit, *La Spiritualitè des Prémontrés au XII et XIII Siècle*(Paris 1974); 수도원 확장에 관해서는 N. Backmund, *Monasticon Praemontratense*(Straubing 1949-56), 제1권, Berlin 1983, 2판).

있다는 생각은 기독교인들이 세상에서 살면서도 수도사적 삶의 형태를 따르도록 했다.

삶의 실제와 교회의 실제는 이런 이상과는 동떨어져 있었으며, 또한 이런 식으로 살고자 하는 의지가 일반인들에게 보편적인 것은 아니었다. 특히 이런 요구하에서 가장 곤란에 빠진 것이 다수의 성직자였다. 교회에 적대적이고 이단인 사람들은 성직자들의 삶에 대해서 격렬하고도 신랄한 비난을 퍼붓고 폐단을 들추어냈으며, 성직자의 모든 권리와 직위를 부정했다. 해결책 중 하나가 성직자가 수도원의 모범을 따라 개혁을 해서 자신들을 역시 복음적 삶(vita evangelica)과 사도적 삶(vita apostolica)을 따르고 있다는 것을 보여주는 것이었다.

개혁의 방법은 카롤링거 시대에 이미 선례가 있었다. 성직자는 카노니커(성직자 수도사)의 삶의 방식으로 살아야 했다. 극소수의 카노니크만이 존속했다. 여기에 개혁 바람이 불었고, 1059년 라테란 종교회의는 성직자를 불러 모으게 했다. 공동생활과 사유재산의 포기가 바로 성직 수도사들의 삶이고, 이는 곧 이들이 여전히 금욕적으로 이해되던 사도적 삶(vita apostolica)을 지탱해 온 것으로 인정받도록 했다.

개혁의 의지가 있는 성직자는 개혁에 반대하는 동료들에게서 떨어져 나와 새 모임에 들어갔다. 이런 새 모임 성직자는 제도적으로 조직화 되어 있던 성직자 수도원으로 가지 않고 세속적 즉 독립적 성직자 수도원에 들어갔다.

옛날의 수도원 단체가 개혁되어서 생겨난 단체들 외에도 당대의 이상이었던 수도사적 삶의 형태에서 비롯된 새로운 단체와 성직자 수도회들이 생겨났다. 다른 성직자 수도회들은 아주 구체적 동기로 만들어지는 것이 대부분이었다. 예를 들면 순례자들을 돕기 위해서 순례자들이 가는 대로 중 아주 위험한 곳에 세우는 것 같은 것이다. 이런 데에서 생겨난 일단의 성직자 수도단이 산티아고 데 콤포스텔라(Santiago de Compostella)로 가는 순례길에 생긴 수도회이다. 대 버나드의 이름으로 세워진 이 성직자 수도 공동체도 이런 동기에서 세워졌다.

정규 조직화 되어 있던 단체로, 보통의 수도사 공동체와는 달리 공인된 수도사 규범(이 규범은 물론 베네딕트 규칙이었다)을 따르지 않고 교회적 규범을 따라서 살던 공동체인 성직자 수도회가 이 시대에는 다시 수도원의 모습을 좇아가게 되었다. 그런데 금욕적이고 수도원적 모습을 따라서 사는 외형적 삶의 양식을 닮는 데 그친 것이 아니라, 규범에 묶이는 것까지도 좇아갔다. 여기에서는 어거스틴이 남긴 정신적 유산 즉 어거스틴 규범이 역할을 했다. 당시에 설립된 이런 수도회의 설립 문서를 보면 설립된 단체들의 성직 수도사들이 『어거스틴 제2 규범』(Regula Secundum Augustinum)을 따라야 한다고 규정해 놓은 것이 여럿 있음을 보게 된다..

"어거스틴 규칙"은 이 당시에 한 가지 종류만 있었던 것이 아니었다. 금욕이나 수도사의 삶에 관해서 설명해 놓은 여러 종류의 문건들이 이 위대한 교부의 이름하에 전해지고 있었다. 그러나 어쨌든 어거스틴과 연결되었으므로 당시의 성직자 수도회는 "어거스틴 성직자 수도회"라는 이름으로 불리게 되었다. 그런데 프랑스의 성직 수도사들에게서는 수도원 공동체의 삶의 형식에서 특히 어거스틴의 규칙을 규범으로 정했고, 이를 "공인 규범"(regula recepta)이라고 이름 붙였으며, 이 어거스틴 규범을 따르는 수도원들은 새로운 수도원(ordo novus)으로 널리 퍼져 나갔다.

이 규범 때문에 어거스틴 성직자 수도회는 최소한 외부적으로는 통일적인 형태를 갖출 수 있었다. 하지만 이 "어거스틴 규칙"이 가지는 운명은, 마치 베네딕트 규칙이 이전에, 그리고 당시까지 가져야 했던 운명과 같은 길을 걸었다. 어거스틴 규칙은 물론 공식적 규칙이었지만, 구체적 적용 부분에 가서는 이 역시 유추적으로 사용될 수밖에 없었다. 즉 이 규칙은 개개의 수도회 단체나 수도원 연합체에서 삶을 규정해 주는 원칙으로, 외부적으로는 이들 모두가 같은 수도회에 속한다는 것을 알려 주는 기능 정도밖에 가지지 못했다.

그래서 어거스틴 성직자 수도회를 본질적으로 대표할 만한 대형 수도회가 생겨났다: 아비뇽의 성 루푸스(St. Rufus), 보베의 성 켄틴(St. Quentin), 라벤나의 성 마리아 포투넨시스(St. Maria Portuensis), 엘사스의 말바흐(Marbach), 바이에른의 로텐부흐(Rottenbuch) 등.[11]

이 새로운 성직자 수도회는 다양하고도 많은 계율을 이렇게 저렇게

---

11) 위의 J. Seigwart가 저작을 참조 비교할 것(성직자 수도원에 관한 상세한 참고 문헌이 있음). 동일 저자가 쓴 Marbach 성직자 수도원의 지위에 관한 책도 있다: *Die Consuetudines des Augstinerchorherrenstiftes Marbach im Elsass*(Freiburg-Schweiz 1965).

조금씩 발췌해서 자신들의 규범으로 갖고 있었던 전통적 수도회와는 달리 새로운 가족 형태를 가지고 시작했다. 물론 성직자 수도회를 새로 세운다거나, 매일의 생활과 수도사로서의 활동 등이 지금까지 전통적으로 해 오던 것과 전혀 달랐다는 것은 아니다. 그러나 그들이 특별히 강조해서 그들의 특징이라 할 수 있는 것은 대체로 문헌상의 문제였다. 규범의 해석 문제가 있었다. 이 부분에서 골치 아픈 싸움들이 일어났다. 베네딕트 수도원에서는 이 부분을 밀집 방어하기 위해서 재결집했다. 이들은 자신들의 연륜과 원조를 내걸고 나왔다. 또한 성직 수도사들이 베네딕트 수도회 수도사들만큼 완전한 형태로의 그리스도인의 삶을 산다고 여기기에는 역부족이었다.

> "하늘과 땅 사이가 그렇게 멀리 떨어져 있는 만큼, 유대인의 회당과 기독교의 교회가 멀리 떨어져 있는 그만큼 일반 성직자의 삶과 정규 수도사와의 삶은 서로 차이가 있다."[12]

이런 간단한 문장으로 이미 오래 전부터 있었던 수도원과 세상 사이를 분리하는 벽이 다시 세워졌다. 그것만이 아니라 이제 수도원 세계에도 새로운 벽이 생겨났다. 그러나 완전함을 추구하는 계층의 사람들(즉 수도사) 안에서 공적을 더 크고, 더 작게 나누는 것은 그렇게 쉽지가 않았다.

베네딕트 수도회의 대표자였던 루페르트 폰 도이츠(Rupert von

---

12) 익명의 논문 "De vita vere apostolica" *Migne, PL* 170, 638.

Deutz)는 고린도전서 1장 12절을 가지고 단체와 수도원들이 서로 경쟁 관계에서 논쟁하고 있는 데 대해 경고했다.

> "'나는 어거스틴파이다, 나는 베네딕트파이다, 나는 이 규범을 따른다, 나는 저 규범을 따른다' 고들 하지만 나는 그리스도를 따른다. 어거스틴은 주교였다. 베네딕트는 그냥 수도사였다. 주교가 수도사보다는 더 앞서 있는 것이 분명하니 어거스틴 성직자 수도회가 역시 베네딕트 수도회보다는 더 위에 있다."[13]

논쟁은 다방면에서 불거졌다. 양쪽은 "장자권"을 주장했고 수도원이 처음 생겨날 때 있었던 옛날의 변증 의견과 이론까지 끄집어 내어 자신들의 입장을 옹호하는 입장에서 해석하고자 했다. 드디어 교황 우르반 2세(1088-1099)가 1092년 바이에른에 있는 로텐부흐 수도원에 우선권을 인정하는 다음의 글을 써 주었다.

> "성직자 수도회가 가진 삶의 양식은 교황 우르반 1세(222-230)가 도입한 것인데, 이런 양식은 어거스틴이 그가 쓴 규칙을 통해 정해 놓았고, 히에로니무스가 편지로 재구성했고, 그레고리 대제는 어거스틴 주교(그레고리 1세가 영국 선교사로 보냈던 주교, 교부 어거스틴과는 다른 사람임—역자 주)에게 이 규칙을 전파하라고 명했다."[14]

---

13) *Super Quaedam Capitula Regulae Divi Benedicti Abbatis*(Migne, PL 170, 525).

14) Zitiert Nach J. Mois, *Das Stift Rottenbuch in der Kirchenreform*

교황은 여기서 옛날의 자신의 선임 교황 중 하나를 성직자 수도원의 설립자로 만들고 있으며, 은연 중에 수도원의 전통이 성직자 수도회를 옹호하는 것으로 만들고 있다. 이런 주장이 역사를 그대로 보고 설명하고자 하는 것이 아니라 자신이 속한 집단의 이익을 위한 주장인 것은 물론이다.

독일 쁘레몽뜨레 수도원의 수도사였던 하벨베르그의 안셀름(Anselm von Havelberg, 1158년 사망)은 성직자 수도회의 대표자로서 이런 교황의 방식으로 수도원보다 자신들의 생활 형태가 더 우위라고 주장했고, 특별히 성직 수도사들은 목회자이기 때문에 더 높은 지위를 갖고 있다고 강력하게 주장했다. 하지만 실제로는 성직자 수도원 모두가 목회자인 것은 아니었고, 또한 당시의 대부분 수도사들이 목회자이기도 했다.

후일 그는 서로 무리 없이 통합하기를 바라는 안을 내놓았다. 그런데 이때 그가 제시한 내용에서는 옛 것과 새 것에 관해 말하면서도 기독교적 완전함에 관해서는 거의 언급하지 않고 있다.

"옛 것에 장점이 있고, 또한 새 것에도 장점이 있다. 하지만 옛 것에도 단점은 있고 새 것에도 역시 단점은 있다. 새로운 것이라거나 옛날 것이라고 해서 권위를 갖게 되는 것이 아니다. 이는 또한 명예와

---

des XI. Jh. Ein Betrag zur Ordensgeschichte der Augustiner-chrorherren(München 1953) 52.

관련되어 있는 것도 아니다."[15]

11세기 말에 성직자 수도회가 수도원의 자리를 차지해 버린 것은 사실이었다. 이 시대가 성직자 수도회의 생활 양식을 인정해 주었을 뿐 아니라, 이 시대의 가장 큰 권력자는 바로 교황들이었다. 이 교황들은 알렉산더 2세(1061-1073), 그레고리 7세(1073-1085), 우르반 2세(1088-1099), 파스칼리스 2세(1099-1118)로서, 이들은 이 수도회를 교회와 제국의 정치 틀 안에 묶어 놓기도 했지만, 수도회 확장을 위해서 끊임없이 도왔다. 위에서 이미 말한 바 있는 대로, 이 시대가 "클레르보의 버나드의 세기"라고 불려졌다면, 이 시기는 또한 시토 수도사 외에도 수도사와 교회라는 무대에 성직자 수도회가 등장한 시기이기도 하다.

11세기의 새로운 공동체 모임들과 종교 단체들은 수도회에 관한 사상이 변할 수 있고 현실 문제에 적응할 수도 있다는 것을 증명해 주었다. 열정적인 종교적 삶, 예외를 두지 않는 기독교 정신이 팽배했던 중세는 수도원 공동체의 삶의 방식이 있었기에 가능했다. 이들은 규칙에 순종했고, 일생 수도사로서의 서원에 묶여 있기를 맹세했고, 상급자에게 하급자로서 묶여 있게 하는 엄격하게 조직화한 공동체에서 살므로써 이런 영향을 나타내 보였다. 물론 이것은 전적으로 시대적 상황과 관계되어 나타난 것이다. 특히 대표적인 것으로는 위에서 말

---

15) Ep. *Apologetica Migne*. PL. 188, 188, 1122-1123.

한 바 성직자 수도회가 했던 순례자 보호 사역 같은 것을 들 수 있다.

이런 현상은 또한 12세기에 십자군 운동이 구체적 계기가 되긴 하지만 기사 수도회가 설립되도록 한다. 또 1119년 파엔스의 휴고(Hugo von Payens)가 8명의 동료와 함께 팔레스타인 순례자들을 보호하려고 세운 템플 기사단, 1070년에 병든 순례자들을 돌보기 위해서 예루살렘에 생겨난 요한 수도단 등은 이 시대에 가장 먼저 세워지고, 또 많이 알려진 수도단들이다. 템플 수도단을 위해서는 클레르보의 버나드가 친필로 다음의 축하 문헌을 써 주기도 했다.

우리 군사들의 영광이 템플 수도단 군사들에게 있기를!
(*De laude novae militae ad milites Templi*)

여기에도 또한 전통적 수도원 사상이 당시의 위기 상황과 맞물려 함께 결합하였고, 수도사적 삶의 형태가 계속해서 분화되어 나갔다.

수도원 역사에서 이 시대가 갖는 의미는 일차적으로 수도적 삶의 모습이 교회에도 폭넓게 받아들여졌다는 것, 그리고 또 한 가지는 수도사의 삶의 형태가 아주 다양하게 되었다는 것이다. 위에서 말한 하벨베르크의 안셀름(Anselm von Havelberg)은 수도원 내에서의 이러한 새로운 여러 가지와 다양한 방향에 대해 그저 놀라 쳐다볼 수밖에 없었다.

교회 안에도 새로운 것이 얼마나 많은지!
(*quot novitates in ecclesia!*)

비록 아주 다양한 모습으로 나타나긴 하지만 이것은 다 신앙이라는 이름으로 단일한 것[16]이라고 할 수 있었으므로, 그는 이것을 긍정적 견해에서 평가할 수 있는 정신적 능력을 갖추고 있었다.

---

16) *Dialogues*: SC 118, 34.

제6장

탁발 수도회

만일 하벨베르크의 안셀름이 다음 세대에 새롭게 생겨난 수도회가 가진 삶의 방식을 보았다면 아마도 그는 더욱 더 놀랐을 것이다. 물론 전통적 수도회나 새롭게 생겨난 수도회나 둘 다 잘 유지해가고 있었다.

이들 수도회의 형제들은 12세기에 특별히 주목할 만한 일을 해냈다. 베네딕트 수도회, 시토 수도회, 쁘레몽뜨레 수도회, 그리고 성직자 수도회의 필경실에서 수도원 신학이 태동했다. 이는 "수도원 인문주의"라고 표현되는데, 중세의 스콜라 신학 때문에 자주 간과되고 있긴 하지만 대단히 중요하다.[1]

그런데 세기가 바뀔 즈음해서 종교적 삶이 새로운 방식의 삶의 형

---

[1] J. Leclercq, *Wissenschaft und Gottverlangung. Zur Mönchstheologie des Mittelalters*(Düsseldorf 1963).

태와 또한 새로운 양식의 공동체 형태를 요구한다는 것이 분명해졌다. 이전의 수도사적 삶이 추구했던 이상은 이미 많이 변해 있었으므로 변화력과 적응 능력이 새로운 방식에 의해 만들어져야 했다. 이전의 전통적 수도원 공동체는 시골 지역에 세워졌었고, 이런 바탕 위에서 수도원의 과제는 문화였으며 때에 따라 선교의 과제를 수행했다.

이러한 공동체들은 농업 구조 및 봉건 체제와 결합하여 있었다. 도시 시민, 상인 등 당시 사회에 새롭게 부상하던 사람들에 관해서 수도원은 전혀 관심을 가지지 않았다. 그러나 새로운 종교적 요구를 이끌어갈 사람들이 이 계층에서 태동하고 있었다. 그들은 자신들에게 적절한 생활 형태를 급속히 발전시켰다.

도시에 살고 있던 사람들은—특히 중부 이탈리아와 남부 프랑스에서—부자나 가난한 사람이나 모두가 종교적 삶의 양식을 추구했다. 이들이 가진 특징은 가난과 공동체로의 결집이었다. 어떤 가르침이나 강요와는 무관하게 성경과 예수의 삶을 향함(Hinkehr)이 그들의 기본 출발점이었다. 그런데 이러한 기준점은 이들이 수도원이나 교권 체계에 관해서 불신과 때로는 적대시하는 감정까지도 갖게 했다. 성경과의 직접적 만남은 자의적이고 자기 본유적인 성경 해석을 낳았고, 또한 여기저기에서 광신적 설교를 낳았다. 이때 함께 터져 나온 가난 운동 또한 공동체를 만드는 역동적 힘으로 작용해서 공동체를 만들게 했는데, 이런 모임이 교회 내에 그대로 머물러 있기는 쉽지가 않았다.

이노센트 3세(Innotzenz III, 1198-1216)는 교회와 이들을 통합시키려고 진지하게 노력했다. 이 노력의 결과 이탈리아의 휴밀리탄

(Humiliaten)과 프랑스 지역에서 활동했던 왈도파(Waldensian)와는 일정 부분 성공을 거둘 수 있었다.

이 교황에 의해 소집된 1215년의 라테란 회의는 종교 공동체는 어떤 것이든 베네딕트 규범이나 어거스틴 규칙 외의 다른 규칙을 가져서는 안 된다고 결정함으로써 새로 생겨나는 모든 공동체를 베네딕트와 어거스틴 수도회 양식을 따르도록 하고자 했다. 이 회의에서는 기존의 수도원들이 여론 형성을 통해 주도권을 잡았다(새로운 시도를 막고자 했다: 역자 주).

그러나 교황은 이에 반대하고 기존 수도원의 이상인 공동의 삶(vita communis)과 이를 위해 요구되는 사도적 삶(vita apostolica)과 복음적 삶(vita evangelica)을 새로 나타난 생활 양식에다 가능한 한 접목하고자 노력했다.

이노센트 3세가 교황직에 있던 시기는 실제로 유럽의 수도원 역사상 새로운 시작이 새로운 해안을 만난 시기였다. 여기에 첨가해야 할 것이 이 새로운 해안으로 가는 길이 이전의 전통에서 시작되고 이 전통과 결합되어 있었다는 사실이다.

여기서 새롭게 태동한 결과물이 중세의 탁발수도회로 태어났는데, 이는 결국 자발적 복음과 사도적 청빈 운동이 교회 체제 안에 생겨난 결과이다. 전통에서 받은 요소와 시대적 상황에 적응했던 두 요소가 가진 관계는 가장 먼저 생긴 탁발수도회가 특별히 잘 나타내 보여준다. 이것은 구츠만의 도미니크(Dominikus von Guzmán, 1170년경 Caleruega / 스페인에서 출생, 1221년 볼로냐에서 사망)가 세운 설교 형제단

이라는 수도회이다.[2]

도미니크는 일찍이 오스마에 있는 개혁 성직자 수도회의 회원이 되었다. 그래서 그의 정신적 고향은 수도원식-성직자의 생활 방식으로, 중세적 수도원의 삶에서 최신의 방식을 따르고 있는 셈이었다.

도미니크는 그의 주교였던 디에고와 함께 고향 스페인을 떠나 왔다가 교회에서 떨어져 나와서 활동함으로써 소동을 일으키고 있는 이단의 무리를 알게 되었다. 교황 이노센트 3세는 이 두 성직자에게 1206년 남프랑스에 선교 임무를 맡겼다. 교황이 그들에게 위탁한 첫 선교지는 랑에독의 푸일(Prouille/ Languedoc)이었다. 여기에서 디에고는 카타리 파에게서 가톨릭교회로 다시 돌아온 여자들을 위하여 집 한 채를 세웠다. 올바른 신앙을 가진 가정 공동체이자 삶의 공동체가 다시 개종한 여자들의 교회적 삶과 봉사를 위한 공간을 제공해야 했다.

도미니크는 이 기관을 계속 확장시켰다. 그는 확장하면서 이단적 요소가 분명한 것을 추가시켰는데, 이단들이 하는 목양의 실제를 요령 있게 자신의 선교 활동에 받아들인 것이다.

푸일에 있던 이 여성의 집은 도미니크의 주위에 몰려든 방랑 설교자들의 보호지가 되었는데, 이들은 "예수 그리스도의 설교"를 하면서 카타리파가 강력한 영향력을 행사하던 랑에독까지 흘러 들어온 사람들이었다.

이 설교 공동체는 얼마 지나지 않아 장소를 툴르즈로 옮기게 되었는

---

[2] M. -H. Vicaire, *Geschichte des hl. Dominikus*(Freiburg 1962-63).

데, 이는 그곳의 주교였던 풀코(Fulko)가 그들에게 집 한 채를 넘겨 주었기 때문이다. 이렇게 해서 "설교하는 성직 수도사"들 역시 교구 설교자들에게 속한 공동체가 되었다. 툴루즈의 집은 그 결과 공신력을 가진 성직 수도사의 삶의 방식을 따라 사는 사람들의 거처라는 특징을 얻게 되었다. 그런데 이 거처 지역, 즉 이들이 살고, 기도하고 일했던 이 공간은 전체가 교구가 되었다.

1215년 도미니크는 이렇게 해서 생겨난 이 조직을 교황에게 승인을 받고자 했다. 라테란 종교회의의 법조문 제13조는 새로운 수도 공동체의 설립을 금하고 있었다. 그런데 이 종교회의가 대안으로 제시해 주었던 어거스틴 규정은 이 문제의 해결점을 찾는 데 도움을 주었다. 성직자 수도원 제도 출신인 도미니크는 그가 만든 공동체에 이 규칙을 채용할 수 있었다. 더구나 이 규정은 새로운 해석을 위해서는 충분히 열려 있었다. 이 규칙이 100년 전에 여러 다른 성직자 수도원들을 통합시킬 수 있었다면, 지금은 이 규칙이 외부적인 형식상 칭호로서 새로 생겨난 설교자 공동체에 사용될 수 있었다. 삶의 양식을 구체적으로 정하는 것은 당연히 새롭게 만들어져야 하는 규범에서 다룰 문제였다. 어거스틴 규칙을 채택한다는 것은 이것을 채택하는 새로운 공동체가 어거스틴 규칙의 기본 구성까지 받아들인다는 것을 뜻한다.

교황의 승인은 1216년과 1217년에 교황 호노리우스 3세에 의해서 행해졌는데, 이 승인을 계기로 이들의 사역자가 남프랑스에서 설교를 통해서 교구 선교를 하던 것에서 전체 교회로 바뀌었다. 이것으로 인해서 원래 이들이 했던 사역으로 이단들을 교화시키려는 목적으로 행했던 설교의 활동 공간이 교황의 위탁으로 의해서 전체 교회에서 복음을 전파하는 것으로 되었다.

도미니크와 함께 일했던 형제들의 모임은 1220년 볼로냐에서 모인 총회에서 처음으로 법규를 정했는데, 이는 총회들에서 계속해서 보충되었으며, 또 수도회가 발전함에 따라 계속 발전했다. 이 법규는 이 수도회가 인적 구성을 한다고 정해 놓고 있다. 이 설교 수도회가 인적 구성을 하는 것은 아마도 서방 수도원의 역사에서 처음일 것이다.

전통적으로 수도원과 성직자 공동체가 가지는 수도회의 특징은 공동생활이었다. 그래서 수도회적 삶이란 특정한 장소에 묶이는 것, 더 정확히 표현한다면 성직자들이 속해 있는 교회에 묶여 있다는 것이었다. 이렇게 하나로 묶여 있다는 것에는 경제상의 권리와 법적인 권한도 포함되어 있다. 수도사는 입회 서원식을 함으로써 성소에서 봉사하는 일을 하는 것을 의미했다.

하지만 인적 구성에서는 이런 장소적 연결이 없다. 이런 구성체에 속한 사람은 수도회에 가입하는 것이지만, 어떤 특정한 수도원에 들어가는 것은 아니었다. 수도회가 수도사에게 수도원이라는 것으로 가르치는 개념은 자신들이 하나의 "단체"라는 것이 분명하다는 사실이었다. 이런 모임에 속한 사람은 소박한 의미에서 공동체 안에서 살면서 전체 교회, 교구, 또는 도시에서 봉사하는 데 자신의 삶을 바친다. 이들은 이렇게 뿔뿔이 흩어져 사는 수도회이긴 하지만, 그런데도 이들의 통일성은 그대로 유지된다. 의무로 주어지는 규범이 바로 장소에 묶이지 않은 인적 연합체를 묶는 끈으로 작용하는 것이다.

이런 수도회의 법규는 외부 세계를 향해서 이 설교 수도회가 일상적 시민들이 삶의 형태와는 물론이고, 다른 수도 공동체들과는 전혀 다른 생활 모습을 갖기 때문에 이들은 자신들만의 배타성을 갖도록 했다. 내적으로도 역시 법규는 모임체 내에서 규정으로 정해진 생활 형태를 분명하게 전해놓는 역할을 하고, 또 계속해서 늘어나는 가족들을 재차 결집하는 내적 통일성을 갖게 해 주었다.

수도원적인 요소와 민주적인 요소를 교묘하게 섞어 놓은 조직 체계가 이 수도회의 전체를 요약해 주고 있다. 모임들은 지역별로 나누어지되, 이들 역시 전체가 연결되어 있었다. 모임의 장(*prior*)은 각각의 모임에서 독자적으로 선출했다. 지역 모임의 지도자는 지역 총회(각 지역 모임의 총대들에 의해서)에서 선출되었으며, 또한 총 대표자(총무 교사)는 총회(지역 총회의 총대들에 의해서)에서 선출되었다.

이런 종류의 인적 구성은 수도원의 역사에서 보면 획기적인 것은 분명하다. 하지만 이는 분명히 이전에 있었던 형태인 장소에 묶여 있으면서 장소를 성소로 생각하고 봉사하던 수도원들이 함께 묶여서 연합을 만들었던 수도원 연합의 형태를 생각나게 한다.

이런 모임들은 다른 수도원의 규칙을 받아 사용하되 장소에 묶이지 않은 인적 모임의 단체로 시작했다가 이것이 활성화된 것으로 볼 수 있다. 의무적 규정을 매개로 해서 결합한 것, 즉 이 수도회 모임에서 최고 기구가 법적 최고 기관으로 하는 것 같은 규정을 통해 결합은 그 전에 있던 많은 모임에도 본보기로 작용했다.

제4차 라테란 종교회의에서 정한 법규 12에는 총회는 모든 수도회에서 반드시 설치되어야 하는 기관으로 명시되었다. 그래서 설교 수도회에서 만들어진 형태인 인적 구성을 기초로 한 모임 역시 기존 수도원들이 갖는 위치에 설 수 있었고, 이를 통해서 자신을 변호하기 위해 꼭 필요한 요소인바 자신들이 수도사 이상을 올바르게 해석하고 있다는 것을 보일 수 있었다. 그렇다고 이렇게 새롭게 모습이 이전의 수도원 양식과 단절시키는 역할을 했던 것은 아니다. 오히려 반대였다. 이 새로운 요소는 이전 것을 새 시대에 맞게 완성한 것으로 여겼다.

> "도미니크는 가입 선서를 통해서 성직 수도사였고, 규칙에 따르는 엄격한 삶을 통해서는 수도사였다. 그런데 은혜가 더욱 넘치므로 말미암아 그는 사도적 삶의 근본 원칙을 보여줌으로써 더 많은 것을 보여 주었다."[3]

이 새로운 설교 공동체는 또한 사도성이라는 전통적 상표를 아주 필요로 했음이 틀림없다. 이것을 얻음으로 이 공동체는 지금까지의 전통적인 수도사의 삶과의 계속성을 나타내 보일 가능성을 얻게 되었다.

또 한 가지는 "사도적 삶"을 자신들만의 전매특허인 양 주장하는 이단 무리의 주장을 무력화시키기 위해서, 이런 사도성의 주장이 불가피했다. "사도적 삶"(*vita apostolica*)은 이미 자신의 변화 적응 능력을

---

3) M. H. Vicaire, *L'imitation des Apotres*(Paris 1963), 68에서 인용.

증명해 보이고 있었다. 이런 삶은 수도사들에 요구되어 왔고, 또한 성직자 수도사들 역시 이런 삶을 요구받았으며, 이제는 이들과 나란히 가는 이단 운동들 역시 이런 삶을 요구하고 있기 때문이다.

도미니크 수도회 수도사들은 지금까지의 양식이 훌륭했다는 것을 나타내 보여주었다. 이들은 가난에다 가치를 부여하고, 가난했던 사도들과 가난했던 그리스도의 뒤를 따르는 모습을 보여주었다. 왜냐하면 이들은 모든 것을 버리고 세상을 방랑하면서 복음을 전파했는데, 이때 마태복음 10장 9-20절에서 주님께서 사도들에게 명령하신 그대로 따라 했기 때문이다. 그러므로 이런 주장은 자명한 것으로 받아들여졌다.

이들의 설교 활동과 장소에 묶여 있지 않은 자유로움은 외부적으로 쉽게 드러나는 특징을 가질 수밖에 없었다. 도미니크 수도사들은 가난에 대한 요구를 실천하고 있다는 것을 보여주기 위해서 전통적인 수도사들이 해오던 방식과는 다른 새로운 양식을 보여주었다. (전통적 입장에서는) 수도사들 각각이 개인적으로 가졌던 가난은 수도원이 가진 공동의 재산과 관련되어 있었다.

그런데 13세기에 나타난 자연 경제에서 화폐 경제로의 이행(移行)은 잠정적이긴 하지만 농업 경제에 기반을 둔 경제 구조가 도시화 된 초기 자본주의를 만들어 내어 옛날의 전통적 가난과는 다른 가난의 실제를 요구하도록 했다. 도시 시민 계급은 설교 수도회 사람들이 소유나 수입이 없이도(sine redditibus, sine possessionis) 살아갈 수 있는 배경을 제공했다. 이제는 설교 수도사 개인 개인만이 아니라 공동체도 가난할 수 있게 된 셈이었다.

물론 설교 수도회가 가진 근본적 목적이 가난 자체가 아니었던 것은 분명하다. 이들에게 가난이란 수단이었으며, 원래의 목적을 위해서 다른 방식을 취할 수도 있었다. 어쨌든 이렇게 가난을 추구하는 삶이 이단들의 무리에 대항하는 강력한 무기가 되었다. 왜냐하면 이단 무리의 가난의 삶을 사는 것과 마찬가지로, 교회에 속한 설교자들도 진실한 사람들은 "무소유로 무소유의 그리스도"를 따르는 삶을 산다는 것을 보여 주었기 때문이다.

이제 자기들만이 복음을 전하는 전권을 부여받고 있다고 하던 이단에 속한 설교자들에게 대응해서 이쪽 설교자들 역시 방랑을 했으며, 또한 그들과 마찬가지로 가난한 삶을 살았지만, 설교만은 교회로부터 위탁받은 것이었다. 설교 활동은 교회에서 맡긴 사명이었으므로 수도회에서는 공부를 과제로 정했고, 그래서 공부가 그들의 규칙에 하나의 조항으로 명문화되도록 했다. 모든 수도회에는 (가르치는) 선임자나 교사가 있어야 했다.

이제 도미니크 수도사들에게 있어서 공부는 대단히 중요한 과제가 되었다. 수도회의 총회는 모든 지역 수도회를 위해서 공부를 위한 중심 기관을 세우도록 했고, 재능을 갖춘 젊은이들은 대학에서 공부하도록 했다.

1216년에 도미니크는 형제 중 일부를 파리로 보내서 공부하면서 동시에 수도회를 구성하도록 했다. 이 수도회에서 만들어진 공부에 대한 체계는 대학에서의 교육 체계를 그대로 따랐다.

얼마 지나지 않아서 도미니크 수도회 수도사들이 대학의 교수직에서 확고한 위치를 차지하게 되었다(파리, 볼로냐, 쾰른, 옥스포드 등). 공부의 필요성은 실제상은 언제나 완전한 모습으로는 나타날 수는 없었던 설교를 위해서 나온 것이었고, 이런 공부에의 계속적 요구는 도미니크 수도원이 공부하는 수도원의 특징을 갖도록 했다.[4]

이렇게 해서 생겨난 새로운 특징은 수도회가 원래 가지고 있던 관심 분야보다도 중요하게 되었다. 교황과 직접 연관되어 있었으므로(이것을 분명하게 나타내는 표식이 총무교사가 로마에 상주하고 있다) 이들의 사역은 전체 교회를 상대로 하게 되었다.

1221년에 쾰른에 독일에서의 첫 번째 도미니크 수도회가 세워졌다. 이 독일 지역 수도회는 처음 설립 때부터 독일적 요소를 강하게 갖고 있었다. 설립자의 뒤를 이는 지도자가 독일인이었던 삭센의 조르단(Jordan von Sachsen, 1222-1237)이었고, 1241-1252년까지 역시 독일인이었던 빌데스하우젠의 요한네스(Johannes von Wildeshausen)가 수도회를 이끌었기 때문이다. 세기 말에 독일에서의 수도회 숫자만 90개를 넘어섰으며, 1303년에는 두 개의 지방 수도회(Teutonia와 Saxonia)로 분리되었다.

도미니크 수도사들의 활동은 이제는 원래의 과제였던 이단을 향한

---

[4] I. W. Frank, *Die Spannung Zwischen Ordensleben und Wissenschafklicher Arbeit im frühen Dominiderorden* = *Archive Für Kultergeschichte* 49(1967) 164-207.

설교에서 다른 쪽으로 옮겨진지 오래되었다. 그런데 원래의 과제를 잘 회상시켜 주는 것이 나타났다. 1232년 이들에게 북부와 동부 유럽에서의 선교 사역이 맡겨졌고, 이어 동양과 원동 아시아까지 확대되었다. 대학에서의 가르치는 활동(알베르투스 마그누스, 토마스 아퀴나스)에 대해서는 이미 언급했다. 그런데 도시에 있었던 수도회들, 특히 도시와 밀접한 관계를 맺고 생활했던 설교 수도회가 일상적으로 맞닥뜨려야 했던 가장 중요한 사역은 도시민들에 대한 목회(Seelsorge)였다.

중세의 교구, 특히 제도권 교회는 도미니크 수도사들에게(다른 탁발 수도사들에게도 마찬가지로) 영혼 구원에 관한 사역 즉, 목회에서는 관대한 자유 공간을 허락했다. 자기의식을 가지고 있었던 도시민들은 수도사들의 목회 사역을 수긍하고 받아들였고, 그들의 사역을 요구했으며, 그들을 도왔고, 탁발 수도사들이 거주하는 것까지도 시민들이 스스로 계획적으로 추진하기도 했다. 이러한 전개는 새로 생긴 설교 수도회들과 일반 목회를 하던 성직자들과 서로 경쟁 관계로 들어가게 했고 서로 격렬한 논쟁이 일어났다.

정식 수도회로 됐지만, 도미니크 수도회 수도사들의 목회 사역은 대상이 개종한 여자들에게 한정되어 있었다. 이들이 이 과제를 계속 수행함으로써 13세기 여성 운동이 교회적으로 확고한 지위를 얻는 데 크게 기여했다. 도미니크는 다음 시대의 여성 공동체에 관한 모범을 제시할 수 있었던 기관인 여성 수도원인 제2 수도원을 세웠다.

여성 수도회들을 영적으로 인도하고 돌보던 설교단원들에게 새로운 활동 영역이 부가되었다. 이들 도미니크 수도사들은 두 가지의 수도회 외에 그들의 종교 이상을 가진 새로운 종교 이상을 나타냈다. 이것은 세상에 사는 그리스도인들로 구성된 "성 도미니크의 참회 형제자매들"로서 이것이 제3의 도미니크 수도회가 되었다.

도미니크 수도회가 생긴 것과 같은 시기에 이탈리아에서 두 번째 탁발 수도회가 생겨났다. 이것은 교회적, 종교적으로 같은 배경하에서 생긴 것으로 이런 것들이 새롭게 만들어진 것 뒤에는 같은 당대의 특질이 놓여 있다. 하지만 새로 생긴 수도회는 도미니크 수도회에서와는 달리 설립자의 개인적 특징이 새로운 수도회가 생겨나는 데에 특별한 역할을 했다.

도미니크는 1221년에 죽었다. 그런데 그의 죽음은 수도회와 관련해서는 위기나 재난은 아니었다. 설립 동기는 제도로 전이(轉移)되어 있었으며, 이 제도는 원 과제의 사역을 계속했던 것이다.

그런데 아씨시의 프란시스가 세운 "소형제단"은 좀 달랐다.[5] 프란시스(지오반니 베르나르도―프란시스의 어렸을 때의 이름)는 1181년 아씨시에서 태어났다. 부모가 신흥 부자였다는 것과 그의 개인적 성향이 그를 도시 젊은이들의 우상이 되게 했다. 기사단이 되고자 했던 그의 꿈은 아씨시와 페루기아 사이에 벌어진 전투에 참여했다가 포로

---

5) 이 두 설립자의 개인 품성에 대해서 K. Elm, *Franziskus und Dominikus. Wirkungen und Antriebskräfte zweier Ordensstifter = Saeculum* 23(1972) 127-147.

로 잡혀 1년간 갇혀 있게 되는 것으로 끝났다. 어렸을 때의 꿈이 이것으로 산산조각이 난 것이다. 병에 걸렸던 그는 종교적 위기감을 느끼게 되고, 이는 그의 개종으로 이어진다.

중세의 복음주의와 당시에 일반적이었던 가난 운동을 그는 자발적이고 개인적 가난으로 받아들였다. 프란시스는 하나님이 원하시는 삶을 추구하면서 문둥병자를 돌보고, 아씨시 근교에 있던 무너진 교회를 재건축했으며, 거지의 삶을 살았다. 그는 소문거리가 될 만한 희극적 과정을 통해서 아버지와 결별하고 아씨시 주교의 보호 아래로 들어갔다(1206/07). 마태복음 10장 9-16절을 자기의 삶의 기본 줄기로 발견한 그는 그 당시의 흐름인 "사도적 삶"의 실천 대열에 동참하게 된다.[6]

프란시스에게 합류해서 동참하는 동료들이 생겼고, 이들은 프란시스의 지도에 자신들을 맡겼다.

"주께서 내게 형제들을 주신 다음에, 나에게 아무도 무엇을 해야 할지를 가르쳐 주지 않았다. 다만 가장 높이 계신 분께서 직접 계시를 통해서 복음의 가르침을 따라서 살라고 알려주셨다".[7]

이러한 자기 이해 하에 프란시스는 복음에서 가르치는 일반적 내용

---

[6] 아씨시의 프란시스에 대한 문헌들은 특별히 많다. 이 수도회 설립자의 정신적 종교적 세계에 관한 안내서로 좋은 독일어판은 K. Esser-L. Hardick이 번역한 책이다(Werl 1956).

[7] 유언장 14(Hardick-Grau 214).

이 자기 자신 즉 개인에게 가르치는 것으로, 자신은 이런 생활을 하는 것이 의무라고 생각했다. 그 자신을 비롯하여 그의 동료들이 가진 목적은 단순히 복음대로 사는 것이었다. 말씀과 행위를 통한 가난의 실천, 형제들끼리의 공동생활, 참회의 설교는 소형제단의 삶의 특징을 나타내 주는 표식이었다.

1210년에 프란시스는 이러한 생활 방식을 교황 이노센트 3세에게 공인 받을 수 있었다. 공인 받았다는 것은 아씨시의 형제단이 이단의 무리에 속한다는 의심에서 벗어난 것을 의미했는데, 이는 이 작은 공동체가 대단위의 교회 공동체로 자라갈 길을 연 것이었다.

"복음적 삶"에 대한 프란시스단의 해석은 빠르게 폭넓은 사회적 동의를 얻었다. 아씨시 근방에 있었던 작은 교회인 포르티웅클라(Portiuncula)가 이 은둔의 중심지이자 회집 장소가 되었다. 하지만 프란시스는 그의 형제들이 그가 가르친 메시지를 가지고 시골 지역으로 가도록 했다.

1212년에 아씨시의 클라라가 그의 운동에 동참했고, 곧이어 아씨시 근교 산 다미아노(San Damiano)에다 함께 했던 자매들과 주거를 마련했다. 이렇게 해서 프란시스 수도회의 제2회(클라라 수도회)가 만들어졌다.

프란시스 수도회는 교황 이노센트 3세가 1210년에 구두로 승낙한 규칙을 근거로 해서 더욱 확장되어 나갔으나, 분명한 개념이나 조직 체계는 만들어지지 않았다. 또한 설립자가 가졌던 자발성과 종교성이 모든 형제들에게 절대적 권위로 작용하기에도 불가능했다. 공동체에 입회하는 것, 훈련과 교육, 형제들의 활동 등은 어떤 식이든 명백하게 밝혀져 있는 것이 없었다.

그들은 종교적 삶을 원했다. 이러한 목적은 새로 생겨난 수도회 역시 이전의 수도원과 맥을 같이 하도록 했다. 즉 이 수도회 역시 세상과 관계를 단절(*saeculum relingquere*)하기를 요구받았던 것이다. 하지만 이 운동에 속하는 사람들은 자기들 나름의 어떤 다른 것, 새로운 것을 갖고 있기를 원했다. 이렇게 진행되어가는 동안, 비록 전혀 새롭게 만들어진 생활 양식이 아니라 이전부터 있었던 것들이긴 하지만 이 수도회의 삶이 새로운 양식이라고 말할 수 있게 하는 독특한 특징 몇 개가 있다는 것이 드러났다.

이 공동체는 (당시의) 종교 운동의 배경하에 생겨난 것으로 종교적 삶은 사실 공동체였으며, 세속적 삶과 구별되는 삶이었던 것은 분명하다. 이것은 이 공동체가 살고 있는 거주 지역에서도 마찬가지였다. 규칙으로 정해진 삶의 규범에 묶여지는 것, 즉 의무화된 서원을 통해서 모두에게 알리는—이들이 세상에 모습을 드러내기는 세상의 이곳 저곳에 흩뿌려져 있는 인간적 연합체로서 모습이었지만, 서원을 통한 생활 규범에 묶임이 이들을 수도회로 만들어 주었다.

1220년대에 프란시스단은 이러한 수도회적 삶의 새로운 형태를 시작했다. 프란시스는 이 시기에 이방 지역에 선교사로 가기를 노력했다. 1219년에 이집트에서 술탄 엘 카밀(El Kamil) 앞에서 설교했고, 수도회 형제단들이 이 술탄의 통치 구역에서 설교할 수 있는 허가를 받아 내기도 했다.

하지만 형제단이 처한 혼미한 상황은 그로 하여금 이탈리아에 돌아오도록 했다. 1221년 3천 명이 넘는 형제들이 소위 총회를 하기 위해서 포르티웅클라에 모였다. 그리고 여기서 삶을 상세하게 규정한 규칙(Regula non Bullata)을 통과시켰다.[8] 형제들이 유럽의 모든 나라로 나가서 지금까지 했던 것처럼 세계속에 확장 활동을 계속한다는 것도 공식적으로 선포했다.

프란시스 자신은 수도회의 지도자의 위치에서 물러났다. 피터 카타니(Peter Catani)가 총무로 선출되었으나 곧 코토나의 엘리야스(Elias von Cortona)가 이 역할을 맡았다. 하지만 설립자가 수도회에 대한 책임감을 계속 갖고 있었음은 분명했다.

교황이 파송한 감찰관의 도움, 특히 추기경 오스티아의 휴골리노(Hugolino von Ostia; 후에 교황 그레고리 9세)의 도움을 받아 프란시스는 1223년에 새로운 규칙을 만들었다. 이 규칙은 1223년 11월 29일에 교황 호노리우스 3세(Honorius III)에게 공인 받았다. 이 규칙은 형제단 전체가 복음적 삶을 살도록 규정해 놓고 있다.

> "소형제단의 삶은 이것이니 곧 우리 주 예수 그리스도의 거룩한 복음을 삶을 통하여 순종과 무소유와 순결함으로 따르는 것을 말한다."[9]

---

8) Hardick-Grau 텍스트 173-200.
9) 규칙 1(Hardick-Grau 160).

규칙은 또한 교황과는 순종의 관계로 맺어져 있음을 특별히 강조해서 표현하고 있으며, 이는 특히 규칙에다 수도회가 교황에게 추기경을 한 명 파송해 줄 것을 요청하는 내용을 명문화 하고 있는 데서 잘 드러나 있다.

"우리들 모두가 거룩한 교회에 속해 있는 하부 조직으로서 가톨릭적 신앙에 확고히 머물기 위해서 한 명의 추기경이 이 형제단을 지도하되 보호와 양육으로 한다. …"[10]

형제들에게는 노동의 의무가 있으며 노동을 통해서 살아야 한다. 신자를 대상으로 하든, 불신자를 대상으로 하든 설교는 특별한 임무로 규정되었다(일상적 과제가 아니었다).

수도회의 입회 과정도 규정되었는데, 형제들의 공동 기도가 설명되고 있다. 가난, 프란시스가 아주 혹독한 실제를 보여주고 거의 숭배하다시피 한 이 가난은 형제단을 나타내 주는 가장 중요한 표식으로 설명하고 있다: 개인과 공동체가 가난하게, 무소유로 살아야 하며, 돈은 한 푼이라도 받으면 안 된다.

죽기 바로 전에 프란시스는 유언장을 작성했다. 이는 그의 형제들을 위한 영적인 유언장으로서, 이것을 통해서 그는 형제들이 규칙을 "가톨릭적으로 더 잘 따를 수 있도록 하고자" 했다. 유언장에는 규칙

---

10) 규칙 12(169); 이것이 소위 추기경 감시관에 대한 최초의 언급이다. 이후에 이 제도는 모든 수도회에 도입되었다.

을 절대로 설명하거나 해석하지 말라(regula sine glossa)는 엄격한 조항이 들어 있다.[11] 선서하듯이 하는 이 텍스트의 설명에서 우리는 그 뒤에 흐르고 있는 가난에 대한 논쟁을 느낄 수 있다.

1226년에 아씨시의 프란시스는 죽음을 맞았고, 뒤에 남은 많은 형제들의 운명이 어떻게 될지는 예측할 수가 없었다.[12]

소형제 수도회는 이미 전 유럽과 근동에까지 전파되어 있었다. 총무였던 형제 코토나의 엘리야스(Elias von Cotona; 1232-1239) 아래서 수도회는 현저히 목회적 특징을 갖게 되었고, 이것은 프란시스 수도사들이 도미니크 수도회 소속 수도사들이 이미 그들의 일로 받아들이고 있었던 것과 같은 활동 영역을 갖도록 했다.

로마(교황청) 사람들과의 긴밀한 유대는 프란시스 수도사들이 교회 전체를 대상으로 그들의 활동 영역을 가지는 것을 가능하게 했다. 도시에서의 목회 활동의 일환으로 프란시스 수도원 역시 도미니크 수도원처럼 도시에다 그들의 주거를 갖게 되었다.[13] 이슬람 지역이었던 북아프리카와 근동 지방에서 선교하거나 선교사를 파송하였고, 12세

---

11) Hardick-Grau 텍스트 160.

12) 프란시스 수도회 약사에 관하여 H. Holzapfel, *Handbuch der Geschichte des Franziskanerordens*(Freiburg 1909); K. Esser, *Anfänge und ursprüngliche Zielsetzung des Ordens der Minderbrüder*(Leiden 1966); J. Moorman, *A History of the Franziscan Order from its Origins to the Year 1517*(Oxford 1968)를 참조.

13) B. E. J. Stüdeli, *Minoritenniederlassung und mittelalterliche Stadt*(Werl 1969).

기 중반에 프란시스단은 이미 중국에까지 선교사를 파송했다. 파리, 옥스포드, 쾰른에 있는 대학에서 교수 활동도 했다. 프란시스단 역시 공부하는 수도회로 만들었던 것이다.

수도원장이 한 명이 있는 많은 지방 분회들이 지역마다 모여 있었다. 이들을 전체적으로 관장하는 것이 지역 원장이었고, 이들 지역 원장 위에 이들에 의해 선출된 총무원장이 전체 수도회를 지도했다. 이러한 프란시스 형제단의 지도자들에게 붙여진 이름은 프란시스가 직접 지은 것으로 이것은 직급에 대한 새로운 시각을 보여준다.

"형제들은 그들(직급자들)과 의논하고 순종하되(원장의 직에 있는 사람들은) 종이 주인에게 하듯 해야 한다. 왜냐하면 원장들은 모든 형제의 종이기 때문이다."[14]

독일 지역에서는 1221년부터 급속히 확장되면서 세워진 것들(Augusburg, Würzburg, Worms, Speyer)이 1230년에 두 개의 지방 구역(Rheni와 Saxonia)으로 나누어지는 성장을 한다. 라인 지역 지방회는 1239년에 다시 둘로 나누어져서 남 독일(Köln)과 북 독일(Strassurg)의 지역회가 생겼다.

프란시스단뿐 아니라 클라라 수도회도 확장을 거듭했다. 이들은 전통적으로 여자 수도회들이 갖던 특징을 그대로 받고 있었다. 좁은 독방의 밀실에서 기도와 관상을 하는 삶이 그것이다. 하지만 다른 여자

---

14) 규칙 10(168).

수도원이나 여자 성직자 수도단과는 현저히 구별되는 가난이라는 특징을 가지고 있었다.

클라라는 가난과 관련해서는 철저히 프란시스와 일치하고 있었으며, 또한 자매들은 자신들의 특징 곧 가난의 특권(privilegium paupertatis)을 고수하고 이를 옹호했다.

도미니크 수도회의 자매들처럼 이제 클라라회 자매들도 여성 종교운동이 교회권의 공인을 받으며, 또 일반적으로 요구되는 수도원적 삶을 가질 수 있는 가능성을 제공했다. 이들 또한 프란시스단이 했던 방법을 좇아서 급작스럽게 새로운 해결책을 찾아냈다.

많은 속인들, 특히 여성으로서 적극적으로 종교적 삶을 추구하고 공동체에 속하고자 했던 사람들은 이단이라는 의심을 받기가 쉬웠고 이단의 비밀 집회로 오인 받곤 했다. 어떤 삶의 모습이 교회의 공인을 받으려면 명문화된 규범과 규칙 또 규약과 벌칙 규칙이 있어야 했다. 종교적 삶이란 수도회적 규범을 따르는 삶으로 나타나야만 했던 것이다.

13세기 평신도 종교운동이 교회와 접목되는 데서 중요한 것은 교회의 힘이 폭을 더욱 넓혔다는 것이 아니다. 여기서 중요한 것은 오히려 "비록 이것이 딱딱한 규범으로 나타났고, 전체 세계 즉 기독교 세계에서 정당성을 가지는 수도회로 나타나긴 했지만 그러나 우선은 종교적 삶이 있었고, 그 다음에야 이것이 올바른 가치를 갖게 되었고 또 동시에 안전함과 지속성을 갖게 되었다"[15])는 곧 신앙에의 중세적 확신을 나타내 준다는 것이다.

프란시스 제2 수도회(자매 수도원―역자 주)가 빠르게 확산되어 가면서 지금까지 있었던 자매 공동체들의 적지 않은 숫자가 어떤 특별한 규범을 정하는 것이 없이 단순하게 클라라의 삶의 규범을 따랐고, 그래서 이들 또한 클라라 수도회가 되었다.

프란시스단의 활동과 그 활동의 뛰어남이 수도회라는 벽을 뛰어 넘어서 계속 확장되어 가면서 이 수도회의 활동에 심정적으로 동조하는 세력과 함께 동참하는 사람들도 자꾸 많아졌다. 이것 역시 도미니크 수도회에서도 역시 그랬던 것과 같다. 프란시스 제3회 역시 형제단을 배경으로 생겨난 것으로, 이것 또한 공인받은 대단위 수도회 공동체로서 지도와 보호를 받고자 했던 삶의 현장에서 나타난 평신도 종교운동의 결과였다.

이 수도회가 3개의 가족 단위에서 확장되고, 또 종교적 삶에 동참하기를 원하는 초신자들에게 더이상 매력을 주지 못했던 이전 수도회들과 성직자들로부터의 적대자들을 막아내면서(여기에서 특별한 역할을 한 사람들이 위대한 교사였던 보나벤츄라[Bonaventura, 그는 1274년 리용 종교회의 동안에 죽었다]와 도미니크 수도사였던 Thomas von Aquin[이 사람 또한 같은 해인 1274년 이 리용 종교회의를 참석하러 가다가 죽었다]), 이 수도회는 평화와 안정적 질서를 잃

---

15) W. Grundmann, Religiöse Bewegungen des Mittelelters 200.

어버리고 말았다. 설립자가 생존해 있을 당시에 이미 터져 나왔던 문제, 즉 특별한 능력을 가졌던 창시자 의도했던 것을 그대로 따라서 하는 데 대한 어려움에 관한 문제가 설립자가 죽은 후 심각한 논쟁으로 더욱 날카롭게 터져 나온 것이다.

이 논쟁은 단순히 학자들에게만 한정된 학술적 논쟁이 아니었다. 이는 프란시스 수도회의 수도사들의 매일의 생활과 직접적으로 관련된 문제였던 것이다. 여기서의 핵심은 프란시스단의 본질적 품성에 대한 해석과 이 품성의 지속적 보유에 관한 문제였다. 이는 프란시스적인 것에 관한 문제(quaestio franciscana), 곧 설립자가 원래 의도했던 것은 무엇이며 또한 어떻게 함으로써 그의 의도가 시대를 넘어서, 또한 여러 다양한 상황 아래에서도 존속될 수 있느냐는 것이었다.

프란시스는 그의 아들들에게 복음을 따라 사는 것을 의무 조항으로 해 놓고 이 의무를 그가 세운 규칙을 어떤 해석이 없이 그냥 그대로 따르는 것과 동일시했다. 일찍부터 두 가지 다른 의견이 수도회 내에 있었다.

하나는 "해석 없이 규범대로"(regula sine glossa) 따르는 쪽이었는데, 이런 입장에 서 있던 사람들은 프란시스를 몸으로 체험하고 몇 년씩 같이 생활했던 사람들로서 하나의 분파를 형성했다. 이들에게는 규칙이나 유언장 외에 프란시스 자신이 바로 그들의 삶의 규범, 즉 소형제단에게 의무적인 규범이었다. 그들의 확신은 공동체가 원래의 상태로 그대로 유지될 수 있다는 것이었다. 이들 무리에서 프란시스단의 스피리투알단이 생겨났다. 이들은 자신들만이 진정한 프란시스 정신의 계승자라고 생각했으며, 후대의 역사 기록에서도 보통 이렇게 이해되고 있다. 하지만 사실 이들이 보여준 엄격함과 조금의 양보도 없는 배타성을 본다면 이들을 이렇게 인정해 주는 것은 좀 무리라 하겠다.

또한 그들이 주장하는 규칙을 문자 그대로 지키는 것을 해낼 수도 없었다. 그들은 수도회 설립자의 생존시의 삶의 모습을 근거로 내세웠는데도 불구하고, 프란시스의 요구를 실제적 삶에서 "프란시스만큼"을 도저히 해낼 수가 없었던 것이다. 그들은 프란시스단이 나타날 수 있도록 했던 힘인 역사의 진행을 외면하고자 했던 것이다.

모든 수도 공동체에 나타나는 문제일 수밖에 없는 본래의 의도를 지켜 나가는 것과 현재에 대한 불가피한 적응, 즉 처음 시작과 계속 만들어감 사이에 일어나는 긴장은 이런 것으로는 도저히 해결할 수가 없었다.

더구나 스피리투알단은 곧바로 피오리의 요아킴(Joachim von Fiori, 1202년 사망)의 계시론에 빠져서 이 사상이 말하는 성령의 시대가 바로 프란시스를 통해서 시작되었다고 보는 사상을 받아들였다. 이들에게 프란시스는 "전대미문의 세계사적 신화"로 부각되었고 그가 만든 수도회—물론 스피리투알단의 시각과 실제에서—가 마지막 때의 유일한 수도회라고 생각했다.

이런 일련의 생각들은 아씨시 출신의 설립자의 인격이나 인간성과는 전혀 관계가 없는 것이었고, 더구나 규칙을 문자 그대로 따르는 삶(regula sine glossa)을 표방하는 자들로 자신을 지칭하는 것과는 더더욱 일치하지 않는 것이었다. 이 극단적 스피리투알 단원들은 요아킴 사상과 결합하면서 결국 이단이 되었고, 프란시스 수도회 내에서와 교회로부터 혹독한 핍박을 받았다.

다른 의견을 가졌던 무리들 또한 일찍 즉 수도회 설립자의 생존 때부터 있었던 것들로, 이들은 "공동체"를 지향하던 무리라고 말할 수 있다. 이들로부터 나중에 옵세르반츠(Observanz)회와 콘벤투알(Konventual) 회가 나왔다. 이들에게서는 프란시스 운동이 전통적 수도회들이 가졌던 삶의 모습과 하나로 합쳐져서 다른 수도회의 모습과 동화되는 것이 나타났다.

이들의 모델이 되었던 것이 특히 도미니크 수도회였는데, 이들의 확장과 성공적 사역에 대해 어느 정도는 시샘을 느끼고 있었던 것도 사실이었다. 열정적 경쟁심을 바탕에 둔 현실 적응의 노력은 조직이 크게 발전하는 원동력이 되었다. 이것의 결과 수도회는 성직자화 되었고 대학화 되었다.

이러한 변화는 동시에 프란시스단 역시 도미니크회과 마찬가지로 교회가 하는 사역에 동참하여 도움을 주는 공동체로 만들었다. 로마의 고위층들의 호의는 수도회를 발전시키고자 하는 열정에 불타고 있던 지도자들에게 도움이 되었다. 왜냐하면 프란시스가 형제들에게 명령한 엄격한 가난을 놓고 벌이는 불가피한 분쟁이 바로 로마의 원로들에 의해서 해결되었기 때문이다.

교황 그레고리 9세(1227-1241. 이전에 추기경 휴골리노[Hugolino]로서 몇 년간 수도회 설립자의 조언자요 조력자였다)가 1230년에 칙령 *"Quo elongati"*를 통해서 첫째는 유언장은 수도회와 직접적 관계가 없다는 것—그러므로 교황청에서 규칙을 해석할 수 있도록 하고 또 동시에 앞으로도 규칙을 해석할 수 있는 길을 열었다—과 소유의 전적인 금지하는 것을 법적인 유권 해석을 통해서 "사용권은 보장되는" 생활 양식을 인정해 주었다. 그리고 이런 인정은 수도회가 큰 조직으로 발전하는 데 커다란 도움이 되었다.

교황의 이름으로 되어진 규칙 해석은 수도회에게 설립자의 유산을 계속 보존할 수 있는 방법을 제시했다.

스피리투알 사람들은 이런 전개에 함께 할 수가 없었다. 하지만 이 공동체에게도 현실에 적응하는 것과 또 다른 수도회와 차이를 없애 보려는 노력이 한계가 있다는 사실 또한 분명했다. 어쨌든 수도회 내에서 온건파에 속했던 무리들(콘벤투알과 옵세르반츠를 구성하게 되는 무리들)은 교황의 규칙 해석을 중시하여 수도원의 설립자가 가졌던 꿈과 목적을 교황의 권위 있는 말씀과 서로 조화시키고 있다고 믿었다.

이 무리의 대표자가 보나벤츄라(Bonaventura)이다. 이 사람은 수도회 역사 초기에 중요한 대변자 역할을 했던 사람으로 1257-1274년에 총무원장으로 프란시스 수도회를 이끌었다. 보나벤츄라는 이미 주어져 있었던 교황의 규칙 해석에다 (수도사로서는) 처음으로 규칙에다 공식적 해석을 덧붙였다. 그는 이 일을 그가 총무원장으로 있으면서 당시에 논쟁되고 있었던 설립자의 유산을 법적으로(*durch das Recht*) 보장해 놓고자 개최한 회의인 나르본(Narbonne) 총회(1260)에서 결행했다. 그는 규칙 해석에다 다음과 같은 설명 표제를 붙이고 있다.

"담이 있어 경계를 정해 놓지 않으면 소유물 자체를 잃게 된다"(시락서 36, 27).

이것으로 여러 개의 분파로 갈라져서 고통스럽고 짜증 나는 싸움에 휘말려 있던 이 수도회가 내적으로 더욱 발전할 수 있는 길이 제시되었다. 규칙의 단어들을 그대로 따르려고 노력하는 것이 아니고, 또한 설립자가 현재에 살아 있는 존재로 회상하는 것도 아니고, 아씨시의 설립자가 규칙에 정해져 있는 원래의 의도 자체에 대한 관심을 쉽게 포기하는 것도 아닌 방향에서 수도회의 앞길을 결정한 것이었다. 어쨌든 이것으로 프란시스가 했던 탁월한 시작점은 홀로서기로 살아갈 능력이 있는 제도화 되어 있는 기관 속으로 확실하게 번안되어 들어오게 되었다.

도미니크 수도회와 프란시스 수도회라는 두 개의 커다란 수도회의 발전과 함께 서구의 수도원은 새로운 수도원의 모습을 선보였다.

수도사의 삶의 목적은 원래—베네딕트 규칙이 정해 놓고 있는 것처럼 "수도사란 진정으로 하나님을 추구하는 자"이고, 이것은 모든 수도회에 공통적인 내용이다. 두 번째 목적인 설교와 목회는 수도사가 실제로 사는 삶의 현장에서는 여러 가지 모습으로 나타날 수 있다는 것을 인정해 주는 것이었고, 이것을 통해서 수도사적 삶의 양식이 일반인들에게까지 폭넓게 파급되는 것을 가능하게 했다. 특정한 장소에 묶여 있지 않고 사람으로만 연결된 새로운 생활 방식은 그 자체로 훈련장이었다.

이런 생활 양식은 13세기의 짧은 기간에 종교적 제도로 받아들여졌고, 동참하는 사람들이 많아졌고, 이런 동참세력들 역시 수도회 공동체를 구성하고 수도회적 명망과 영향력을 갖고자 했다. 이전부터 있었던 종교 공동체들은 현실에 적응하고자 했으며, 또한 탁발 수도회의 모형을 따른 새로운 수도회의 건립이 수도원계를 지배했다. 1198년 이노센트 3세가 공인한 제3 수도회(평신도 수도회—역자 주)가 바로 이런 흐름의 결과물이다.

도미니크 수도회처럼 요한네스 폰 마타(Johannes von Matha; 1213년 사망)가 세운 공동체는 성직 수도회의 생활 형태를 규범으로 받아들였다. 하지만 이 수도회의 조직 체계는 탁발 수도회를 표준으로 삼았다. 이 수도회는 특별한 목적을 가지고 설립되었다. 그것은 모슬렘에게 포로로 잡힌 그리스도인들을 구하려는 것이었다. 이 수도회의 활동은 특별히 스페인 남부와 북아프리카에서 주로 이루어졌다. 포로들을 구할 때 빈번히 사용된 방법이 이 수도회 소속 수도사와 포로를 맞바꾸는 것이었다. 이렇게 했던 이유는 수도사들이 이것을 고전적 수도사의 이상인 "그리스도로 인한 방랑"(Peregrinatio propter Christum)으로 이해했고, 그들 속에 들어가는 것이 이 이상을 행하는 선교라고 생각했기 때문이었다. 또한 이 수도사들의 고향인 수도원들은 구해 낸 포로들을 그들이 갖고 있던 "자비의 집"에서 돌보아 주었는데, 이 과정을 통해서 수도회는 그들에게 목회적 활동까지 해야 했다. 이것으로 수도원의 활동 영역이 자연스럽게 확장되었다.

이러한 특정한 목적을 가진 수도회였던 트리니타리를 이어 곧바로 생겨났던 메르세다리엔 수도회 역시 이런 종류의 수도회였다. 1223년 페트루스 놀라스쿠스(Petrus Nolascus; 1256년 사망)는 "자비로운 우리의 성모 수도회"라는 공동체를 설립했다. 이 수도회의 과제 역시 포로로 잡힌 그리스도인들을 구해 내는 것이었다.

이것이 기사 수도회(기사단)의 시작이다. 이 수도회는 나중에 탁발 수도회의 모습으로 바뀌게 된다. 또한 12세기 중반에 팔레스타인 지역에 생겨났던 칼멜산 은둔자들도 똑같은 과정을 거치게 된다. 베르트홀트 폰 칼라브리엔(1195년 사망)이 팔레스타인 지역에서 은둔자들을 모아 무리지어 살도록 했고, 예루살렘의 대주교는 1207년/09년에 이들에게 규칙을 제정해 주었으며, 이 규칙은 1226년 교황 호노리우스 3세에게 공인되었다.

당시 이슬람이 지배하고 있던 팔레스타인의 평온치 못한 상황 때문에 은둔자들은 좀 더 안전한 지역인 유럽의 나라들로 옮겨갔다. 이 과정에서 은둔적 삶이 수도원 안으로 접목되어 들어갔고, 또한 규칙이나 활동은 탁발 수도회의 것들과 동화되었다. 이 수도회는 유럽 여러 나라에서 급속히 확장되었다.

독일에는 1249년 쾰른에 수도회가 세워짐으로써 진출을 했다. 이 수도회가 미친 영향의 가장 큰 것은 마리아 숭배 사상을 확장시킨 것이었다. 이런 과정을 거쳐서 중세의 도시에서 흔히 볼 수 있었던 수도원들인 도미니크 수도원과 프란시스 수도원에다 깔멜 수도원 역시 중

세의 흔한 수도원의 하나로 추가되었다.[16]

1233년에는 플로렌스에는 종교적 열정을 가진 시민들에 의해 세르비텐 수도회(Servi beatae Mariae Virginis; 선하신 처녀 마리아의 종들)가 생겨났다. 이 수도회는 어거스틴 규칙을 따랐고 깔멜 수도회와 같은 입장이었으나 15세기에 가서야 공식적으로 탁발 수도회로 인정받았다.

수도회의 역사에서 은둔자들의 무리는 끊이지 않고 계속해서 명맥을 유지하고 있었는데, 이 무리들로부터 드디어 13세기 중반에 커다란 포괄적 대형 탁발 수도회가 등장했다. 이것이 어거스틴 은둔 수도회(Augustinereremiten)이다.[17]

이 수도회는 이탈리아 지역에 있던 여러 종류의 은둔자 무리들이 함께 연합하면서 생겨난 것으로 전적으로 교황청의 작품이었다. 그렇게 보면 이 수도회는 설립자가 없는 셈이다. 하지만 실제로는 추기경이었던 리처드 아니발디(Richard Annibaldi)의 열정적 노력과 1253년에 교황 알렉산더가 내린 칙령 『보편 교회에 허락함』(*Licet Ecclesiae Catholicae*)을 통해서 생겨났다. 이 수도회는 이미 있던 무리들이 강제적으로 묶여져서 하나의 새로운 수도회를 형성했기 때문에—일부는

---

16) J. Smet-U. Dobham, *Die Karmeliten*, Freiburg 1981.

17) K. Elm, *Neue Beiträge zur Geschichte der Augustinereremiten im 13. und 14. Jahrhundert* = *Archiv für Kulurgeschichte* 42(1960) 357-387; 이 수도회의 독일에서의 확장과 활동에 관해서는 A. Kunzelmann, *Geschichte der Deutschen Augustiner-Eremiten*(Würzburg 1969-75) 참조.

자신들의 독자성을 계속 유지하고 있었기도 했다[18]—얼마 되지 않아 4개로 나누어졌다. 그런데 이 새로운 수도회는 수도사의 근본적 이상인 은둔에다 초점을 맞추어 그 이름에다 은둔이라는 말을 붙이고 있긴 했지만, 실제상의 규칙이나 활동은 탁발 수도회와 같았고, 특히 도미니크 수사들을 모범으로 삼고 있었다.

이 수도회 역시 빠른 성장을 거듭해서 1298년에 이미 독일 지역에 40개의 수도원이 세워져 두 개의 지역회로 나누어져 있었다. 이렇게 해서 도미니크회, 프란시스회, 깔멜회와 함께 어거스틴 은둔 수도회가 세워졌고 이들이 중세 도시의 교회와 종교를 이끄는 주도적 세력이었다.

이 어거스틴 은둔 수도회의 수도사들이 보여준 것은 수도원적 삶의 가변성을 다시 한번 분명하게 보여준 예에 해당한다. 11세기에 개혁의 열정을 가진 성직자들이 어거스틴이 남긴 수도원 유산을 넘겨받아서 성직자 수도회를 만들어 내었고, 이것은 당시의 베네딕트 수도원의 틀 속에서 대형 수도원으로 동화해 갔었다. 그런데 이제 13세기에는 탁발 수도회라는 새로운 형태가 수도원의 전체적 분위기를 휘감고 있었으며, 이런 분위기 하에서 어거스틴 규칙이 새롭게 부각되었지만 역시 탁발 수도회의 모습으로 나타나고 있었다. 이제 규칙이란 구체적이고 실제적인 상황을 포함하는 상징적인 의미가 있다는 쪽으로 이

---

18) 예를 들면 Wilhelmitenorden, 그리고 K. Elm, *Beiträge zur Geschichte des Wilhelmitenordens*(Köln-Graz 1967) 비교.

해되는 흐름이 잡히고 있었다.

　탁발 수도회들은 기독교적 가난이 특별히 강조되던 13세기에 교회권을 지배했던 복음주의가 만든 결과물이었다. 도시의 시민계급과 도시 문화가 이 수도회들에 생존 공간과 발전의 여지를 제공했다. 이들은 한 세기가 넘도록 여러 가지 다양한 모습으로 유럽의 종교 문화를 담아내었는데 이는 정신문화를 주도하는 기반인 대학에까지 이어졌고, 또한 권력의 핵심부인 제후나 왕의 궁내관 같은 로마의 귀신들에게까지 영향을 미쳤다.

　탁발 수도회가 가진 독특한 종교적 삶은 종교 운동과 종교적 역동성을 하나로 모으는 그릇의 역할을 했다. 또한 그럼으로써 지금까지의 수도회들은 한 걸음씩 뒤로 물러나게 하는 결과를 낳았다.

　탁발 수도회에 의해 나타난 특별한 것 중 하나가 여성 종교운동이 시작되었다는 것이다. 도미니크회나 프란시스회에 의해 언급되기 시작한 이것은 다른 모든 수도 공동체에도 파급되었다. 자매 공동체들 모두 역시 형제 수도회와 같은 규칙을 따랐으나, 교회의 감독의 강도는 좀 느슨한 규칙이 (따로) 주어지기도 했다.

　어떤 규칙에 묶이지 않은 자유로운 자매 공동체들은 이단의 의심을 받았다. 공인받은 규칙을 따른다는 것은 공인받은 수도회의 보호를 의미하는 것이었고, 이것은 곧 이단의 의심에서 벗어난다는 것을 의미했다. 이는 중세의 수도회에 관한 사람들의 생각이 낳은 결과였다. 이때 규칙이 구체적으로 어떤 규칙인가 하는 것, 즉 도미니크의 규칙인가, 프란시스의 규칙인가, 아니면 어거스틴의 규칙이나 또는 옛날의 어떤 수도회의 규칙인가 하는 것은 별 문제시되지 않았다. 외부적으로 나타나는 삶의 모습은 어떤 것이든 거의 비슷했기 때문이다. 어떤 규칙을 택하느냐 하는 것은 주위에 어떤 형제 수도원이 있느냐는 것이 중요한 변수였다. 주변의 형제 수도원에서 이 경건한 자매들은 자신들의 일원으로 받아들이기로 동의하면 이 형제 수도회가 가진 규칙을 그대로 따랐기 때문이다. 그렇다고 형제 수도회들이 자매 수도회를 자신들의 계보로 받아들이는 데 항상 흔쾌히 동의했던 것은 아니다. 도미니크 수도회는 1228년 총회에서 자신들의 수도회에 새로운 자매 수도원을 받아들이는 것을 원칙적으로 금지한다고 결정했다. 시토 수도회 역시 같은 해에 같은 결정을 내렸고, 프란시스단 또한 자매 수도사들에 대한 특별 배려 의무(*cura monalium*)를 없애 버렸다.

이러한 것들은 사실 자매 수도원 문제를 놓고 수도회와 로마 궁내관들 사이에 벌어진 논쟁의 결과였다. 이것을 최종적으로 종식한 것이 교황의 명령이었다. 1245년 이노센트 4세는 자매 수도회가 형제 수도회에 편입되는 것을 규칙화했고 동시에 형제수도원들이 그들에게 부속된 자매 수도회들을 책임질 것을 명령했다.

수도회는 13세기에 또 다른 변화와 새로운 성공적 요소를 경험했다. 탁발 수도회에서 분명히 나타나는 것은 여러 수도회가 수도회의 원래 목적보다는 부차적 목적에서 독특한 특징을 보여 주었다는 것이다. 새로이 건립되는 몇몇 수도회는 오히려 이 부차적 목적을 설립 목적으로 내세웠다. 이것을 가장 잘 나타내 보여주는 것이 소위 "병원 수도회"(*Hospitalorden*)이다. 도움이 필요한 이웃을 돕는 것은 수도원의 고유한 이상 중 하나였다. 또한 초기의 동방 은둔 수도원에서도 이런 것은 당연한 활동으로 전제되어 있었다. 수도원 역시 자신들이 세상과 단절되어 있다고 하면서도 이 기본 이상을 소홀히 한 적이 없었다. 나그네를 대접하는 공간과 병자를 돌보는 것은 초창기부터 수도원의 당연한 기본 시설이었다. 하지만 구제를 받는 사람들은 보통 수도회 회원으로 제한되어 있었고 다른 사람들에게는 산발적으로 허용되었다.

수도원 역시 자신들을 대중 구제 기관이라고 생각하지 않았다. 하지만 중세의 변화된 상황은 수도원의 구제 활동 역시 다른 모습으로 바꾸어 놓았다. 십자군 시대를 낳은 시대는 순례하고 있는 순례자와 병자들을 돌보는 것을 목적으로 한 수도회가 생겨나게 했다. 실제로 기사단의 중요한 과제 중 하나가 이것이었으며, 기사단 역시 원래의 병원 수도회가 다른 모습으로 변모된 것이었다.

하여튼 유럽에 나타난 순례 문화는 타지 사람들과 병자들을 돌보기 위한 기관들이 계속해서 생겨나는 계기를 마련했다. 순례자가 지나는 길 근처에 있던 많은 수도회가 이 과제를 떠안았다.

또한 이런 기관들은 도시들이 성장함에 따라 생겨난 가난한 사람들과 일반 병자들에 대한 문제에도 점점 더 깊이 개입하게 되었다. 이런 활동은 지금까지도 교회의 당연한 활동으로 여겨져 왔으므로 이런 진행은 필연적이었다. 기독교인들의 자발적 사랑의 활동의 결과였던 구빈원은 정규적으로 제도화된 기관으로 된 것으로 보인다.

이런 과정은 구빈(救貧) 활동이 시 전체의 문제가 되고, 그 결과 구빈원들이 공영화되면서 이루어졌다. 이렇게 제도화된다는 것은 구빈원이 수도원화 되는 것이기도 했다. 종교적 형제단들(수도원들)은 이미 존재하고 있는 구빈원들을 지도하고 지원하는 의무를 넘겨받거나 새로운 구빈원들을 세우기도 했다. 공동체와 구빈원들이 함께 묶이면서 보통 구빈원 역시 수도회 선서를 하고 수도원 공동체의 하나가 되는 식으로 서로 연결되었다. 대부분 어거스틴 규칙을 따르는 많은 수도회는 이렇게 구빈원에서 시작되어 수도회로 바뀐 것들이다. 다른 공동체들 역시 여러 지역에서 탁발 수도회의 생활 양식을 따라 세워졌고, 이들 또한 구빈 수도회가 폭넓게 확산하는 데 커다란 역할을 했다. 여기에 속한 수도회로 1198년 몽트펠리(Montpellier)에 세워진 성령 구빈 수도회가 있다. 이 수도회의 수사들은 다음과 같은 서약을 했다.

> 나 누구는 하나님과 선하신 마리아와, 성령과 무소유 하신 우리의 주님께 나 자신을 온전히 드리기로 서약합니다.
> (*Ego N., offero et trado me ipsum Deo et beatae Mariae, et Sancto Spiritui et dominis nostris infirmis.*)

병자들을 돌보는 일을 하던 이 수도회는 프랑스, 이탈리아, 남 독일에서 널리 퍼졌다. 프랑스에서는 이전에 이미 성 안토니의 병원 수도회가 세워져 있었는데, 13세기에 어거스틴 규칙을 받아들였고 구빈과 병자들을 돌보는 일을 하고 있었다.

당시의 시대적 사회 문제를 과제로 한 수도회 공동체들은 다른 일에도 눈을 돌렸다. 이것의 하나가 12세기 아비뇽에 세워진 수도원으로 이들은 특별히 다리를 놓는 것이 그들의 목적이었다. 또한 이 수도회 이전에 이 목적으로 만들어져 있었던 자유 시민 계급의 형제 모임 공동체를 배경으로 하고 있다. 어떤 특별한 목적으로 위해서 만들어지는 이런 모임의 근본적 배경은 종교적 동기에서 출발하고 있었고, 그래서 결국은 정형화된 수도원으로 바뀌는 것이 계속되었다.

중세의 수도원 파급 지역은 13세기 말에서는 극도로 확장된 모습을 보였다. 두 번째 서열로 물러나 있던 이전의 수도원들 외에 새로운 수도회가 많이 등장해 있었다. 이들은 수도원끼리의 지역의 한계를 넘은 인적 관계를 통한 결합, 엄격한 조직 체계와 중앙 관리 체계를 특징으로 하고 있었는데, 이들은 규칙과 이름, 복장에서는 서로 차이가 있었으나 수도원에서의 삶이나 활동에서는 별 차이 없이 서로 아주 비슷했다.

수도 공동체들이 다양하게 나타났다는 것은 세기의 마지막 시기인 이 당시에 수도회 사상에 변화 적응 능력과 다양한 현실적 적응 가능성을 새로이 보여준 것으로 이해할 수 있다. 모든 수도회이 구속력 있는 유일한 최종적 규범으로 복음에 근거하고 있음을 내세우고 있었는데, 이 복음서가 스스로 보여주고 있는 바는 복음적 삶이란 여러 가지 다양한 구체적 현실이 있을 수 있음을 보여주고 있었다.

스테판 무렛(Stephan Muret, 1124년 사망)은 탁발 수도회가 생겨나기 이전에 벌써 그가 세운 수도원을 위해 썼던 규범에서 복음과 규칙의 관계에 대해 다음과 같이 피력해 놓고 있다.

"사랑하는 아들과 형제들이여, 생명으로 인도하는 길은 좁고 가파르다. 그러나 하나님의 집은 크고 넓으며 광대하다. 가장 높으신 아버지께로 가는 길은 여러 가지가 있어서 우리는 그 중에 하나를 택할 수 있다. …이런 여러 가지의 길에 대해서는 여러 교부들이 추천해 주고 있는데, 이것은 바로 우리가 성 바실리우스 규칙, 성 어거스틴 규칙, 성 베네딕트 규칙 등이다. 하지만 이 규칙들이 수도원 삶의 원천은 아니다. 이들은 파생되어 나온 것이기 때문이다. 이들은 뿌리가 아니라 가지이다. 믿음과 구원을 위해서는 모든 규칙 중 하나의 규칙밖에 없으니 이는 첫째의 것이요 근원적인 것이다. 그리고 이 원천으로부터 모든 다른 규칙들이 마치 샘에서 나오는 작은 개천처럼 흘러나온다. 이 근원이 되는 규칙은 바로 복음이다. 이 복음에서 우리는 서로 다른 규칙에 있는 개별 상황에서 우리에게 주어지는 가장 근본적 규칙을 발견한다. 여기에는 예외가 없다."

이렇게 복음에 근거하고 있다는 생각은 모든 수도회에 공통적인 것이었다. 하나의 복음은 여러 종류의 서로 다른 눈으로 읽혀지고 서로 다른 귀에 들리게 되고, 이와 함께 특정한 인간 공동체에 대한 적응에서는 복음을 따르는 삶(vita evangelica)의 독특한 외양의 모습을 보여주고 있는 것이다. 이런 특징은 설립자가 쓴 규칙에서 나타나고, 각각의 수도회들이 당면해서 규칙으로 되어가게 한 구속력 있는 확정적 법규에서 나타났다.

수도회 같은 이런 커다란 연합체가 오랫동안 흔들림 없이 지탱할 수 있었던 것은 복음에서 읽어 낸 삶의 양식을 법적, 예전적으로 객관화시킴으로써 가능했다. 즉 복음서에서 읽어 낸 삶의 양식을 객관화시킴으로써 모든 주어진 조건적 상황에서 복음적 삶의 양식이 무조건적으로 통용될 수 있게 했고, 그 위에 모든 인격적 권위를 제도로 만들어 냄으로써 가능했던 것이다.

제7장

중세 후기의 수도원

　네덜란드의 문화 역사 학자인 호이징거(J. Huizinga)는 14, 15세기를 "중세의 가을"이라고 했다. 이러한 이름을 붙이는 것은 이 시대를 나타내는 일반적인 명칭인 "후기 중세"라는 이름을 더욱 분명하게 나타내 준다. 후대라는 것은 몰락과 퇴락이 진행되었다는 관념과 밀접히 연관되어 있다.

　하지만 역사상에 나타난 어떤 시대에다 특징을 나타내는 이름을 붙이는 것은 항상 나중 시대에 일어나는 일이고, 이때에는 이름 붙일 당시의 시각과 판단 능력을 갖고 과거를 돌이켜 보는 것일 수밖에 없다. 그러므로 14, 15세기에 이런 이름이 붙었다는 것은 이 세기들이 중기 중세의 사회 형태가 해체되는 것이 특징이라고 보고 있다는 것을 알려준다.

　이러한 해체의 경향 속에서 중세 중기에 생겨났던 생활의 형태들은 이런 생활 형태를 생겨나게 했던 근거를 상실해 갔고, 이전에 이런 생활 모습을 낳던 틀은 붕괴되었다. 이런 진행은 수도원 공동체들에 불안정과 무기력에 빠지게 했는데, 이런 것은 현실 적응에 어려움을 겪고 있었던 옛 수도원들에 특히 심했다.

해체적 경향은 모든 것을 하나로 묶어 포괄적인 단체로 만들어 가던 중기 중세적인 수도회 사고에도 영향을 발휘했다. 개개의 수도회들이 독자적인 교회의 한 지체나 단체가 되었다. 수도사, 성직자 수도사, 탁발 수도회들, 그리고 그들 외에 지금까지 옛날의 수도원에서 관장하던 교육 기관과는 관계없이 성장한 대학들과 학교들이 이제 경쟁 관계에 들어가게 되었다.

14세기 말 서방이 두세 명의 교황하에 있는 분열된 교회의 모습을 보여 주었을 때 이 분열은 각각의 수도 공동체에서도 나타났다. 또한 강하게 불어닥친 당시의 국가주의도 대형 수도원들이 가진 국제성을 공격해서 수도 공동체들이 국가의 경계 안에 머물도록 강요했다.

14세기 중반에 유럽을 강타한 페스트 역시 수도원과 공동체들에 심각한 타격을 주었다. 프랑스에서는 소위 백년 전쟁이 수도원을 황폐화시키는 역할을 했다. 이런 요인들은 서로 얽혀 있었기는 해도 수도원 내부에서 원인을 제공한 것은 분명히 아니었다. 하지만 이런 것들은 수도회들의 전통적 삶의 상태를 그 근본에서 위협해 왔다. 여러 가지 다른 다양한 양태를 가지긴 했으나 수도사들이 용감하게 세상을 등졌다는 것은 분명한 사실이었다.

그러나 어쨌든 이들의 실제적 삶은 다시 세상과 연관을 맺어야 했고, 그래서 그들은 그 시대의 행과 불행을 함께 하지 않으면 안 되었다.

옛 수도회에 속한 대형 수도원들에는 봉록과 관련해서 새로운 적이 나타났다. 대수도원이 성직록으로 간주되어 수도회와는 전혀 관계가 없는 평신도나 교직자들에게 넘겨진 것이다. 이론상으로는 이 성직록을 가진 자는 봉록원장으로서 수도원의 재산을 관리하고 보호할 책임을 져야 했다. 하지만 대부분의 경우 이 성직록 소유자는 수도원 공동체의 정신적 관심사에는 아랑곳하지 않고 수도원 재산을 개인적 관심에 따라 사용했는데, 이는 수도원을 빈한하게 했고 쇠락하게 했다. 그러자 수도원은 물질적으로나 정신적으로 약해졌고, 이는 이탈리아, 프랑스, 스페인의 수도원들을 황폐화시키고 말았다.

외부로부터 밀려온 쇠락과 해체의 기운에 대해서 수도원들이 취할 수 있는 태도는 여러 가지였다. 압력에 굴복하는 경우를 생각할 수 있는데, 이 경우는 수도원적 엄격함의 틀과 훈련을 포기하고, 계약을 통해 안전장치를 마련하는 사유재산제를 도입하는 것으로—물론 아주 조금씩 진행되긴 했지만—어쨌든 원장과 행정 담당자들을 시작점으로 해서 공동체적 삶을 서서히 와해시켰다. 이러한 과정이 만들어 내는 최종적 결과는 수도원 거주 지역이 지도상에서 사라져 버리는 것이었다.

이런 일은 재산이 거의 없는 작은 소규모의 수도원들에 특히 많이 발생했다. 그렇다고 결과가 항상 이런 식으로 끝나야만 하는 것은 아니었다. 어떤 경우는 수도원이 변모해서 새로운 기관이 되어 수도원을 마감하고 새로운 시작을 하는 경우도 있었다. 이 경우에 이런 기관의 재산이 된 수도원 재산은 개인적인 성직록 관리자의 손에 넘어가거나 또는 새로운 상황을 통해 자유로운 신분으로 새로운 기관의 주인이 된 수도사들에게 분배되기도 했다. 이런 과정은 몰락과 쇠퇴가 보여주는 일반적 과정이다.

그러나 이것이 전부는 아니고 후대에 봤을 때 새로운 시작을 위한 씨를 뿌리는 것들도 있었다는 것이 설명되어야만 한다. 옳았던 옳지 않았던 많은 수도원이 자신들이 가지고 있던 전통적 삶의 방식을 지켜 내기 위해 노력을 기울였다. 그들은 새로운 상황에서도 살아 남기 위해서 새로운 시대에 부응해서 생겨난 수도회들의 관심사와 또 시대가 요구하는 영성을 자신들의 공동체에다 받아들였다.

탁발 수도회들에서는 중앙집권적 지도 체제와 엄격한 조직 체계가 공동체가 계속해서 확장되기 위한 강력한 수단이었다. 시토 수도회와 쁘레몽뜨레 수도회 같은 새로운 수도회의 시작점을 열었던 수도회들까지도 비슷한 조직 체계를 시도했다.

교황 베네딕트 12세(Benedikt XII 1334-1342)는 그 자신이 시토회 수도사였음에도 1356년에 『베네딕티나』라는 개혁 칙령을 내려 이전의 수도회들을 지역 체계로 바꾸도록 명령했다. 이에 따라 예를 들어 베네딕트 수도회의 경우 30개의 지역화로 나누어졌다. 3년마다 지역 총회가 개최되어야 했고, 여기서 정해진 시찰단이 개별 수도원들에 관한 조사 보고서를 제출하도록 했다. 수도사들이 대학에 가서 공부하는 것이 의무화되었다. 이런 결정을 하게 된 것은 탁발 수도회 활동이 큰 자극을 주었기 때문이다.

이러한 일방적인 결정들이 전체적으로 훌륭한 결과를 맺었다고 보기는 어렵다. 몇몇 수도원들에서 지역에서나 수도회들에서 서로 함께 연합체를 구성하는 것이 수도원 갱신을 위한 중요한 수단이라는 개혁적 요구가 계속해서 나타났다.

1419년 파두아에 있던 성 기우스티나 수도원의 원장이었던 루드비히 바르보(Ludwig Barbo)가 이러한 개혁적 입장에 있는 수도회들을 소집했다. 이 모임이 의도한 것은 강력한 중앙 집권제로서, 그들이 결정한 것은 매년 총회로 모이되 이 총회가 최고의 권력 기구가 되는 것이었다. 각 수도원의 원장들은 이제 더 이상 독립적인 지도자가 아니라 종속되어 있으며, 더구나 매년 새롭게 선출되는 상위자가 되었다. 이것은 실상 베네딕트의 규칙과는 일치하지 않는 결정이었다. 그러나 이런 체제야말로 공직봉록이라는 위협에 맞설 수 있는 가장 실질적 무기였고 수도회의 고위 지도자들을 공동체로 굳게 재결합시켰다.

이렇게 해서 만들어진 수도원 연합체의 삶에다 바르보와 그를 뒤이은 후계자 원장은 밖으로부터 온 것이긴 하지만 중요한 자극점을 주었다. 이들은 당시에 네델란드의 평신도를 중심으로 일어난 *Devotio Moderna*(새로운 경건)라는 경건의 실제와 독일 신비주의를 수도원에 도입했다. 거기에 더해서 이 수도원들은 학문적 연구에서는 이탈리아의 인문주의자들과 선을 대었다.

이러한 진행 과정은 이 시대의 대부분의 수도원들을 하나로 묶는 역할을 했고, 15세기 말에는 스페인까지 하나로 묶게 만들었고, 이 스페인에서는 이런 경향에 대한 유력한 옹호자인 가르시아 데 시스네로스 폰 몽테라트(Garcia de Cisneros von Montserrat, 약 1510년) 원장을 낳기도 한다. 그는 이 새로운 경건의 모습을 잘 이해했고, 그 결과물이 그가 출판한 책인 *Exercitadorio de la vida spiritual*이다.

이 개혁을 프랑스까지 확장시키려는 노력은 특별한 결과를 맺지 못했다. 이와는 달리 독일어 권에서는 개혁의 노력이 일깨워졌다. 콘스탄츠 종교회의가 열리고 있던 1417년에 수명의 원장이 모여서 교황의 개혁 칙령이었던 *Benedictica*를 근거로 한 베네딕트 수도원을 위한 개혁 프로그램을 협의했다.

하지만 이러한 중앙 집권적 개혁은 하나의 흐름으로 형성되지는 못했다. 개혁이 성공적인가의 문제는 여러 개별 수도회들이 직접 시도하는 개혁 노력에 달려 있었고, 그래서 개개의 수도원들이 폭넓은 갱신의 근원적 보루가 되었다.

이런 보루에 속하는 수도원이 카슬(Kastl) 수도원이다(오버팔츠 지역). 이 수도회에서 개혁의 노력이 시작된 것은 14세기에 원장으로 있던 헤르만(Hermann, 1322-1356)이 수도원의 경제 문제를 개선하면서부터였다. 세기 말쯤 원장 오토(Otto)는 카슬 수도원의 (개혁적) 고유 생활 양식을 확립했다. 이런 분위기를 더욱 활성화 시키는 것들이 복합적으로 나타났다. 이탈리아의 수비아코(수도회), 보헤미아의 브레브노프(수도회)로부터, 그리고 다른 곳—이탈리아의 개혁 같은—으로부터 왔는데, 이는 이전의 수도원들에서 생겨난 것이 아니라 당시의 세속적 경건으로부터 온 것이다.

카슬 수도원의 원장 요한네스는 많은 저술을 통해서 수도원의 개혁을 위한 풍성한 영적인 토양을 제공했는데, 그의 개혁 프로그램은 옛 것과 새 것을 묶어 경건한 인문주의라는 틀로서 수도원적 경건을 현대화시키고자 하는 것이었다.[1]

카슬 수도원은 수도원들의 연합체를 만들지는 않았다. 그러나 이들이 만들어낸 생활 양식은 점차 바이에른의 여러 수도원들에 확산되었다. 바이에른의 수도원들 가운데 카슬 수도원 외에도 오스트리아의 멜크 수도원에서 시작된 개혁이 많은 영향을 미쳤다. 멜크 수도원 역시 수비아코의 수도원 출신의 수도사들에 의해 개혁되었다. 원장 니콜라우스 소이링거(Nikolaus Seyringer, 1425년 사망)는 멜크 수도원식의 생활 양식을 다른 수도원들이 따르도록 하는 데 성공했다. 오스트리아와 헝가리 및 폴란드의 수도원들 다수가 멜크 수도원의 규범을 따랐다.

바이에른에서는 테게른제 지방이 멜크 수도원식의 개혁이 전파되는 중심지 역할을 했고, 슈바벤에서는 울름 지방의 비블링겐 수도원이 중심 역할을 했다. 이런 활동들은 전체적으로는 멜크 수도원의 생활 양식을 따르는 것이긴 해도, 전적으로 개별 수도원들의 자유의사에 따른 것이었다.

그러나 이런 전체적 결합은 15세기 동안에 독일 남부 지방과 오스트리아 지방의 많은 수도원을 한 정신으로 묶어 주었으며, 이는 "중세

---

[1] J. Sudbrak, *Die Geistliche Theologie des Johannes von Kastle*(München 1967).

의 가을" 중기에 나타난 옛 전통에 머물던 수도원들을 새롭게 개혁하고자 했던 의지들이 얼마나 강했는지에 대한 분명한 증거가 된다.

마침내 베저의 부르스펠트 지방에서 독일 베네딕트 수도원의 세 번째 개혁수도회가 나타난다. 요한네스 데데롯(Johannes Dederoth)이 1433년 이곳의 원장으로 취임했다. 그는 이곳에 원장으로 오기 전에 이탈리아 개혁을 배웠고, 원래 카르투지오 수도회의 분원장이었다가 베네딕트 수도회 원장으로 취임한 트리어의 성 마티아스 수도회 원장 요한네스 로데 밑에서 개혁의 주도 세력을 모았었다.

이 부루스펠트를 근거지로 해서 독일 북부 지역과 남서 지역의 수도원들에도 개혁 사역이 널리 퍼져 나갔다. 위에서 언급했던 베네딕트 수도회의 두 개혁 그룹에서 해 내지 못했던 것을 부르스펠트는 해 냈다. 즉 엄격하게 조직화된 연합회를 형성해서 각 수도원의 원장들이 매년 총회로 모이도록 했던 것이다(1530년에 94명의 원장들이 모였다).[2]

이런 중요한 개혁 시도에도 역시 여러 요인이 복합적으로 작용했다. 개혁의 계기는 실제상 대부분 밖에서 왔다. 교회를 통해서 영향받는 삶이 일반적으로 쇠퇴되어 있는 것을 체험하는 상황은 바로 곳곳에서 "머리와 지체 모두에 개혁"이라는 개혁 구호가 터져 나오는 계

---

2) 이 시대의 베네딕트 수도회 역사에 관해서는 Ph. Schmitz, *Geschichte des Benediktinerordens* 3(Einsiedeln 1955) 비교; 가장 좋은 방법은 개별 수도회의 역사를 다로 살펴보는 것일 것이다. 독일어 번역으로 된 것으로는 *Germania Benedicktina*(Ausburg 1970 ff.) 비교.

기를 마련하는 것이었다.

　15세기의 종교회의들은 개혁 종교회의였고, 모든 사람들 또한 수도원들의 개혁이 급박하다고 한 목소리로 주장했다. 로마의 궁내관들이 이 주장을 수용했다. 추기경 니콜라우스 폰 쿠에스(1464년 사망)가 수도원의 개혁에 특별히 열정적 노력을 기울였다. 하지만 로마의 궁내관들이 단독으로 수도원이나 수도회를 바꾸기는 역부족이었다. 지방 영주들이 이 개혁 운동을 방해할 수도 있고 도움을 줄 수도 있었다. 위에서 언급된 베네딕트 수도원의 개혁 운동에는 지방 영주들의 도움이 큰 역할을 했다. 개인적 경건에서 비롯된 교회 개혁을 위한 계발적 요소들이 수도원 개혁에 좋은 영향을 미친 것이다.

　세 번째 요소는 새로이 더 깊은 종교적 삶의 경지를 요구하던 평신도 경건이다. 이는 영적인 삶이 개별적이고 개인화 됨에 따라 나타난 당연한 현상이었고, 또 이 시기는 *Devotio Moderna*(새로운 경건) 운동이 폭넓게 영향을 미치면서 종교적 삶으로 이끌던 시기였다. 개혁 의지를 갖고 있던 수도원들은 새로운 종교적 삶으로 들어가기 위해 이런 종류의 경건을 받아들였던 것이다.

　이 새로운 경건이 시작된 곳은 네덜란드였다. 게하르트 그로우테(1384년 사망)가 이 운동의 창시자이다. 그는 회심 이후 열정적인 종교적 삶을 살았다. 이러한 삶은 그를 참회를 가르치는 설교자로 나서게 했고, 그의 설교는 폭 넓은 영향을 미쳤다. 그에게서 우리는 성경의 (의미를) 발견해 내고, 13, 14세기의 위대한 신비주의자들이 쓴 작품 내용들, 특히 독일 신비주의의 대가와 또 종교적 삶을 제대로 내면화시킨 분명한 통찰력 등이 종합해서 흐르고 있는 것을 알 수 있다.

대중화 되어간 이 경건 운동이 의도하는 것은 특별한 힘을 부여받는 체험을 하게 하는 것이었다. 구체적 내용은 분명한 자기 억제와 실제적 이웃사랑을 요청하는 것이었다. 그러므로 토마스 아 켐피스(Thomas von Kemten, 1380-1471)는 경건 운동을 대표하는 저작으로 가장 많이 알려져 있는 그의 책 『그리스도를 본받아』(Imitatio Christi)에서 여기서 말하는 경건이란 "회개의 개념을 알므로써 사랑의 회개를 체험하고자 하는 것, 대화를 통해서 하나님의 삼위일체를 가르치고 겸손함으로 삼위일체 하나님께 기쁘게 봉사하도록 하는 것"이라고 기록하고 있다.

여기서 우리는 이 운동 역시 12세기의 복음주의 운동에서와 마찬가지로 시작점이 평신도 운동과 관계가 있다는 것을 알 수 있다. 즉 처음 단계는 대중적으로 확산되었고, 다음 단계에서는 여기에 관계된 사람들이 종교 공동체로 모여들게 되었다. 이런 모임에서 "함께 생활하는 형제와 자매들"이 생겨났다. 여기서 나타난 공동체가 형태상 새로운 것이었음에도 불구하고 적극적, 종교적 삶이란 고정된 양식으로 조직화된 공동체에 소속되어 있어야 한다는 전통적 신념이 계속해서 사람들의 고정 관념이었다.

새롭게 생겨난 공동체인 형제의 집, 자매의 집에서는 가르치는 활동(출판 포함), 목회, 구제 활동을 통해서 필요한 생계비를 벌었는데, 이들은 전적으로 공동체적 삶의 형태를 가지고 있었고 전통적 수도원의 모든 요소를 그대로 갖고 있었음에도 신조는 갖고 있지 않았다. 적대적 대우도 받았고 이단의 의심도 받았음에도 이 공동체 모임들은 특히 시작되었던 지역과 그 주변 지역인 북 독일 지역과 라인 지방에 확산될 수 있었다. 이 공동체들은 종교 개혁기까지 이 지방에서 계속 지탱할 수 있었다.

루터도 마그데부르그(Magdeburg)에 있었던 이 공동체 계통의 학교에서 잠시 공부했는데, 그는 이 공동체에 관해서 이렇게 말하고 있다.

> "만일 모든 정황이 이 형제들의 집들이 하고 있는 것처럼 하고 있었다면, 모든 교회는 이런 삶을 통해서 이때 이미 축복 받은 상태가 될 수 있었을 것이다."[3]

공동체가 독자적으로 생겨났다는 것보다 더 중요한 것은 새로운 경건(devotio moderna)이다. 이는 이 운동이 유럽의 수도회 역사에서 전통적 수도회에 미친 영향 때문이다. 이러한 관계는 특히 베네딕트 수도회가 해당된다. 또한 시토 수도회에서 역시 비슷한 영향을 미쳐서 "네덜란드에서의 시토 수도원의 성직자 형제단"의 설립을 낳게 했다. 여기서 또한 이 새로운 경건 운동이 개혁의 토대와 통일체적 연합의 토대를 만들어 준다.

새로운 경건은 어거스틴 성직자 수도회와 카르투지오의 상황에 특별한 영향을 미쳤다. 가장 먼저의 것은 1387년에 설립된 "빈데스하이머 회의"이다. 이 이름은 성직자 수도회 입장을 따라 어거스틴 규칙을

---

3) RGG 1. 1435.

규범으로 한 수도회가 있던 쯔볼게 지역의 빈데스하임(Windesheim)을 좇아 명명된 것으로, 수도회적이었지만 실생활에서는 G. 그로우테와 그의 제자들이 가졌던 경건으로 특징지어지는 영성을 따랐다. 이런 새로운 설립은 그들의 개혁 성향을 옛날 수도회들에(독일에서도 역시) 넣어 줄 수 있었고, 이들은 전체로 합쳐져서 하나의 확고한 연합체로 결성되게 된다.

11세기 이래 자신들이 살아 있던 카르타우쎈(Kartausen) 지방에 조용히 머물고 있던 카르투지오(Kartäuser) 수도회는 중세 후기에 가서는 아주 널리 확장되어서 높은 명망을 얻게 되었다. 14, 15세기는 이 수도회가 가장 널리 확장된 시기인 동시에 가장 폭넓은 영향을 미친 시기였다.

새로운 경건(devotio moderna)과 독일 신비주의는 카르투지오 수도회에서 관심을 끌 만한 거점 지역을 발견했고, 이 요소는 이 수도회를 급작스럽게 특별한 매력을 가진 현대적 종교 공동체로 만들었다. 처음 설립될 때와는 반대로, 이 시기의 카르투지오회는 도시 근교에 자리잡고 있었다. 이러한 도시형 카르투지오회는 특별히 독일에 널리 퍼졌다(쾰른, 마인츠, 트리어, 프라이부르크, 바젤, 스트라스부르크 등). 그 외에 파리, 런던, 로마에도 이런 도시형 카르투지오회가 있었다.

인문주의에 의해 고양되어진 시민 계급은 도시 지역을 근거로 나타난 학식을 갖춘 수도사들을 도왔고, 영주들은 설립자로 나섰으며, 또한 자신들이 묻힐 곳으로 카르투지오회를 지정했다. 예를 들면, 디욘 지방의 카르타우세 캠프몰의 부르군도 공작들은 이곳을 유명한 예술가인 클라우스 슬루터의 작품으로 장식하도록 했다.

탁발수도회들과, 이러한 탁발수도회를 모방해서 세워진 다른 수도 공동체들이 역시 13세기의 수도원 세계를 지배했다. 옵세르반츠 남자 수도회(Observanz)와 옵세르 여자 수도회(Obser)를 위한 이 탁발수도회들의 연합체가 간과되어서는 안된다. 이것들은 일반 대중들에게 결정적 영향을 미쳤다.

중세 도시의 가장 영향력 있는 설교자들은 도미니크 수도사들과 프란시스 수도사들이었다. 안토니우스 폰 파두아(Antonius von Padua, 1231년 사망), 다비드 폰 아우구스부르그(David von Augusburg, 1272년 사망), 베르트홀트 폰 레겐스부르그(Berthold von Regensburg, 1272년 사망), 휴고 폰 디그네(Hugo von Digne, 약 1250년 사망), 뮌스터 사람인 디트리히 코엘데(Dietrich Coelde, 1515년 사망), 또한 15세기에 옵세르반츠 운동의 강력한 옹호자들로서는 일단의 프란시스 수도사들이 언급되어야 한다.

도미니크 수도회의 옹호자들로서는 스테판 폰 버본(Stefan von Bourbon, 1261년 사망), 디트리히 폰 프라이베르그(1310년 이후 사망), 히아친트 폰 크라카우(Hyazinth von Krakau, 1257년 사망), 빈첸츠 페러(Vinzenz Ferrer, 1419년 사망), 그리고 플로렌스의 웅변가 사보나롤라(Savonarola in Florenz, 1498년 사망) 등을 들 수 있다. 이 사람들 및 많은 탁발수도회 출신의 설교가들은 스콜라적인 설교 방식을 벗어나 생활에서 겪는 체험과 관련시켜서, 구속사와 날카로운 시대 비판의 예를 들어 설명함으로써 깊은 영향을 주고자 하여 지방 방언을 사용한 대중 설교의 방식을 취했다.

건축학적인 개념상 이미 교회 기능을 하도록 만들어진 탁발수도회의 수도원 교회들에서 설교가들은 설교 예배를 위해서 도시 민중들을 모았다. 탁발수도회의 여자수도회는 독일 신비주의가 길러지고 자라나는 토대 역할을 톡톡히 했다. 여자 수도사들을 가르치는 교사들은 남자 수도사들이었는데, 이들의 신비주의적 가르침은 종종 풍성한 열매를 맺었다. 이런 예는 스위스의 도미니크 자매 수도원이었던 퇴스(Töss)에서 특히 잘 나타나고 있다. 이 당시의 독일 여성 수도원들에서 특징적으로 나타나던 요소들은 다른 나라들에서도 동일하게 나타났다고 할 수 있다.

대학의 신학대학에서는 탁발수도사들이 아주 짧은 시간에 주요 세력으로 등장했다. 일반 목회자들의 저항이 극복하기 어려울 만큼 거세기도 했지만 13세기의 위대한 학자들인 토마스 아퀴나스와 보나벤츄라는 다음 시대에도 계속 그들의 수도회에서 계승자를 길러 내어 신학적 전승을 이루어 독자적 학파를 형성했는데(토미즘, 프란시스학파), 14세기에는 어거스틴 학파가 독자적 학파를 형성해서 토마스 아퀴나스와 보나벤츄라의 신학이 이들 어거스틴파 은둔수도사들에 의해 보존되고 계승되었다.

대학에서 이들 수도회의 대표자들은 학파 신학을 형성해 냈고 이들은 유명론이라는 이름 하에 연구를 하면서 고전적 스콜라 신학을 옛 방법(*via antiqua*)이라고 분리하고 새로운 방법(*via moderna*)이라는 길을 열었다.

중세 후기에서의 탁발수도회들의 다양한 활동은 커다란 영역에 미치고 있다. 그들의 활동 중에서 오늘날의 은행 대출 제도와 차용 제도의 선구자들인 프란시스단의 몬테기에타티스(Montesgietatis)가 있고, 또한 무엇보다도 수도회의 회원들은 비 기독교 국가들에게도 가도록 하여 선교사의 새 장을 열기 위한 초석을 놓은 선교 사역이 특별히 눈에 띄는 것으로 평가받는다.

수도회들의 활동이 이렇게 다양한 국면에 미쳤다는 것은 수도사 이상이 갖는 풍성함을 나타내 보여주고 있다. 수도원과 수도회는 이들이 가진 속박되지 않음, 가변성(*beweglichkeit*), 또 적응 능력(*anpassungsfähigkeit*)의 특성으로 인해서 무리 없이 교회적인 기능을 수행하는 무리가 되었다. 존재로서의 우위권을 가진 것(교회)이 행동으로서 우위를 가지는 것(수도회)에게 자리를 내준 것이다.

그러나 이런 단체의 새로운 설립이 아주 많아지는 것을 로마의 교황청이 호의의 눈초리로 보고 있었던 것은 아니다. 제4차 라테란 종교회의에서 새로운 수도회 설립을 금지한 것은 어떤 특별한 목적이 있어서 한 것은 아니다. 새롭게 설립되는 많은 단체들은 (당시에) 공인되어 있던 규칙 하나를 채택함으로써 생존의 길을 열었다.

하지만 이렇게 되자 교회 내에서 수도회들이 복잡하게 얽히는 혼란을 피할 수 없었다. 1274년의 제2차 리용 종교회의는 새로 생긴 수도회들에 관한 전체적 상황을 의제로 다뤘다. 교황의 칙서 『서로 다른 많은 수도회』(*Religionum Diversitaten Nimiam* 23차 칙령)는 수도회 세계를 새로이 구획정리 하고자 하는 것이었다.

이 종교 회의에서는 그동안 새로 생긴 몇 개의 수도회를 해체하라는 요구까지 결의했다. 하지만 이러한 결정에 대한 수용, 해석, 실행은 오늘날까지도 제대로 지켜지지 못하고 있고, 그래서 어떤 수도회가 실제로 해체되었는지는 알 수 없다. 그런데 몇몇 작은 수도회들과 비교적 큰 수도회였던 "데 푀니텐티에 예수 크리스티"(*De Poenitentiae Jesu Christi*, "예수 그리스도의 참회로부터"라는 뜻으로 보통 "자루 형제들"이라고 불렸다)라는 수도회는 이 결정에 의해 희생된 분명한 경우이다.[4]

이런 종류의 교회가 내린 결정이나 처방에도 불구하고 복잡하게 뒤엉켜 있는 것이 해결되지는 못했다. 어쨌든 기존의 수도회들을 몰락으로 끌고 가는 불편한 상황이 탁발 수도회를 심하게 괴롭혔음이 분명했다.

또한 14세기의 중반에 창궐한 페스트는 각 수도회의 수도사들의 숫자를 현격히 감소시켰다. 어거스틴 은둔 수도회를 보더라도 거의 5천 명이 넘게 줄었다. 이 병이 가져다 준 것은 인력의 손상만이 아니었다. 이 병은 수도회들을 구심점을 잃어버린 무기력한 자포자기 상태로 만들어 놓아서 가뜩이나 침체되어 있던 수도원의 훈련 과정을 침체 상태로 빠트려 버렸다.

---

4) K. Elm, Ausbreitung, *Wirksamkeit und Ende der Provencalischen Sackbrüder in Deutschland und den Niederlanden* = Francia 1(1972) 257-324.

더구나 이때 나타난 유럽 교회의 대분열(교황의 바벨론 포로기—역자 주)은 탁발 수도회들에도 직접적으로 영향을 미쳐서 수도회들이 지역이나 수도회에 따라 여럿으로 분할되는 결과를 낳았다. 또한 바이에른의 루트비히(1314-1347)와 교황 요한 22세(1316-1334) 사이에 일어난 분쟁은 탁발 수도회들에 서로 자기편을 들어 달라고 요구했고, 이 결과 역시 수도회 가족들이 다시 쪼개지는 것이었다. 여기에다 몇몇 수도원들 간에 계속 되어온 해묵은 논쟁들도 멈추지 않고 계속되었고, 또한 탁발수도회와 도시의 사제들 간에도 심각한 갈등이 항존하고 있었다. 다른 한편으로는 엄격한 도덕 체계와 이를 바탕으로 한 기관으로 자리를 갖추고 있었던 수도회들이 이렇게 갈갈이 찢어지게 되자 수도회의 몰락과 자기 손상의 흐름은 계속될 수밖에 없었다.

이런 와중에도 갱신을 위한 흐름들 또한 수도회에 밀려들어와서 개혁을 향한 힘들이 결집되어 있었다. 이런 움직임에서 가장 큰 움직임을 보인 것이 모든 대형 수도원에서 일어난 계율 준수 운동(*observanzbewegung*)이다. 이것의 시작은 설교 수도단의 총무원장이었던 카푸아의 라이문트(Raimund von Capua, 1380-1399)의 주도하에 일어난 것인데, 라이문트는 도미니크 수도회의 수녀였던 시에나의 캐더린(Katharia von Siena, 1380년 사망)에게서 결정적으로 영향을 받고 있었다.

이러한 개혁운동은 개개인의 수도사와 수녀의 독신 격리 생활과 무소유에 특별한 강조점을 둔 것으로 도미니크 수도회에서 콘스탄츠 종교회의 이후에 강조되어 나타났다. 개혁 입장에 선 수도원들은 전체 수도회 내에서도 자기들끼리만 독자적 모임을 결성했는데, 이는 수도회 내의 수도원이 생겨나는 현상으로 나타났다.

어거스틴파의 은둔 수도사들에게 있었던 개혁 역시 같은 과정을 겪었다. 여기서도 역시 공동 삶의 형태의 해체와 개인 소유가 문제의 핵심이었다. 개혁은 개인 재산을 배제하고 수도회의 공동 삶에 전적으로 참여하는 완전한 공동체의 삶(vita communis perfecta)에서의 수도사의 삶(vita regularis)을 요구하고 있었다. 어거스틴 은둔 수도회의 개혁은 이탈리아에서 시작되었는데, 이탈리아에서 시작된 이유는 1431년 설립된 롬바르디아 수도원 연합회가 개혁 의지가 있는 수도회들의 선구자 역할을 했기 때문이다.

독일에서도 몇몇 수도사들이 독자적 개혁 총회(소위 작센 총회와 같은)를 열기에 이르렀다. 이런 독일 개혁 운동의 대표자는 오스나브뤽 사람인 하인리히 졸터(Heinrich Zolter, 1460년 사망)이다. 이러한 개혁 단체에 속하는 것으로 에르푸르트에 있는 수도원에 1505년 마틴 루터가 들어가게 된다.

깔멜 수도회 역시 이렇게 곳곳에서 일어나고 있는 개혁의 기운을 외면할 수 없었다. 다른 여러 공동체들에서와 마찬가지로 개혁의 노력들은 콘벤투알회와 옵세르반츠회로 수도회가 분리되는 결과로 나타났다. 수도회 총수였던 요한네스 소렛(Johannes Soreth, 1471년 사망)은 전체 수도회의 개혁을 위해 노력했으나 지속적인 효과를 거두지 못하고 말았다. 깔멜 수도회 내부에서 있었던 개혁 활동은 16세기에 가서야 열매를 맺게 되는데, 이는 수도회가 나누어져서 새로운 공동체가 생겨 나는 대가를 치른 결과였다. 이 수도회가 개혁 깔멜 수도회이다.

프란시스 수도회에서는 설립자의 이상을 놓고 초기 때부터 있었던 논쟁이 이 시대에 가장 격렬한 논쟁으로 비화했다. 프란시스가 형제들에게 의무로 부여했던 조항인 완전한 무소유의 이상을 지고한 것으로 받아들이기 위해서는 규칙에 관해 교황이 해석하는 것이 필요했다.

이노센트 4세가 1245년 『오르디넴 베스트룸』(Ordinem Vestrum)이라는 칙령을 통해서 마침내 프란시스단의 동산과 부동산 모두를 교황의 소유로 넘겨 받았을 때, 이렇게 사는 가난이란 단지 명문화 된 허구에 불과하다는 비난이 쏟아졌다. 니콜라우스 3세가 1279년 규칙에 관한 설명으로 칙령을 내어 규칙에 관한 진지한 연구를 통해 재산과 사용을 향유하는 권리와 단순한 사용을 교묘하게 구별해 내었지만, 이것이 형제단 내부의 싸움을 해결하지는 못했다.

스피리투알단은 순수 가난의 이상을 옹호했는데, 13세기 말경의 이 무리의 지도자는 페트루스 요한네스 올리비(1298년 사망)였다. 그와 함께 한 무리들은 규칙을 문자 그대로 따를 것을 요구했으며 형제단에게 전적으로 가난할 것, 소위 사용에서까지 가난해야 한다는 "우수스 파우퍼(Usus Pauper)"를 고집했다. 이 수도회 내부에서 일어난 "가난에 관한 문제"(puaestio de paupertate)는 공동체와 스피리투알단을 나누어 버리는 계기가 된다.

그러나 가난에 관한 문제는 이 수도회에만 국한된 문제가 아니었다. 이것은 교황 요한 22세(1316-1334)에서 가시화 되었다. 이 교황은 처음부터 기존 공동체의 편에 서서 스피리투알단을 막고자 했다. 그래서 그는 스피리투알단을 비난하면서 순종이 가난보다 더 우위에 있다고 하고, 그들이 공동체의 지도자들에게 절대적으로 순종할 것을 강요했다. 이 가난 논쟁은 수도회의 담을 넘어 밖으로까지 퍼져 나갔다. 이 논쟁은 곧 그리스도와 제자들이 개인적으로든 함께든 어떤 것도 소유하지 않았겠느냐는 일반화된 형태의 질문으로 요약되어 나타났다. 프란시스단에서는 이 질문에 그렇다고 대답했다. 총무였던 케제나의 미카엘(Michael von Cesena, 1316-1328)은 1322년에 전체 기독교에게 보낸 회람문에서 "그리스도와 사도들이 재산을 아무것도 갖고 있지 않았다는 것이 가톨릭적으로나 올바른 신앙의 가르침으로 맞는 것이다"고 설명했다.

그러나 이러한 명제가 단순히 학자들 간의 갈등이나 수도회 내부에서 일어난 논쟁으로 끝날 수는 없었다. 이것은 단순한 이론 상의 문제라기보다는 대단히 위험한 폭파력을 가지고 위협할 수 있는 현실과 직접적 연관을 가진 문제였던 것이다. 그리스도가 실제로 어떤 재산도 소유하지 않았으며, 어떤 권력에도 연연하지 않았다면, 만일 이것이 사실이라면 그의 대리자라는 교황에게 역시 이것이 요구될 수 있고 또 그렇게 요구해야만 했다. 요한 22세는 바로 그런 이유로 그리스도의 완전한 가난을 요구하는 주장을 이단이라고 선언하면서 프란시스단 소유의 모든 재산에 대한 권리를 다시 돌려 주었다.

이런 조치로 인해서 프란시스 수도회는 존립 자체가 불가능한 상황으로 빠져들었다. 그들의 재산이 사도직을 갖고 있는 교황의 소유로 되어 있지 않다면 규칙에서의 요청 사항은 정당성을 부여받을 수 없었기 때문이다. 또한 (이렇게 되면) 이단이라는 의심이 생길 것이고, 이렇게 되면 존재 자체가 곤경에 처할 것이기 때문이다.

수도회 총무원장이었던 케제나의 미카엘(Michael von Cesena)과 또 다른 수도회 수도사들은 이러한 상황에서 교황에게 등을 돌리고 바이에른의 루트비히에게 의탁해서 그의 추종자들이 되었다. 하지만 이 달갑지 않은 분쟁은 결국 뮌헨에 있었던 루트비히의 왕궁에서 프란시스단을 파문하는 것으로 끝나게 된다.

이렇게 진행되었다고 해서 프란시스 수도회가 이러한 외부적 결정에 따라 입장을 바꾸는 것은 생각할 수 없는 일이었다. 스피리투알 쪽에 속했던 사람들은 떨어져 나갔다. 그들은 이단으로 사라져 갔고, 종교 재판소는 이들을 재판했으며, 그들은 소멸되어 갔다. 프란시스단의 다수를 차지했던 무리들은 이전에 교황이 발했던 규칙에 관한 설명을 근거로 한 수도회 개혁에 착수하고자 했다.

그런데 이런 노력의 와중에 개별 수도회나 전체 수도회가 원칙적으로 무소유의 삶을 천명하고 정기적 수입이나 사유재산을 포기하는 것을 주장하고 규칙 엄수 운동이 수도회 내에서 중지되어 버렸다.

한편 다른 무리에 속하던, 콘벤투알회라고 이름 붙여진, 사람들의 주장은 공동 소유, 수입과 토지 소유를 받아들이는 입장이었다. 개혁은 결국 여러 지역에서 영향력 있는 사람들을 중심으로 따로 진행되었다. 시에나의 베른하르딘(Bernhardin von Siena, 1444년 사망), 카페스트라노의 요한네스(Johannes von Capestrano, 1456년 사망), 사르테아노의 알베르트(Albert von Sarteano, 1450년 사망), 마르크의 야곱(Jakob von Mark, 1476년 사망) 등이 여러 가지의 개혁들을 함께 요약해 내었고 양측 입장의 독자성을 놓고 미래의 진로에 관해서 의견을 교환했다.

초창기에는 엄수파인 옵세르반츠가 전체 수도회 연합에 잔류했다. 그리고 이들을 대표하는 독자적 총무부 원장을 세움으로써 이들이 수도회 내에서 갖는 의미를 알려주곤 했다. 하지만 괜찮아 보이는 이 연합은 단지 외부적으로만 봉합되어진 연합체에 불과했다.

교황 레오 10세(1513-1521)는 마침내 최종 결정을 내려서 이 표면상의 연합을 깨뜨렸다. 1517년 5월 29일 칙령 *Ite vos in vineam meam*(너희는 나의 포도원으로 가라)에 의해서 옵세르반츠(엄수파)는 콘벤투알회와 분리 되었다. 이들은 각각 독자적인 총무원장을 선출했고, 이 결과 프란시스가 남긴 수도회는 두 개의 독립적인 수도회로 나뉘지게 되었다.

중세 후기에는 모든 수도회에서 한결같이 개혁의 움직임이 있었다. 이 시대는 갱신을 향한 노력들이 나타난 시기이기도 하며, 사람들은 여러 종류의 계율을 따르는 많은 수도원에서 살고 있으면서 이런 갱신의 요소들을 받아들였고, 받아들인 요소들은 자신들이 가진 전통적 입장들과 성공적으로 접목시켜서 자신들의 수도회 이상이 공공적인 삶에서도 책임 있는 모습으로 나타날 수 있도록 그들의 삶과 연결시키고자 노력했다.

이렇게 "머리와 지체들"에게서 계속해서 부각되고 요청되었던 교회의 개혁은 수도원 공동체들에서 가장 먼저 목표로 떠올랐다. 물론 기독교의 본질을 잘못 다루고, 왜곡시키고, 잘못 해석하는 것이 전체를 지배하고 있는 가운데서 어떤 교회를 통해서 이러한 개혁을 위한 노력들이 특별한 기여를 할 수는 없었다.

전체로 보더라도 15세기의 수도원과 수도회는 큰 비중을 차지하고 있지를 못했다. 특히 "피곤하게 만드는 생활 모습"(D. Knowles)을 가진 탁발 수도회 수도사들은 비판과 멸시의 대상이었다. 탁발 수도사는 풍자의 대상이 되었다. 중세 후기에 유행했던 패러디(parodie: 형식은 진지한 작품이나 연설 등을 따르면서 내용은 익살스럽게 만든 문학 형식의 하나—역자 주)에서는 탁발 수도사가 단골 대상이 되어 작품들에서 신랄하게 비판받았다.

그러나 14, 15세기에 수도원에는 개혁과 몰락만이 전체 분위기였던 것은 아니다. 여기에는 부패해 가는 수도원들과 타락해 가는 수도회 회원들에 대한 교회 내부에서 나오는 정당한 비판도 한몫 하고 있었다. 이 당시까지 계속해서 있어 왔던 수도원적 삶에 대한 비난이 이 시기에는 특별히 크게 부각되어 나타났다.

수도원적 삶의 정당성 자체가 이제 질문의 대상으로 떠오르고 있었다. 영국 사람 존 위클리프(John wyclif, 1384년 사망)는 결정적인 명제를 몇 개 작성했다. 내용의 첫 출발점은 타락한 수도원들에서 경험한 것들인 지나치게 부유한 대형 수도원, 또 정규의 사제가 하는 목회 활동을 방해할 정도인 도시에서의 탁발 수도사들의 지나치게 바쁜 모습들이었다.

이러한 잘못들에 대해 위클리프가 반기를 들자 동조자들이 있었다.

하지만 판단의 척도는 단지 이 잘못들만이 아니었다. 모든 기독교적인 것, 또 모든 교회적인 것의 최종적 판단 근거는 성경의 권위와 성경에서 가르치고 있어서 모든 그리스도인들이 따르도록 요구받고 있는 "비천한 그리스도"의 권위였다. 그런데 성경은 수도원 제도에 관해서는 어떤 언급도 하고 있지 않다. 성경은 모든 그리스도인들의 유일한 "첫 번째 규칙"(regula prima)으로 모든 다른 규칙에 우선한다는 것만이 확실한 것이다.

수도원 제도는 순수한 인간적 발견품으로서 그리스도와 성경의 권위에 의해 보호될 수 있는 제도가 아니다. 이것은 "주께서 멸망시켜 버린 바리새파"이다. 수도원이 말하는 바는 모든 다른 그리스도인들보다 더 많이 훌륭한 존재로 있고자 하므로 수도원은 자신의 실체가 그리스도보다 더 우위에 있다는 주장을 하는 적그리스도인들의 실체로 나타난다. 그런데 이것은 바로 수도원 제도에서 계속적으로 나타난다.[5]

중세 전체에서 본 수도원의 역사에서 이때 처음으로 수도원에 대해서 성경의 권위가 부정적으로 사용되는 첫 번째 사례이다. 이때의 권위는 수도원적 삶의 근거를 제공하기 위해서 사용되었던 바로 그 권위였다. 이것은 서로 성경 이해의 기본 원칙이 달라서 하나는 수도원의 입장으로, 다른 하나는 수도원에 적대적 입장으로 나타났다는 것

---

5) B. Lohse, *Mönchtum und Reformation. Luthers Auseinandersetzung mit dem Mönchsideal des Mittelalters*(Göttingen 1963) 176-194.

을 알려준다.

 콘스탄츠 종교회의는 위클리프의 수도원에 대한 공격을 거부하고 가톨릭의 전통적 입장을 확인한다. 위클리프 자신은 자신이 한 수도원에 대한 비판으로 영국의 수도원이 몰락하는 것과는 전혀 다른 쪽에서 영향을 발휘한다. 개별 수도사들이 그의 가르침을 따라서 수도원들을 떠난 것이다. 하지만 수도원의 소멸까지 이르지는 못했다. 왜냐하면 제도화된 수도원 제도는 단순히 구호만으로 해체되는 것이 아니라 그 위에 실제상 강한 강제 수단이 필요하다는 단순한 이유 때문이다.

제8장

종교개혁과 역종교개혁에서의 수도원

 "중세의 가을"은 수도원들에서 보면 단순히 몰락으로 특징 지워지지는 않는다. 모든 쇠퇴의 흐름에도 불구하고 역동적 삶이 있었으며, 수도원 제도의 갱신을 위한 생동력 있는 새로운 집중과 희망적인 요소들이 싹트고 있었다. 하지만 어떤 수도원도 수도원 자신을 부정하는 삶을 살지는 않는다. 수도회는 그들의 외적 환경을 조성하는 것이 어떤 차원이든 그들과 연결해서 살 수 있는 능력을 갖고 있다. 수도원은 자신들에게 친근한 환경으로 편입되기를 원한다.

 그런데 16세기 초에 유럽 넓은 지역에서 이런 분위기가 사라져 버렸다. 종교개혁이라는, 로마 가톨릭교회와 이들이 가진 교리 체계, 그리고 그들의 삶의 양식까지를 뒤흔들어 버린 사건은 수도원 제도를 없애 버리는 것도 목표의 하나였다. 이것을 있게 한 여러 가지 요인들이 있긴 하지만 어쨌든 종교개혁의 시작점을 제공해서 직접적 연관을 갖는 마틴 루터(1483-1546)—그는 종교개혁의 원인 제공자이기도 하다—는 그 자신이 중세 후기의 은둔 수도사 출신이었다.

진지하고 열정적인 총무원장 요한네스 스타우피츠(Johannes Staupitz)의 지도하에 있었던 작센 주(州)의 지역 수도회의 회원으로서 루터는 일찍이 수도회 개혁에 관한 논쟁을 자신의 몸으로 체험했었다. 그런데 루터는 옵세르반츠 즉 "계율 엄수파"에 속해 있기는 했지만, 비판의 빌미를 계속해서 만들어 내고 있었던 이 수도회와는 어떤 (불만 섞인) 긴장 관계에 있었다. 하지만 수도회의 삶의 형태와 수도회 선서에 대한 거부가 종교개혁가로 가는 루터의 신학적 전개에 전제를 이루고 있는 것도 사실이다.

루터가 약 1519년까지 따르고 있던 신학적 입장은, 그가 그후 몇 년 뒤에야 명확한 결론을 이끌어 내기는 하지만, 수도사의 삶에다 어떤 영적인 근거도 제공하고 있지 않다. 수도사의 삶이란 단지 성경만이 유일한 규범이라는 루터의 기본 원칙에 거스르는 것이었다. 그것은 순전히 인간의 활동이었던 것이다. 그들의 평생을 묶는 서약은 "복음을 통한 자유"라는 이상과 조화될 수 없는 것이었다. 그러므로 수도사의 규범과 실제는 루터가 보기에는 개인의 공적을 통한 구원이라는 입장에서 전개되고 있는 것으로, 이것은 루터가 말하는 최고 계명인 구원은 믿음으로만 이루어진다는 것과 다른 것이었다.

그는 수도 서원에 관한 논박을 성경의 로마서 14장 23절을 근거로 제시하고 있다: "믿음을 따라 하지 아니하는 것은 다 죄니라."

1522년에 그는 수도 서원에 대해 조직적으로 논박하는 글을 발표

했다. 이 글의 내용은 "복음을 통한 자유"가 수도회나 인간의 양심을 수도회의 규약보다 높은 데 두는 곳인 수도원에 매어 있는 것보다 우선한다는 것이다. 이전부터 이미 있었고 또 다른 개혁가들에 의해 강력하게 제기되었던 수도원 공동체의 해체를 위한 문제 제기가 루터의 이 글을 통해서 새로운 활력을 얻게 되었다.

하지만 이 개혁가는 이렇게 분명한 내용이 수도원의 벽을 넘어 들어가 어떤 영향을 미치고 있는지에 관해서 의구심을 갖고 있었다. 그는 이전에 친하게 지냈던 동료 수도사 형제에게 1522년 다음과 같은 편지를 보내고 있다.

> "내가 보기에 우리의 수도사들이 많이 탈퇴하고 있는데, 이것은 그들이 수도원에 가입할 때와 같은 이유라네. 그 이유란 배(腹)와 육신적 자유를 위해서이지. 이들을 통해서 사탄은 우리의 향기나는 말들을 뒤집어서 아주 추한 말로 바꾸어 놓고자 한다네. 그런데 우리는 무엇을 할 수 있을까? 게으른 배들은 배를 위한 것만을 찾지. 그런데 그들이 (어차피 범죄하는 이상) 수도사의 옷은 벗고 범죄하고 멸망해 가는 것이 수도사의 신분으로 하는 것보다는 더 낫다고 생각하네. 그렇지 않고 이들이 수도사의 신분을 억지로 뺏긴다면 이들은 두 번 망하게 될 것이기 때문이지."[1]

종교개혁가들이 했던 수도원에 반대는 수도원 제도의 개혁을 목적

---

1) WA 편지 2, 488. 전체를 알려면 H. M. Stamm, *Luthers Stellung zum Ordensleben*(Wiesbaden 1980)을 참조할 것.

했던 것이 아니라 수도사라는 신분 자체를 없애 버리고자 했다. 많은 수도사들이 그들이 속해 있던 수도원을 떠났다.

루터에게 특별히 충성스럽고 열심이었던 추종자들은 수도사 출신이었다. 그들 중 몇 명만 본다 하더라도, 베네딕트 수도원인 알피르스바하의 원장이었던 암브로시우스 블라르(Ambrosius Blarer, 1492-1564), 베네딕트 수도원 릭스하임/엘사스의 수도사였던 볼프강 무스쿨린(Wolfgang Musculin, 1497-1563), 로쿰에서 시토 수도회 수도사였던 안토니우스 코르비누스(Antonius Corvinus), 프란시스 수도사인 요한네스 크닙스트로(Johannes Knipstro, 1497-1556), 프리드리히 미코니우스(Friedrich Myconius, 1490-1546), 요한네스 브리스만(Johannes Briesmann, 1488-1549), 요한네스 에버린(Johannes Eberlin, 1465-1533) 등을 들 수 있다.

많은 수도회이 반 수도원적인 설교가 계속됨에 따라 소리없이 사라진 것은 분명히 사실이다. 하지만 대부분의 수도원들이 사라지게 된 원인은 "그리스도인의 진정한 자유"에 관한 설교가 직접적인 원인이 되었다기보다는 (교황권에) 저항적 입장이 되었던 지방 영주들에 의한 정책 때문이었다.

종교개혁을 실제로 해 나가는 데서 영주들의 역할이 자꾸 커져서 1525년부터는 종교개혁이 영주의 일이 되었다. 그러므로 영주들의 종교개혁이란 말은 맞는 말이다. 중세 후기에 특징적으로 발전된 형태인 지방 기독교 개념은 개혁되었던 지방들에서 개혁이 전적인 흐름이 되었다.

루터 역시 정치적 소용돌이와 또 종교개혁을 요구하는 소요에 직면했을 때 수도회의 보호자였던 지방 영주에게 도움을 요청했다. 물론 루터는 이 영주들을 단지 "비상시의 임시 사제"로 인정하려 했다. 하지만 이런 것은 오히려 계속 발전해서 영주 총주교라는 직위를 만들어 영주들에게 하나님을 올바로 섬기는지를 감시하는 "감시국"의 일을 맡기는 데까지 이르게 된다. 멜랑히톤에 따르면, 영주란 교회의 "최고 신분의 회원"이었다. 이들과 도시의 "경건한 교사직 책임자"는 "그들의 권위로 진실된 교회를 받쳐 주며, 하나님의 뜻을 잘못 가르치는 교사들을 골라내고, 경건한 설교자를 세울" 과제를 가지고 있다.[2]

실제로 1526년에 있었던 제1차 스파이어 제국 회의는 영주들이 자신들의 영토에서 종교개혁을 실행할 수 있음을 결정했다. 하지만 이러한 "개혁에 관한 권한"을 제국 회의의 결정을 통해서 영주들에게 준다는 것은 명백한 월권이었다. 그런데도 정치적 상황은 이런 진행을 당연한 것으로 여기게 했고, 더구나 개혁가들의 신학은 이들을 지원하고 있었다.

이렇게 해서 지방 영주들은 수도원의 간판을 내리게 할 수 있었고, 폭력과 억압적 수단을 사용해서 수도사들을 개혁 쪽으로 돌이키거나 추방시킬 수 있었다. 백작이었던 헤센의 필립(Philipp von Hessen)은 1526년 가을에 자신의 영토에 있던 수도원들을 해체시키고 세속화하

---

[2] H. Jedin, *Handbuch der Kirchengeschichte* 4(Freiburg 1964) 233에서 인용.

는 작업을 시작했다.

프로테스탄트의 편에서 있던 다른 독일 지역들과 제국 도시들 역시 곧바로 이 조치를 뒤따랐다. 그후에 내려진 제국 의회 결정 사항들(1548년의 아욱스부르그 임시 조치, 1552년의 파사우어 조약, 마지막으로 나온 1555년의 아욱스부르그 종교 화약)이 이미 진행되고 있었던 이런 조치들을 철회시키거나 막을 수는 없었다.

이 결정들은 이미 되어져 있던 상황을 받아들일 수 있었다. 독일에서의 종교적-교회적 분열은 이미 기정 사실이 되어 있었던 것이다. 이러한 분열은 또한 독일 많은 지역에서 수도원과 수도회를 사라지도록 했다. 하지만 종교개혁은 프로테스탄트의 입장에 선 많은 지역에서 수도원의 삶과 유사한 삶을 계속하도록 했다. 이는 북 독일의 여자 수도원에서 특별히 두드러졌는데, 이 조직은 (개신교라는) 새로운 종교에서 역시 "자매 기관"으로 계속 존속했다.

더구나 영주들은 옛날의 수도원의 틀을 계속 갖고 있었던 건물들에서 사는 삶을 꼼꼼히 규칙한 독자적인 수도원 규칙을 만들어 반포하기까지 했다. 물론 이러한 수도원이나 이런 조직들이 가진 삶이 개신교 쪽에서 역시 계속 이어졌다는 것이 개신교 신학이 수도사라는 신분을 옹호하고 인정하는 기꺼운 입장에서 나타난 것은 아니다. 단순히 사회적 이유 때문에 사회적 제도로서 수도원과 유사한 조직이 계속해서 살아남을 수 있는 배경을 제공한 것이다.

중세 후기에 이미 도시에 있었던 여자 수도회들은 결혼하지 않은 여자들을 위한 구호 기관의 역할을 하고 있는 경우가 많았는데—이는 여자가 (남자보다) 더 많았다는 것과 결혼하지 않고 혼자 사는 여자들이 독립적으로 살아가는 것이 불가능한데서 기인하는 것이었다.

이런 상황은 종교개혁 이후에도 계속될 수밖에 없었고, 그래서 이런 "조직" 안에서 사회는—계속해서 교회나 종교라는 특색을 가진 채로—해결책을 만들어 내는 것이 불가피 했던 것이다.[3]

지금까지 프로테스탄트 입장에서 선 여러 지방에 관해서 말했는데, 이런 상황은 루터의 종교개혁을 지지했던 유럽의 다른 지방들에서도 비슷했다. 지방에 따라 종교개혁에 관한 신앙 고백은 여러 다른 특징을 보여주고 있긴 하지만 이 차이는 (수도원과 관련해서는) 별로 중요하지 않다. 수도사 신분 자체를 근본적으로 인정하지 않는 데서는 모두가 일치했기 때문이다.

영국에서는 헨리 8세(Heinrich VIII, 1509-1547) 치하에서 수도원들이 완전히 해체되는 데까지 갔다. 1535년경 영국과 웨일즈에는 약 800여 개의 수도원이 있었다. 이러한 해체 운동은 토마스 크롬웰(Thomas Cromwell)에 의해서 1536-1540년까지 이루어졌는데, 실상의 목적은 영국의 왕에게 새로운 재정 보급 기지를 만드는 것이었다.

이것은 짧은 시간에 성공적으로 이루어졌다. 수도원 쪽에서의 저항

---

[3] 지금까지 존속하는 일단의 프로테스탄트 수도회로서는…프로테스탄트 수도원으로 되었다가 다시 이전 단계로 돌아간 수도원들이 몇몇 나라와 신성 로마제국 도시들에서 있었는데, 대표적인 예가 Ulm/Donau에 있는 프란시스 수도원으로, 이것은 프로테스탄트 수도원으로 제국도시의 감독을 받았는데, 1808년에 가톨릭으로 돌아갔다.

은 거의 없었다. 수도사들 중에 순교까지 간 사람들 몇 명은 1535년과 1536년에 있었던 왕이 교회보다 더 높다는 선서를 거부한 사람들이었다.

북부 영국에서 역시 이런 일련의 조치들은 수도원 제도를 완벽하게 몰락시켰다. 하지만 몰락은 아주 천천히 오랜 기간에 걸쳐서 진행되었다.

프랑스에서는 종교개혁이 별로 크게 위력을 떨치지는 못하였지만, 그렇다고 수도원이 자신들이 처한 고립무원의 상태에서 빠져 나오기는 불가능했다. 1516년에 교황 레오 10세와 프랑스 왕 프랑소아 1세 사이에 맺어진 종교 협약은 수도원장의 임명을 거의 전적으로 왕에게 일임했다. 그래서 직책은 있되 임무는 하지 않아도 되는 봉직록의 대상이 크게 늘어났다.

수도원에 대한 정부의 가혹할 정도의 엄격한 규제에 대한 많은 수도원의 대답은 스스로 해체하는 것이었다. 1562-1593년까지의 종교전쟁 또한 결과적으로 많은 수도원을 폐허화시켰다.

종교개혁기는 유럽의 전통적 수도원들에 황폐화시키는 기간이었음이 분명하다. 하지만 이 기간을 경지 정리를 위한 유익한 기간이었다고 말할 수도 있다. 수도사의 숫자상 현저한 감소—숫자가 거의 반으로 줄어든 것으로 추정—는 반드시 손실이고 손상이었던 것만은 아니었다.

유럽의 북부 지방에서 있었던 로마 교회로부터의 단호하고도 폭넓은 이탈은 충격을 주기에 충분했고, 이것은 교회의 내부 개혁이 가장 시급한 과제임을 나타내 주었고, 또한 수도회에서도 새로운 움직임이 나타나서 중세 후기의 개혁의 동인(動因)을 받아들이고 발전시키는 계기가 되었다.

새로 생겨나는 수도회 공동체들은 거의 모두가 목회나 사회봉사 활동에서 적극적으로 활동하는 경향이 두드러졌다. 이러한 목적이 뚜렷한 설립은 수사 신부회(*Regularkleriker*)라는 새로운 수도회 유형을 만들어 냈다. 어떤 의미에서는 이 새로운 수도회는 중세적인 모습으로는 도미니크 수도회와 이들과 비슷하게 되어 가면서 성직자처럼 되었던 다른 탁발 수도회들이 그들의 예비적 전형이었다.

성직 수사회란 성직자 공동체로서 전통적인 수도회적 삶을 기반으로 구성되었으나 그들의 프로그램은 처음부터 아예 성직자의 활동이었다. 이러한 공동체들은 이탈리아에서 처음 생겨났다. 그것은 테아티너(Theatiner) 수도회로서 티네의 카제탄(Cajetan von Thiene, 약 1480-1547)과 후에 교황 바울 2세(1559년 사망)가 된 요한 피터 카라파(Johann Peter Carafa)가 세운 수도회이다. 카라파는 키에티의 주교였고, 그래서 이 새로운 공동체는 이런 이름으로 불려지게 되었다.

그들의 규칙은 어거스틴 규칙을 따랐는데, 이 규칙은 자신들의 공동체의 기본 목적에 맞춘 독자적인 규칙도 덧붙여진 것이었다. 덧붙인 내용은 모범적인 수도사의 삶과 목회에 관한 것으로 설교에다 특별한 강조를 하고 있다. 이 새로운 공동체는 이탈리아를 거의 넘어서지 못했지만(1622년에 뮌헨에 설립된다), 이탈리아에서는 이 수도회가 교회 개혁의 중요한 수행자가 되는데, 특히 1555년 카라파가 교황

이 된 이후에는 더욱 그렇다.

비슷한 공동체 하나가 1533년에 바르바니텐이라는 이름을 가지고 등장했다. 그들은 사도적 활동을 한다고 하면서 민중에 대한 선교를 표방했다. 이는 조직적인 설교 활동을 통해서 교구 안에서의 종교적 삶을 개혁하고자 하는 것이었다.

북부 이탈리아의 소마스카라는 지방 이름을 따라 명명된 소마스크 수도회는 1540년 사제 공동체로 공인되었다. 이 수도회는 병자 간호와 교육 사업을 그들의 사회 구제 활동의 특징으로 했다.

이때 나타난 새로운 수도회 공동체들은 적정한 인원수와 함께 오늘날도 교회 안에서 활동하고 있는데 이들은 특히 로욜라의 이그나티우스(Ignatius von Loyola)가 예수 공동체—보통 일반적으로 예수회 수도회라고 부르는—를 설립함으로써 특히 두드러진다.[4]

1491년 바스크 족의 귀족 가문에서 태어난 이그나티우스는 1521년에 있었던 궁정에서의 군복무 후에 중상을 입었다. 오랜 병상 생활의 무료함 속에서 그는 영성에 관한 책, 즉 카르투지오 수도사인 작센의 루돌프가 쓴 『그리스도의 삶』이란 책을 읽게 되었는데, 이 책은 그에게 중세 후기의 독일의 경건에 숙달하게 했고, 또한 중세 후기의 전형적인 성담(聖譚)인 포라긴의 야곱이 쓴 작품도 읽었다.

베네딕트 수도원인 몬트세랏(Montserat) 수도원 근방의 만레사

---

4) 설립자에 관해서는 H. Rahner가 쓴 전기(Graz 1949 2판)과 A. Ravier(Würzburg 1982) 참조.

(Manresa)에서 거의 1년간 요양을 하면서 그는 원장 수도사 키스네로스(Cisneros)의 저술들을 탐독함으로써 새로운 경건(Devotio Moderna) 사상에 익숙해졌다. 열심히 탐구하고 또 종교적 경험을 하던 이 시기에 이그나티우스는 『영신 수련서』의 골격을 완성시키고 그 안에서 그는 순례자와 참회자에서 "교회의 사람"으로 변신했다.

팔레스타인의 거룩한 도시로 가는 순례와 예루살렘에서 살려는 시도가 무위로 그치게 되자 그는 고향으로 돌아와서 공부를 시작했다. 여기서 그는 목회 활동을 하다가 종교재판소에 끌려갔다. 이렇게 방해받게 되자, 그는 파리로 옮겨갔고 거기서 신학 공부를 계속했다.

처음에 그와 함께 했던 사람들은 그와 계속 밀접한 관계를 유지했다. 1534년 8월 15일 그는 여섯 명의 동료(Laynez, Salmeron, Bobadilla, Franz Xavier, Rodrigues, Faber)와 함께 가난, 순결, 예루살렘 순례 및 구령 사업에 헌신할 것을 서로 맹세했다. 이것으로 수도원의 전통에 입각하되 그 당시의 해석에 바탕을 둔 삶을 사는, 그리고 분명한 목적으로 목회를 내세운 수도사 공동체 하나가 만들어졌다. 이 수도회는 계획 자체로 이미 이탈리아에서 새롭게 생겨났던 수도회인 수사 수도회와 같은 것이라는 것을 알 수 있다.

1537년, 팔레스타인을 향해 가려던 계획의 수행 중에 베네치아에서 이그나티우스는 신부 서품을 받았다. 그런데 팔레스타인 방문은 실현이 불가능했으므로 그는 자신과 그의 공동체가 교황에게 봉사하게 해 달라고 간청할 목적으로 로마로 향했다. 1540년 교황 바울 3세(1534-1549)는 "예수회"라는 이 공동체를 승인했다. 이 단체가 내세운 목적은 "십자가의 군기 하에 하나님을 위해 싸우며, 주님 한 분에게만, 그리고 지상에서 그의 대리자인 교황에게 봉사한다"는 것이었다.

이러한 봉사는 그들의 설교와 강의와 봉사 활동에서 구체화되어 나타났다. 일반적으로 이야기되는 세 가지 수도서원인 청빈, 순결, 순종 외에 이들은 네번째 것을 덧붙였다. 즉, 예수회의 회원은 영혼의 구원을 위해서 또 믿음을 전파하기 위해서 내려지는 교황의 명령을 지체없이 실행에 옮겨야 한다는 것이다.

이그나티우스는 임종을 맞이하는 1556년까지 로마에 머물렀다. 그는 이 수도회를 계속 확장시키는 데 모든 노력을 다 기울였으며, 1542년부터 이 수도회의 원장이었다. 소위 "조직 규범"(Formula Institui)이라고 불리는 이들의 삶을 규칙한 규범의 초안이 만들어진 것이 1531년인데, 이것은 많은 것들이 추가되어 수도회 규칙이 되었고, 몇 번의 개정 작업 끝에 1558년 이 수도회의 구속력 있는 규범이 되었다.[5]

그런데 이 규범은 민주적인 요소들을 빼 버린 것을 제외하고는 중세의 탁발 수도회의 것에서 거의 그대로 인용했다. 예수회는 장소가 아니라 사람을 연대로 해서 만들어진 단체이다. 하지만 중앙집권 체제에 의해서 움직인다. 최고 집행권은 선거에 의하되 종신직인 수도회 총무원장에게 있으며, 그의 명령은 회원 하나 하나에게 직접—즉 중

---

5) 본문: M. Schoenenberger-. Stalder = H. U. von Balthasar, *Die Grossen Ordensregeln* 315-406.

간 심급(지역이나 단위수도회 원장)을 배제하고—주어질 수 있다. 수도원의 관습에서도 역시 이그나티우스는 탁발수도회의 전통을 그대로 따르지 않았다. 고유의 수도사 복장을 갖지 않았고, 또 공동 예배 시 공동으로 낭송해야 했던 성무일과 기도 역시 하지 않았다. 수도원이 지니고 있었던 영적인 전통은 그대로 받되 외적인 삶의 모습과 활동 범위는 지금까지의 전통적 수도회들과는 달리 "더 이상은 필요 없는 것"(non plus ultra)으로 했다.

이그나티우스의 수도회가 갖는 또 다른 새로운 것은 회원들을 철저하게 몇 무리로 나누어 계급 체계화했다는 것이다. 기존의 수도원에는 보통 사제와 평신도로 나누어져 있었지만 이들은 또한 같은 서원에 묶여 있는 하나의 단일체—물론 외관상으로만 그랬던 것 역시 분명하지만—로 구성되어 있었다.

이그나티우스는 이것을 새로운 방식으로 나누어 놓았다. 첫째가 공동체에 속해 있되 아직 서원은 하지 않은 견습생들, 둘째가 서원만 함으로써 단지 이 서원에만 묶여 있고 가벼운 과실에라도 언제든지 내보낼 수 있는 사람들인 학습자(scolatiker)들, 세 번째는 신부든 평신도 형제든 형제단 앞에서 공개적으로 일차 서원을 한 보좌 신부들로서 이들은 중대한 과실이 있는 경우에만 수도회를 떠나게 할 수 있으며, 네번째는 모든 격식을 갖춘 서원식을 한 교수 계급이 있다. 그리고 이 교수 계급에만 수도회의 상위급 직위들이 개방된다.

이러한 계급 체제는 수도회의 가동 능력, 무조건적인 명령 복종을 가져왔으며, 또한 수도회에 대한 강력한 엘리트 의식을 심어 주었다.

예수회의 사람들은 아무렇게나 모여 들어온 사람들이 아니라 특별히 선별된 사람들만의 모임이라는 것이다. 옛날에 사도들도 역시 특별히 선택된 무리였다는 것이다. 그렇다고 선정되는 것이 자랑이나 교만의 이유가 될 수는 없다. 왜냐하면 부름을 받은 이 수도회가 아무런 능력을 가지지 못한 곳이기 때문에, 선정되었다는 것은 "가장 작은 자들의 모임"(minima societas)에 들어왔다는 것이기 때문이다.

선정은 수도회의 기본 과제와 맞물려 있다. 수도회는 이 세상에서 예수 그리스도의 보내심을 계속하고자 한다. 이러한 해석으로 이그나티우스는 전적으로 복음을 따르고 있고, 또한 예수에게 순종하는 것이 복음의 핵심이라고 굳게 믿는다. 그러므로 그 사회에서 예수의 보내심을 계속하기 위해서는 무조건적인 순종만이 필요하다. 이러한 순종은 개별적인 예수회 수도사들이 자신의 상관에게 묶이도록 했으며, 전체 수도회는 교황에게 묶이도록 했다. 순종이란 여기서 단순히 기능상의 수단이 아니라 십자가에서 자신의 생을 제물로 바치고 죽은 예수의 순종을 완성하는 것이다. 예수회 수도사와 전체 수도회는 이런 순종을 통해서 "하나님께 더 큰 헌신을 하는 각각의 순수한 도구"[6]가 되어야 한다.

예수회가 가진 기본 개념은 설립자의 개인적인 종교적, 교회적 경험에 의한 해석에 근거하고 있다. 그런데 그가 했던 경험이란 중세를

---

[6] 예수회의 역사와 실체에 관한 짧은 해설은 H. Becher, *Die Jesuiten. Gestalt und Geschichte eins Ordens*(München 1951)을 참조하라.

벗어나고 있었던 가톨릭의 개혁과 직접적 상관 관계를 갖는다. 이그나티우스와 그의 수도회를 가톨릭의 역종교개혁의 전형적 산물로 보는 것은 사실을 제대로 못 보는 것이다. 이그나티우스는 프로테스탄트 지역에서 살았던 것도 아니고, 또 프로테스탄트 사상과 직접적으로 접촉한 적도 없었다. 마틴 루터가 쓴 글을 읽은 적도 없었고, 종교개혁을 놓고 어떤 식의 논쟁 신학에 빠져든 적도 없었다. 물론 리바데나이라가 쓴 『자서전』[7]에서는 루터와의 유사점을 강조하고 있는 것이 사실이다. 그러나 이것 역시 동시대적인 관계성에 초점을 맞추고 있는 것이지 서로 다른 생각을 하고 있다는 반대 명제를 주장하고 있지는 않다. 어쨌든 수도회의 구조상의 특성 때문에 이 수도회는 가톨릭의 반동종교개혁의 결정적 수행자이자 실체적 요인이 되었다.

초창기의 어려운 시기가 지나간 후, 예수회는 급속한 성장을 할 수 있었다. 첫 번째의 활동 지역은 이탈리아와 스페인으로, 이곳에서는 예수회 수도사들의 활동이 워낙 활발하게 이루어졌으므로 이 지역은 수도회가 뿌리 내린 지역으로 거론된다. 프랑스 지역이 곧 뒤따랐고, 독일 또한 이어서 그들의 활동 지역에 포함되었다. 페트루스 카니지우스(Petrus Canisius)가 독일 최초의 예수회 수도사이다(1521-1596).

1556년에 독일의 예수회는 이미 두 개의 지역 수도회를 세웠다. 이 수도회는 바이에른의 공작이었던 페르디난트 1세와, 발트부르그의 추기경, 또 아우구스부르그의 주교에게 특별히 도움을 입었다. 독일

---

7) 1572년의 성 이냐시오의 생애.

땅에서의 예수회 회원들은 이미 가톨릭 지역이었던 이곳에서 고답적 신앙을 새로이 갱신해야 했다. 카니지우스가 쓰고, 짧은 기간에 널리 퍼졌던 책인 『요리문답서』가 이 목적을 달성하기 위해 사용되었는데, 이 책은 비타협적인 단호함으로 전통적인 교리 체계를 변호하고, 개혁 신학에 의해 제기된 신학적 의문들을 조리 있게 체계적으로 반박해서 부정하고자 하는 가톨릭 신앙 교리들을 내용으로 하고 있다.

목회 활동의 수단으로서는 선교를 이용했는데, 이를 통해서 교회 안에서의 신앙과 종교적 삶을 조직적으로 새롭게 정리하고자 했다. 심화 과정과 집중 과정에는 『영신 수련서』가 사용되었다. 수도회의 설립자가 저술한 이 『영신 수련서』가 이 과정의 교과서로 사용되고, 이들을 실제의 생활에서 실천하게 함으로써 이그나티우스의 경건성과 교회 제일 주의가 일반 민중들의 삶에 폭넓게 스며들었다.

목회 활동 외에도 이들은 학교교육과 대학 교육에 치중함으로써 결국 이 분야는 예수회의 가장 중요한 전문 분야가 되었다. 수도회의 2대 총무원장(1558-1565)이었던 야콥 라이네츠는 수도회의 경향을 공부하고 가르치는 기관이라는 특징을 갖도록 이끌었다. 1599년 최종적으로 결정 통과된 "연구의 표식"(*ratio studiorum*)은 이 수도회를 연구하는 수도회의 면모를 갖도록 했고, 그 결과로 이 수도회는 오랜 기간 동안 가톨릭의 교육과 교리의 기관으로 자리매김 되도록 했다.

한편 예수회는 국가와 교회적으로 편의를 제공하는 나라들에서 활동하는 것뿐 아니라 프로테스탄트로 넘어간 지역에서 사람들을 재 가톨릭화 하는 데에 많은 노력을 쏟았다. 하지만 이런 지역에서의 활동은 종교개혁 기간 동안에 있었던 제국 의회의 결정 사항들이 살아 있었으므로 넘어가기에 아주 어려운 높은 벽이 쳐져 있었다. 종교개혁과 역종교개혁은 그 사이에 이미 법률적인 문제가 되어 있었던 것이다.

이와는 반대로 해외에서는 프란츠 사비에르(Franz Xavier, 1552년 사망)를 필두로 해외 선교가 시작되었고, 이것으로 예수회는 또 한번 중세의 탁발 수도회가 했던 예를 따랐다. 예수회가 활동함으로써 새 시대의 새로운 유형의 수도원 공동체가 나타난 것이 되었다. 이러한 모범적 모습은 전통적인 옛 수도원들에 개혁의 새로운 불꽃을 던져주는 반면, 또 한편으로는 또 다른 새로운 수도원들이 생겨나는 계기를 마련했다.

예수회가 생긴 그 시기에, 하지만 예수회와는 무관하게 여자 수도회의 역사에 성공적인 개혁의 움직임이 나타났다. 최초의 이탈리아 신부 수사 공동체가 생겨난 분위기에 편승해서 가르다 호수가 있는 지역의 데젠차노 지방 출신인 안젤라 메리치(Angela Merici, 1474-1540)가 여자 수도회를 세웠다.

1535년 이 여자는 자신의 고향에다 순교자 성 우슬라의 이름을 따서 이름 붙인 모임체를 세우고 타락 여성들을 선도하고자 했다. 지금까지 세워졌던 여자 수도회들이 모두 남자 수도회의 긴밀한 관계를 갖고 있었고 외부 세계를 향한 삶의 태도는 정도의 차이는 있다 하더라도, 어쨌든 매우 폐쇄적이었던 것이 사실이었다.

안젤라 메리치가 세운 이 단체도 역시 남자 수도회와 연결되어 있지 않고, 더구나 공동생활의 형태를 취하지도 않았다. 이 모임에 속한 처녀들은 자신들의 부모와 가족과 함께 살았다. 이들이 공동으로 갖고 있는 것은 삶의 규칙과 기도, 예배, 또 정기적 모임과 그들의 임무가 같다는 것뿐이었다. 이것은 근본적으로 경건함으로 박애 활동을 하는 단체였다.

이들은 복장을 동일하게 했고, 또 자신들의 고유한 것이긴 해도 서약을 하는 것이 권고 사항이었기 때문에 이 모임 역시 전통적인 여자 수도회와 비슷해져갔다. 그 결과 이 공동체는 중간 단계의 특징을 벗어버리는 데에 별로 시간이 걸리지 않았다. 17세기 초에 이 단체가 프랑스까지 전파되어 갔을 때 이 단체는 이미 (세상과의) 엄격한 단절을 특징으로 하는 수도회로 변해 있었고, 이런 경향은 오늘날까지 이 우르술린 수도회의 특징으로 남아 있다.

안젤라의 계획은 오늘날에서 보면 현대적인 "사회 구제 기관"의 선구적 종류라고 볼 것이다. 하지만 그 세대로 보면 너무 앞선 것이었고, 그래서 그 당시에 실현되기에는 아직 시기상조였다는 것을 보여주고 있다.

이에 못지 않은 용감한 영국 여성 하나도 이런 수도회를 세우고자 했는데, 이 여성의 이름은 마리아 와드(Maria Ward, 1585-1645)이다. 옛 영국 귀족 가문 출신으로서 벨기에서 어린 시절을 보낸 이 여자는 여성 종교 공동체를 세우고자 했다. 이 일을 하고자 그 여자가 눈을 돌린 곳은 영국이었다. 그러나 이 여자는 가톨릭 가문에서 태어났기 때문에 가정 교육이 가톨릭적이었고, 그래서 세우고자 했던 공동체가 영국을 가톨릭화 하고자 하는 목적을 갖는 것이 어쩌면 당연했다. 자매들이 행하는 교육 활동은 실제로 사도들의 (선교) 활동이었으므로 영국에서는 가톨릭 신부가 하는 일이었던, 그래서 드러내 놓고 하지를 못했던 그런 것이었다.

이 단체 소속 자매들은 함께 공동 생활을 했다. 그러나 수도사 제복과 세상과의 엄격한 단절은 하지 않았다. 마리아 와드는 이것을 세울 때 로욜라의 이그나티우스의 활동에서 큰 감명을 받고 시작한 것이 분명하다. 예수회 외에도 이렇게 적극적인 여자 수도회가 활동했다.

마리아 와드는 이 모임이 정식 수도회로 될 때 자신들을 예수회의 규범에 맞췄다. 그러나 예수회 쪽에서는 이런 여자 수도회 지회가 조직체 안에 들어오는 것에 대해 별 관심이 없었다. 또한 교황청 역시 세상과의 단절을 폐기하는 것에 동의해 줄 수가 없었다. 더구나 이 때는 트리엔트 종교회의가 여자 수도원은 세상과 엄격한 단절해야 한다는 것을 새로이 더욱 강화하는 결정을 했을 때였다.

설립자는 곳곳에서 오해의 벽을 만났었고, 로마는 공인해 주지 않았다. 더구나 그 여자가 세운 단체는 1631년 교황 우르반 8세에게 억압을 받기까지 한다.[8] 하지만 이 여자의 활동은 몇 가지 이유 때문에 확고한 자리매김을 하게 되었다. 독일의 영주들이 학교를 세우는 데에 이 "영국 아가씨"를 초청한 것이다. 1627년 이 여자는, 선제후 막

---

8) J. Grisa, *Die Ersten Anklage in Rom Gegen das Institut Maria Wards*(1622)(Rom 1959).

시밀리안 1세의 부름을 받아들여, 뮌헨에 자신의 학교를 세우게 되었고, 또 이를 보고 곧이어 다른 곳에도 학교가 세워졌다. 교황청에서 그 여자에게 유죄 판결을 내렸지만 이것은 그 여자가 계속해서 활동 영역을 넓혀 가는 데 방해가 되지 못했다. 물론 활동을 하면서 그 여자는 대가를 지불해야만 했다. 이 "영국 아가씨"는 많이 순치되었던 것이다. 그 여자의 수도회는 수도회적 삶의 모습에서 전통적 형태를 취하되 활동상에서는 학교와 가르침을 통해서 특별한 인정을 받아 낼 수 있는 모습을 가졌던 것이다.

위에서 말한 두 종류의 새로운 설립 단체는 학교 교육 활동을 했던 여자 수도회의 전형적인 모습에 해당한다. 그 외에도 이 시대에 구제 활동을 목표로 하는 수도회들도 설립되었다. 이것을 세운 사람은 빈첸츠 폰 바울(Vinzenz von Paul, 1660년 사망)과 루이스 폰 마를리악(Luis von Marlliac, 1660년 사망)이다. 여러 다른 지역에서 경건한 여성들이 모여서 단체를 만들고, 이 단체들이 하나의 공동체로 묶어서 이름을 "박애를 위한 자매들"(Filles de Charite, 여기에 빈첸츠 자매단도 함께 포함)이라고 했다.

1654년 교황 이노센트 10세는 이 공동체를 정식으로 인정했다. 여기에 속한 자매들에게는 하나의 원장 수녀 밑에 공동생활을 하는 전통적인 수도회적 삶의 형태를 갖도록 하는 규칙이 주어졌다. 그런데 이들이 사는 삶의 형태는 수도원의 바깥 세상인 사회적 박애 활동이 의무로 주어져 있었다.

빈첸츠단 단원들은 처음부터 이와 비슷한 목적을 가지고 시작했던 것으로 이런 움직임은 계속 발전해서 현대의 사회 활동을 목적으로 하는 여자 수도회 연합을 결성하게 했는데, 이 여자 수도회 연합이 19, 20세기에는 가톨릭교회의 대 사회 활동의 가장 중요한 실질적 부분을 담당했다.

구 시대의 수도원에서는 가톨릭의 개혁이 시작되어 구체화되기는 어려웠다. 희망을 걸 만한 개혁의 싹들이 종교개혁 때문에 꺾여졌다. 대부분이 그대로 가톨릭에 머물렀던 남 독일에서는 농민 전쟁이 수도원들을 문 닫게 하고 심하게 손상시켰다. 많은 수도회의 종단이 지금 있는 현재의 상태로라도 살아남을 수 있느냐는 소박한 질문이 중요한 현안이었다.

수도원 개혁은 독일이 아닌 다른 가톨릭 국가에서 시작되어야 했다. 이것에 관해서 트리엔트 종교회의의 결정 사항인 개혁의 의무 조항이 중요한 역할을 했다. 최소한 외부에서 중대한 개혁의 동인을 제공했다. 새로운 수도회의 힘, 특히 그중에서도 예수회가 가졌던 강한 행동성과 종교적 열정이 가지는 힘은 구시대의 수도원들에도 영향을 미쳐서 이들 또한 외부 세계를 향한 활동이 점점 활성화되도록 했다.[9]

프란시스파 수도원은 수도원이 두 개로 나누어진 후 얼마 지나지 않아서 엄수파 안에 개혁파가 생겨났다. 엄수파에 속했던 수도사 둘,

---

9) 베네딕트 수도원에 관해서 Ph. Schmitz, *Geschichte des Benediktinerorden* 4 (Einsiedeln 1960) 참조.

바스키오의 마테우스(Matthäus von Bascio)와 포솜브로네의 루드비히(Ludwig von Fossombrone)가 그들로, 이들은 아씨시의 프란시스가 가졌던 원래의 생각대로 사는 삶에 다시 관심을 가졌다.

이들은 그들의 수도회를 떠났다. 프란시스가 명령한 것을 한 글자까지라도 그대로 지키는 것—여기에는 길고 뾰족한 모자와 턱수염까지의 외모까지도 닮으려 하는 것이 포함—에다 특히 "유언장"에 명시된 내용을 따라 혼자 있음과 세속 사람을 위한 일에 역점을 두고자 하는 것이 그들의 관심사로서, 이러한 관심사는 마르크 안코나와 움브리아 지방에 작은 소규모의 수도원이 세워짐으로써 실제화되었다(이것이 카푸친파의 시작이다). 이전에 엄수파 운동이 일어났을 때와 마찬가지로 카푸친파는 부분적이긴 하지만 독립성을 가질 수 있었다. 이들의 총 대표자가 프란시스의 콘벤투알회 총무의 관할에 들어가게 된 것이다.

프란시스단에 새롭게 생긴 이 분파는 순조로운 출발을 하지 못했다. 총대표였던 아스티의 베른하르딘(Bernhardin von Asti)을 통해서 카푸친파는 목회 수도회가 되었기 때문에 위의 두 설립자는 수도회를 떠났다.

그런데 이러한 새로운 수도회 설립이 별로 좋지 않다고 생각하는 교황청에 대해서는 중요한 후원자였던 카메리노의 카타리나와 빅토리아 콜로나가 나서서 막아 주었다. 이렇게 해서 초창기의 어려움이 극복될 수 있었고, 또 1545년 이 수도회의 가장 유명한 설교가이자 총대표였던 베른하르딘 오키노(Bernhardin Ochino)가 수도회를 탈퇴하고 칼

빈이 있던 제네바로 도망하는 큰 사건의 충격도 잘 이겨내었다.

1619년 이 수도회에 독립권이 주어졌다. 수도회는 이미 이탈리아의 경계를 넘어서 여러 곳에 전파되어 있었다. 카푸친 수도회 수도사들은 민중들에게 목회 사역을 함으로써 역종교개혁의 중요한 조력자가 되었다.[10]

깔멜 수도회에서 역시 개혁의 결과가 새로운 수도회 가족이 생겨나는 것으로 나타났다. 아빌라의 테레사(Theresia von Avila, 1515-1582)는 깔멜 수도회 개혁의 주창자였다. 이 여자의 주장에 곧바로 동조하고 합세한 남자 수도사가 십자가의 요한(Johannes vom Kreuz)이었다. 테레사는 1532년 자신의 고향 도시에서 깔멜 여자 수도회에 가입했다. 수년 동안 영적으로 신비적으로 많은 체험은 이 여성을 역동적인 개혁가로 키웠다.

1536년 테레사는 새로운 여자 수도원을 세웠는데, 특징은 이전의 전통적 깔멜 수도회의 엄격함을 그대로 따라서 사는 것이었다. 이 여성 개혁가는 그동안 깔멜 수도회에 부과되었던 교황의 규칙 해설을 무시해 버리고 원래의 전통적 깔멜 수도회 규칙을 그대로 따르고자 했다. 이전에도 이미 많은 개혁가들의 개혁 프로그램 구호였던 "원전으로 돌아감"(Zurück zu den Quellen)이 테레사의 구호였던 것이다. 그런데 (원) 규칙은 역동적이고 능력 있는 이 여인의 수중에서 새롭게 해석되고, 강조된 부분이 있는 것이 있다. 어쨌든 이 개혁 운동으로

---

10) Th. Graf, *Die Kapuziner*(Freiburg/Schweiz 1957).

새로운 수도회가 만들어졌는데, 이들은 "맨발의 깔멜파 수사와 수녀"라는 이름으로 불렸고, 이들 역시 16세기가 만들어 낸 하나의 결과이다.

이 수도회의 초창기의 어려움—테레사가 쓴 책『수도원 건립서』에서 이것에 관해 설명해 놓고 있다—은 점차 극복되어 갔다. 필립 2세가 특히 큰 도움을 주었는데, 이 사람은 이 개혁 운동을 도움으로써 수도원이 개혁을 하느냐 안하느냐에 "세상의 팔"(*brachium saeculare*)이 얼마나 중요한 역할을 하는지를 잘 보여 주고 있다.

1580년 테레사의 개혁수도회는 스페인에서 독자적 지역회를 결성할 수 있었고, 1593년에는 자신들의 독자적인 종단 대표를 선출할 수 있는 허가를 받아 냈다. 이것은 물론 기존의 깔멜 수도회와의 실질적 분리를 의미하는 것이었다.

개혁 수도회의 남자 분파는 비 개혁 깔멜 수도회(이제는 이것을 '신을 신고 있는 깔멜단'이라고 불렀다)가 가지고 있던 규칙 개혁을 그대로 유지했다. 이 말은 원래의 깔멜 수도회 규칙이 강조하는 고독과 순수한 관상적(觀想的) 삶이 점차 쇠퇴하고 당시의 다른 수도회들과 마찬가지로 점점 더 목회 수도회로 변화해간 것을 말한다.

여자 수도회 쪽은 테레사의 본래 의도를 신실하게 지탱할 수 있었다. 그래서 이들은 엄격한 관상 수도원의 모습을 유지했다. 이 독자적이며 소규모인 깔멜 수도 공동체들은 전체적으로 합하면 오늘날에는 가톨릭교회의 관상 수도회 중 가장 큰 것이다.

종교개혁과 역종교개혁의 시대에 수도원 제도의 전 영역에 걸쳐 나타난 특징으로는 수도원 제도 자체에 대한 급진적 전투 구호들, 수도사의 삶의 모습에 대한 폭력적인 억압, 스스로 하거나 또는 자신들이 잘못함으로 인한 수도원의 해체, 그리고 물질적 도덕적으로 그저 그런 수준으로 떨어져 있는 수도원들과 함께 용감하게 개혁의 새로운 싹을 틔워 내는 데 결정적 역할을 한 수도원 등이 서로 혼재되어 있었다.

그 외에도 기존의 수도원들을 갱신하기 위해서 새로운 수도회들이 생겨나기도 했는데, 이들은 삶의 형태와 프로그램은 철저하게 기존 수도원 방식에 닮아 있었지만 활동에 있어서는 목회와 실제적 사회 활동을 앞세우는 것을 분명한 특징으로 하고 있었다.

이런 배경하에 스페인 사람인 요한네스 폰 고트(Johannes von Gott, 1495-1550)는 1540년 그라나다에 병원을 세웠다. 함께 했던 동료들과 조력자들은 원래 "자비의 형제들"이라는 수도원적 공동체로 모임을 시작했다. 그들은 어거스틴의 규칙을 그들의 규칙으로 취하되 기존의 수도사의 삶의 모습에다 독자적인 자신들의 새 과제를 첨부함으로써 그들의 규칙을 만들었다.

이와 같은 목적으로 로마에서 렐리스의 카밀리우스(Camillus de Lellis, 1550-1614)는 신앙 사역과 박애 활동으로 병자들을 돌보는 일에 헌신할 동료들을 모집했다. 1534년에 그는 "병자들을 돕는 신부 수사들"이라는 단체를 만들었다. 이들은 신부 수사였으므로 위에서 말한 수도회와 조직과 규범에 있어서 아주 닮아 있었다. 이들 역시 영적인 삶의 규범으로는 어거스틴의 것을 택했으며, 여기다 자신들 고유의 것을 추가시킨 것도 똑같았다.

새로운 여자 수도회 역시 똑같은 양상으로 생겨났다. 이들은 안젤라 메리키스와 마리아 와드의 이상을 받아들인 것으로 이 둘은 제각기 다른 수도회들로 나타났다. 남자 수도회를 따라가는 지금까지와 같은 방식의 여자 수도원 설립이 아주 없어진 것은 아니었지만, 그러나 여자 수도회는 이제 더 이상 남자 수도회의 상대적인 보충물로가 아니라 독자적으로 설립되었다(기존을 따르는 수도회로 1538년 이후의 카푸친 여자 수도회를 들 수 있다).

주교였던 프란시스 드 살(Franz von Sales)의 격려에 힘입어 샨탈의 프란치스카 프레미옷(Franziska Fremiot de Chantal)은 살레지아 수녀회라는 여자 수도회를 세웠는데, 이들의 목적은 병자와 가난한 자들을 돌보는 것이었고, 여기에 소녀들의 교육에 헌신했다. 이들은 세상과 엄격한 단절을 추구했던 수도원 삶의 모습을 받아들였고, 이들 역시 어거스틴 규칙을 그들의 규범으로 받아들였다.

로마의 신부 필립 네리(Philipp Neri, 1515-1595)가 세우고 1612년 교황 바울 5세에게 공인 받은 신부 수도회는 "오라토리움"(설교자 연합회)이라는 독특한 것으로 수도사 생활 모습에 새로운 변화를 만들었다. 이 공동체는 일차적으로 실제적 삶에서 모범적인 신부 생활을 하는 것과 신앙 사역을 하는 것을 목적으로 삼았으며, 이들이 기존의 전통적 수도회의 삶에서 받아들인 것은 단지 하나 공동적 삶(*vita communis*)의 형태였다. 이들은 전 생애를 묶는 규약에 대한 맹세를 없애버렸으며, 또 설립자가 만든 규약은 아예 없었다.

목회적 열정에 공동으로 노력하며 사랑으로 묶인 이 단체는 개별 공동체가 독립적으로 운영되었다. 필립 네리는 중앙에서의 통제를 시도하지 않고 교구 주민들과의 연합체로서 그들 안에서 독자성을 가진 개별 공동체로 운영되도록 했던 것이다. 프랑스 신부로서 나중에 추기경이 되었던 피 데 베룰(1575-1629)은 로마에 세워진 이 단체를 보고 자극을 받아 같은 목적의 프랑시스 오라토리움을 세웠는데, 이 단체는 1613년에 공인 받았다. 하지만 이 단체는 전통적 수도회의 형태를 더 많이 닮아 있어서 오라토리움들이 중앙 집권적 정치 체제로 연합되어 있었다.

수도회와 수도원적 삶이 여러 가지 형태로 나타난다 하더라도 어떻든 교회라는 테두리 안이라는 것이 수도회의 주장이었다. 하지만 교회를 지도하는 입장—주교나 로마 교황청으로 대표되는—에서 보면 이 수도회의 주장이 항상 마음에 드는 것이 아니었다. 수도회 신부들이 하는 목회 활동은 세속 신부의 목회 사역에 지장을 초래하는 경우가 자주 있거나, 또는 최소한 항상 이런 의심을 받고 있었다. 그러나 수도회가 면책 특권, 즉 주교의 감독을 받지 않고 교황에게 직접 책임을 지는 권한을 갖고 있었기 때문에 수도회 수도사들은 주교들로부터의 공격이 차단되어 있었다.

또한 이런 종류와 마찬가지로 수도원과 세속 권력과의 계속적인 연대는 수도원 공동체들과 유사 단체들의 주위에 커다란 담을 치고 있어서—어떤 때는 축복이었고 어떤 때는 불행이었지만—교회가 넘보기가 쉽지 않았다. 그러므로 16세기의 공식적인 교회 개혁 운동이 수도원들에 대해서는 꼭 호의적 입장으로만 나타나지는 않았다는 것은 어쩌면 당연하다고 볼 수 있다.

트리엔트 종교회의를 있게 하고 또한 주도한 개혁 프로그램은 수도원의 근본적인 것들에 대해 아주 급진적인 처방 여러 개를 내놓았다. 이렇게 해서 15세기에 이미 이에 대한 대담한 계획들이 발표되었는데, 그 내용이 모든 수도원 공동체들이 세 개의 기본형인 베네딕트 수도회, 어거스틴 수도회, 프란시스 수도회의 가족 중 어느 하나로 돌려 놓자는 것이었다.

또 다른 계획에 따르면 수도원과 수도회의 재산은 중앙에서 관리하고 처리함으로써 경제적 상황이 나쁜 소규모 수도원에 안전 장치를 마련하고 또 어쩌다 들어오는 기부 헌금을 통한 도움에 매달려 있는 것을 중지시키고자 했다.

또 다른 개혁에 대한 제안은 주교에게 이들 수도사들에 대한 감독권을 강화하고 수도사들에게서 면책 특권을 해제시켜야 한다는 것도 있었다. 일반적 요구가 수도원을 줄이고, 아무나 수도사가 되지 못하게 하기 위해 후보자의 시험을 엄격하게 강화하는 것이었다. 이것을 위해서는 수도원에 들어갈 수 있는 나이가 법적으로 정해져야 하며 견습자의 견습 수행도 엄격하게 이뤄져야 한다는 것이었다.

이런 모든 여러 가지의 심사숙고의 결과가 트리엔트 종교회의의 모든 수도사에 관한 칙령으로 공표되었다. 이것은 25번의 회의를 통해서 결정된 것으로, 특징은 급진적인 갱신과 현재의 실제적 상황과의 주목할 만한 타협으로 이루어진 것이었다.

수도회들은 그들의 다양성과 독자성을 현재처럼 그대로 유지한다. 잘못된 오류들은 법을 통해서 정비한다. 법이 새로운 삶을 만들어 내는 것은 아니니까! 교구의 주교들에게는 지금보다는 더 많은 영향력의 권한이 주어지지만 로마의 권한으로 되어 있는 면책 특권에 관한 것은 주교들의 권한 밖에 있다.

또한 새롭게 만들어진 구속력 있는 수도회칙은 이와 함께 세상에서의 영향력 행사를 거절할 수 있으며, 그러나 개혁을 위한 작업에서 "세속의 팔"이 주는 도움은 받아도 좋은 것으로 놓아두었다.

이로써 수도원과 수도회들은 계속해서 교회와 세속 권력 사이의 독자적 존재인 종교적, 영적인 실체로 남아 있게 되었다. 이 종교 회의가 결정한 프로그램은 최소의 것을 규정한 것으로, 유용한 외곽 규칙이었다. 삶의 현장에서의 구체적 실천은 수도회에 속한 사람들 자신의 몫이었던 것이다.

제9장

혁명과 왕정복고 시대의 수도원

200여 년 동안 수도원들은 트리엔트 종교회의에서 규칙으로 정한 내용을 자신의 삶에서 실현했고, 또 터져 나오는 개혁의 싹들을 계속 키워갈 수 있었다. 그런데 이러한 개혁 프로그램이 활성화 될 수 있느냐 하는 것은 각 나라의 정치적 상황과 전체 교회의 종교 상황과 직접 맞물려 있었다.

프랑스에서는 16세기에서 17세기로 넘어가는 시기는 특별히 종교적으로 활발한 활동과 활동의 결실이 있던 시기였다. 이 "경건한 사회적 분위기"(상류층에 속하는 귀족 평신도들과 개혁 의지를 가진 주교들에 의해 주도되었음)는 교회적 삶을 주관했다.[1]

---

1) "경건한 사회 분위기"에 관해서는 H. Jedin, *Handbuch der Kirchengeschichte 5*(Freiburg 1970) 3-119 참조.

이 분위기가 기존의 수도원들과 수도회적 공동체들에 의해서 수용되었다. 개혁의 의지를 가진 수도원 중 몇몇은 이 새로운 경건을 따르는 추종자들에 의해서 폭력적으로 수용되기도 했다. 이 개혁 세력들은 새로 생겨나는 수도회 공동체를 위해서 프랑스의 문을 열었다. 이렇게 해서 프랑스는 기존 수도원의 개혁과 새로운 공동체들의 주목할 만한 성장에 특별히 적당한 나라임을 나타내 주었다.

트리엔트 개혁법은 무엇보다도 기존의 전통적 수도원들을 지역적으로 묶도록 했다. 중세 때부터 이것은 효과적인 개혁에 대한 관심으로 계속해서 요구되었던 것이다. 프랑스 베네딕트 수도회에 두 개의 수도회가 생겨났는데, 이들이 프랑스에서의 기존 수도원들을 새롭게 꽃피게 할 수 있었다. 멀리 보면 이것은 사실 이탈리아의 개혁 수도원인 파우다 지방의 귀스티나(S. Giustina) 수도원의 영향을 받은 것으로서, 이제 이것이 프랑스 수도원들에 새로운 형태로 나타나게 된 것이었다.

우선 베르덩에 있는 성 반네 수도원 출신의 돔 디디어 드 라 쿠어(Dom Didier de la Cour, 1550-1623)에 의해서 이 성 반네 수도원이 개혁되었다. 여기서 시작된 이 개혁이 약 50여 개의 프랑스 수도원들을 개혁되게 했고, 이들이 함께 모여 강력한 중앙집권적 연합체를 형성했다.

이 수도원들의 영성은 "경건한 사회 분위기"에 의해 자극받은 것으로 새로운 영적인 삶을 나타내 보여 줄 수 있었다. 이 수도원의 신부들은 공부를 가르치는 일과 목회 활동을 넘겨받았으며, 이것으로 프랑스의 종교적 갱신에 일정한 공헌을 했다. 수도원들 내부적으로는 경건, 금욕, 학문이 조화 있게 결합하여 있었다. 성 반네 수도원의 설립자는 수도사들이 순수한 학문적 훈련과 활동을 하도록 촉구했다. "무식한 베네딕트 수도사는 그 자체로 모순이다"라는 말은 돔 디디어가 개혁할 때 구호로 내건 말이었다. 이렇게 해서 베네딕트 수도사들의 새 시대적인 발전은 학식 있는 수도사를 만들어 내었다.

이런 개혁 수도원들의 입장이 두 번째 프랑스 베네딕트 수도원 연합체에 의해 받아들여졌다. 프랑스 중부 지역의 반네 소속 수도원들은 1618년 성 마우루스에 의해 독자적인 수도회 연합체로 연합되었다. 파리의 성 게르마인 데스 프레스 수도원이 곧 이 마우루스 연합체의 중심지가 되었다. 중앙 기본법으로는 성 반네 수도원의 것을 몇 가지 수정해서 채택했다.

돔 그레고레 타리쎄(Dom Gregore Tarisse, 1575-1648)가 초대 총무원장이 되어 개척자로서 선구자의 역할을 했다. 성 반네 수도원에서처럼 여기서도 역시 수도원 밖에서 하는 일로서는 수업과 목회가 그대로 받아들여졌고, 수도원적 "본래 과업"으로는 연구와 학문이 주어졌다. 역사에 관한 특별 학습이 모든 수도사에게 의무 과목으로 지정되었다.

이 수도원이 이렇게 자리를 잡음으로써 마우루스 연합체는 이 시대의 학자들의 연합체에서 가장 우수한 모임이 되었다. 다케리, 루이나르트, 몽트후콘, 특히 마빌롱은 역사에 관한 연구와 출판으로 이 연합체의 학문적인 명성을 견고하게 해주었다. 이들은 중세에 있었던 그들의 선배들이 그랬던 것처럼, 학문 활동을 통해서 "베네딕트 수도사의 전형적" 모습을 나타냈다.

성인전, 텍스트 편집(최초의 어거스틴 출판물), 외교학, 고지리학의 영역에서 이룩한 이들의 업적은 오늘까지도 인정받고 있다. 하지만 이들이 이런 일을 한 것은 그 자체가 목적이 아니었다. 이 마우루스 수도회가 원래의 수도원 규칙을 자기들의 시대에 맞추어 수행하면서 매일의 "강독"을 한 학문 활동의 결과가 이것이다. 규칙 준수와 학문의 결합에 관해서 마빌롱은 그의 『수도원 학습 교과서』에서 다음과 같이 쓰고 있다.

"우리는 우리의 학습에서 다른 목적이 아니라 예수 그리스도를 가져야 한다. 그러므로 학습은 우리나 다른 사람들에게 있어서 우리 구주가 우리에게 그의 인격 안에서 모범을 보이는 새로운 인간을 만들어 내는 것을 목적으로 할 뿐이다."

이 수도회와 이것의 프로그램은 곧 급속히 확장되었다. 물론 이것이 마우루스 수도회 수도사들 모두가 제대로 된 학자가 되었다는 것을 의미하는 것은 아니다.

그런데 마우루스 수도회 규칙을 받아들이는 것이 어디서나 기꺼이 이루어진 것은 아니다. 세속 권력과 교회 권력이 주는 온건한 압박은 오히려 활동을 촉진시키는 경우가 많았다. 추기경 라 로케프콜드(La Rochefoucauld, 1645년 사망), 프랑스 교회 개혁의 주도적 인물이었는데, 이 사람은 마우루스 수도사들 배후에서 폭넓은 영향을 미쳤다.

이 마우루스 수도회는 개혁의 의지가 아예 없거나 반쯤 있는 분파들을 받아들이는 데서도 실제적인 제도를 발전시켰다. 개혁의 입장에 서지 않은 수도사들도 이 수도원에서 계속해서 식사와 숙소를 제공받았다. 이 수도사들은 숫자가 많던 적든 독자적인 지도자 밑에 독자적 공동체를 형성했다. 그러나 수도원에서의 모든 책임 있는 직위는 개혁 입장의 수도사들이 차지했다. 이것은 한 수도원 안에 두 개의 공동체가 있도록 한 것이었다. 하지만 이것 때문에 특별한 어려움은 생겨나지 않았다. 비 개혁적 입장에 선 사람들은 소수였고, 그래서 이들은 차츰차츰 자연스럽게 사라져갔다. 슈미츠(Ph. Schmitz)에 따르면 "이들은 수도원에서 보면 퇴직자에 해당하는 사람들로, 수도원은 이들에게 잠잘 곳과 먹을 것을 제공했지만, 이들은 수도원과는 완전히 별개인 사람들이었다."[2]

프랑스 시토 수도회 역시 개혁을 해야 했으나 이쪽은 좀 더 어렵게 시작되었다. 하지만 이 수도회에서 역시 그 시대의 특징적 흐름이었던 개혁이 내부에서 전적으로 독자적이고, 또 가장 관심 있는 것으로 떠올랐다. 아만드 쟝 부티어 데 랑스(Armand Jean Bouthillier de Rance, 1626-1700)는 추기경 리슐리외(Richelieu)의 조카로 시토 수도회 개혁에 기초를 놓은 사람이다. 대공 시대(Grande Siecle)의 대표적 전형인—귀족적이며, 높은 학식과 최고의 교양이 갖추어진, 그리고 여러 개의 수도원을 관장하는 성직록 여럿에 이름이 올라 있는—이 사람은 30세

---

[2] *Geschichte des Benediktinerordens* 4, 37.

가 넘으면서 급격한 참회의 체험을 통해 새로운 삶을 갖게 되었다.

그는 수도원으로 봐서는 아주 볼품없는 작은 수도원인, 그리고 자신의 성직록에 포함되어 있던, 라 트라페 수도원으로 들어가서 수도사의 삶을 시작했다. 1664년 그는 원장이 되어 개혁적 입장에 선 무리의 지도자가 되었다. 자신의 수도원에서 그는 시토 수도회의 근본적 이상을 재활성화하고자 했다.

시토 수도원의 다른 곳에서 일어났던 개혁 노력과는 무관하게, 그는 이 이상을 자신의 독자적 입장에서 추진했다. 염세주의와 엄격함을 특징으로 하는 그의 신앙적 성향에 따라 그가 보는 수도사의 삶은 무엇보다도 참회와 속죄를 특징으로 했다.[3] 이것은 물론 베네딕트 규칙과 원래의 시토 수도회 프로그램을 아주 주관적으로 해석한 것이었다. 그러나 그의 급진적 요구 즉, 육식, 물고기, 달걀, 버터 등의 금지, 계속적인 침묵, 학문의 배척, 수공업 노동 등을 요청하였다.

모든 반박과 저항에도 불구하고 많은 지원자들이 이 라 트라페 수도원으로 몰려들었다. 이로 인해 이 수도원은 시토 수도원 개혁의 중심이 되었고, 그 결과는 다른 수도회에서 있었던 개혁의 빛을 바랠 정도가 되어 시토 수도회 내의 새롭고도 독자적인 분파의 기원이 되었다.

17세기의 종교적 삶에서 프랑스가 주도적 역할을 했다는 것은 프랑

---

3) 데 랑스에 관해서는 A. J. Krailsheimer, *Armand Jean de Rance*(Oxford 1974); - *The Letters of Armand Jean de Rance*(Kalamazoo 1984); J. Gobry, *Rance*(Lausanne 1991) 참조.

스에 여러 종류의 종교 단체가 새로이 설립되었다는 데서도 잘 나타난다. 이런 것들의 배경이 되는 종교적 분위기에서 전통적인 수도원적 삶의 모습에다 사도 활동을 가미한 일단의 새로운 성직자 공동체가 생겨났다.

빈첸츠 폰 바울(Vinzenz von Paul)은 "자비의 자매들"이라는 모임을 통해서 정규의 조직화된 박애회를 만든 사람이다. 이 사람 또한 성직자 공동체를 세우고, 이를 통해 프랑스의 시골 사람들을 다시금 교회와 종교적 삶으로 이끌었다. 빈첸츠 자신이 원래 오랫동안 지방 교구에서 선교사로 활동했던 인물이었다. 이런 노력은 그런데 지속해서 할 수 있는 제도화된 기관을 통해서만 결실을 볼 수 있었다.

이런 노력의 결과로 생긴 프랑스에 선교를 위한 성직자 모임은 1633년 교황 우르반 8세에게서 공인받았다. 이 모임은 프랑스의 성 라자레에서 결성되었으므로, 이들은 보통 라자레단이라고 했다. 빈첸츠는 이 공동체를 위한 규칙을 직접 작성했다. 조직 체계상으로는 종신직으로 선출된 총무원장이 중심적 지도자가 되는 기존의 수도원들과 같은 모습이었다. 그러나 다른 것은 수도회가 가지는 엄격한 특징을 포기했다는 것과 또 선교사를 공동체에서 사는 세속 성직자로 이해했다는 점이다.

이러한 현대화된 수도원식 삶의 같은 형태가 요한 야곱 올리어(Johann Jakob Olier, 1657년 사망)가 세운 성 술피스 성직자 공동체이다(술피스단이라 한다). 이것을 세운 설립자에 대해 같은 시대 사람이었던 위의 빈첸츠 폰 바울은 "영적 계급에 속한 자들이 황폐화는 교회

파멸의 직접적 원인이 된다"고 했다. 이 말은 이들이 성직자 교육에 특별한 노력을 기울이고 있음을 보여준다.

이것을 하는 데 있어 개인을 대상으로 교육하는 것은 충분치 않았다. 트리엔트 종교회의에서 반포된 개혁 칙령의 해당 규칙들이 그대로 현실에 적용되기는 어려웠다. 그래서 빈첸츠가 스스로 다른 동료들과 함께 직접 나서서 프랑스의 여러 교구에서 이 일에 매달렸다. 그의 영향을 받아 올리어 역시 1641년에 학습소를 세웠다. 그는 파리의 성 술피스의 목회자로서 목회 일을 하면서 동시에 성직자 교육을 위해 노력했다. 그는 그를 돕는 사람들을 원래의 사역 분야가 목회자 교육인 세속 성직자 공동체와 연합시켜 놓았다. 1700년이 되었을 때 이 술피스단은 이미 열 개의 학습소를 세워 운영하고 있었다. 설립자가 아직 생존해 있을 때 캐나다 성직자 교육을 위해 몬트리얼에도 역시 학습소가 세워졌다.

이런 종류의 공동체의 세 번째 것으로 요한네스 에우데스(Johannes Eudes, 1680년 사망)가 만든 것이 있다. 그는 프랑스 오라토리움단 회원으로 민중 선교에 헌신하다가 성직자 학습소로 온 사람이었다. 1643년 그는 민중 선교와 학습 교육의 목적으로 "예수와 마리아 선교 성직자들"(에우데스낭이라 이름한다)이라는 단체를 세웠다.

이 남자 수도 공동체 외에 또 가난한 자와 병자를 돌보고 소녀들을 교육하기 위한 새로운 여자 수도회가 생겨났다. 그 결과 1626년 낭트에 프랑스 민중들을 위한 다양한 구제 활동을 목적으로 "성 카알 보로메우스의 사랑 자매들"(보로메단)이라는 단체가 세워졌다. 로트링 지방의 신부였던 페트루스 푸리어(Petrus Pourier)가 1597년 크리스마스에 여자아이들의 교육을 위한 공동체를 세웠는데, 이것을 모체로 하여 "우리의 성모 사랑 수도회로부터의 성 어거스틴 여자 수도회"라는 수도회가 생겨났다. 이것은 이전의 성직자 수도회의 이상이 새로운 활력과 과제를 가지고 새로이 나타난 것이었다. 이런 여성 수도회에서 시험과 기도 영창은 교육 활동의 한 수단이었다. 이 시대에 프랑스로 와서 프랑스를 본거지로 해서 퍼져 나간 우슬라 수도회와 영국 여성은 이런 배경에서 나타난 학교 수도회의 한 형태였으며, 또한 이것이 프랑스를 넘어 다른 곳에서도 활성화될 수 있었던 이유이기도 하다.

프랑스 교회는 천천히 민중 학교가 특별한 과제임을 깨달았다. 여자 수도회에서 하던 학교 교육 활동은 일반 여자아이들의 교육과 더 상위의 교육을 목표로 하고 있었다. 새로운 모습으로 변화한 기존의 수도회들 역시 상급 학교에서의 교육을 이어서 발전시켰다.

18세기에 이 민중학교(초등학교?)가 시야(視野)에 들어왔다. 여기에도 역시 목적을 가지고 시작했던 수도 공동체의 형태에서 주어진 교회에서의 시작이 성공적으로 열매 맺은 것이다. 이 중에 가장 유명한 것이 "기독교 학교 형제단"으로, 이것은 1681년 라임 지역 성당 책임자였던 요한네스 밥티스타 데 라 살레(Johannes Baptista de la Salle)가 뢰엔에 세운 것이다. 이 수도회는 평신도 공동체였다. 삶의 유형과 규칙은 다른 수도회와 같았다. 이들이 내건 목적은 민중학교 교육을 하면서 동시에 민중학교 교사들을 양성하는 것이었다. 또한 첫 번째 교사

양성소(1699년 라임에 설치됨) 역시 이 데 라 살레스의 창작품이다. 그 후 1923년의 총회에서 이 연합 수도회가 활동 영역을 확대하도록 하고 더 상위의 상급학교를 운영할 수 있도록 허락했다.

프랑스에서의 수도원과 수도원의 삶의 모습이 시작된 것은 유럽 다른 나라들에서의 모습들과 유사하다. 물론 북쪽의 국가들은 다른 모습을 보여주고 있어 예외적인 곳도 있긴 하다. 그러나 어쨌든 유럽 대륙에 있었던 네 개의 수도원(그중 하나가 비스툼 힐데스하임의 람스프링에 있다)에 있었던 영국 출신의 수도사들이 고향에서 전수한 베네딕트식 전통을 계속하는 데 어려움이 없었고, 이는 또한 19세기에 새로운 영국 베네딕트 수도원 연합체가 결성되는 배경이 되기도 한다.

이 시대에 이탈리아에 새로이 생겨났던 수도원 중에 살펴봐야 할 가치가 있는 것이 몇 개 있다. 1597년에 칼라산차의 요셉(Joseph von Calasanza)이 성직자 단체를 결성했다. 이 모임은 이미 있던 형태인 정규 성직자 단체의 모습을 그대로 따르면서 동시에 가난한 아이들에게 공부를 가르치는 것을 목적으로 했다. 그는 이 단체에다 "경건한 학교인 성모의 가난한 정규 성직자들"(그래서 경건한 사람들이라 불림)이란 이름을 붙였다.

이 모임은 1621년 교황 그레고리 15세에 의해 공인되었다. 이탈리아의 초등학교 교육에서 특별히 두각을 나타냈던 이 성직자 수도회는 이른 시간 안에 이탈리아 전역으로 퍼져 나갔다. 그리고 이들은 얼마 지나지 않아서 초등교육뿐 아니라 상급학교와 대학 교육까지를 담당했다. 예수회가 1773년 해산되었을 때, 예수회 수도사들이 담당했던 교육 활동을 이 경건한 사람들 모임이 계속 이어받은 경우가 많았다.

십자가의 바울(Paul von Kreuz, 1694-1775)은 1725년에 "우리 주 예수 그리스도의 십자가와 고통에 관한 모임"(수난자들)이라는 연합체를 설립했다. 은둔자적 체험, 그리스도의 고난을 높임, 열정적 참회가 특징이었으므로 이 모임의 설립자가 이 모임의 사역을 중세의 탁발 수도회의 수도사들이 했던 것처럼 목회 활동과 엄격한 수도사의 생활 모습을 결합한 설교자 공동체로 끌고 간 것은 당연했다. 이 수난자들은 다른 새로운 공동체들을 위한 하나의 사례가 되었다. 설립 목적은 어떻게 표현하든 분명히 목회였다. 또한 이 공동체의 특별한 영성은 그리스도의 십자가와 고난을 높이는 것 같은 특별한 예배를 특징으로 가졌다. 이들이 받아들인 규칙과 생활 모습은 많든 적든 이미 연합적 형태를 갖추고 있었던 이런 종류의 기존 수도회 공동체들에서 배운 것이었다.

"거룩한 속죄자" 모임(구속주 단)도 이러한 새로운 수도회의 범주에 속한다. 이 중요한 성직자 연합체가 생겨난 근본 배경은 제대로 알려지지 않다. 하지만 이것의 처음 출발점은 1730년부터 카스텔마레의 주교였던 토마스 팔코야(Thomas Falcoja)에게서 비롯되었다. 직접적 설립자는 리구리의 알퐁스(Alphons von Ligouri, 1696-1787)로서, 그가 1732년 성직자와 형제들을 모아 공동체를 시작했다.

이들이 가졌던 사역의 과제는 민중 선교였으며, 특별히 이탈리아의 버려진 산골 마을에서 설교하는 데에 힘을 기울였다. 엄격한 공동체

생활은 설립자의 경건성에 기인하는 것으로 이 경건성의 특징은 속죄자를 높이는 것과 성찬을 특별히 중요시하는 것이었다.

리구리의 알퐁스는 그 외에 성례전 신학에 해당하는 방대한 신학 문헌을 특별히 강조해서 공부하도록 했다. 이를 토해서 이 이탈리아 구속주단은 얀센주의와 가장 날카롭게 대적했고, 가톨릭 참회의 실제에 관해서는 표준적 권위를 가지게 되었다. 정치적인 어려움 때문에 이 모임이 빠르게 전파되지 못했다. 두 명의 독일인—타데우스 후블(Thaddäus Hubl)과 클레멘스 마리아 호프바우어(Klemens Maria Hofbauer)—이 이 모임에 들어감으로써, 이 새로운 수도원 양식과 이들이 하는 목회적 실제가 이탈리아 밖으로 전파되었고, 이 결과 특별히 오스트리아와 독일 또 동부의 주변 국가들에 새로운 사역 영역이 있음을 일깨워 주었다.

독일, 곧 프로테스탄트 종교개혁의 발생지인 이 나라에서는 수도원 삶의 갱신은 머뭇머뭇 시작되고 진행되었다. 종교 개혁 세력이 들어선 지역에서는 수도원들이 아예 사라져 버렸다. 1629년에 내려진 회복 칙령(독일 황제 페르디난트 2세가 내린 로마 교회 재산 회복령으로 종교개혁 이전에 로마교회 소유 재산으로 되어 있던 것은 다시 돌려주라고 정함: 역자 주)이 황제의 직속 소유나 간접 소유로 되어 있는 많은 종교 재단과 수도원들을 돌려주도록 명하고 있는 것은 사실이었다.

그러나 30년 전쟁에서 나타난 여러 가지 전쟁 통의 사건들은 이 칙령이 수행되는 데에 꼭 필요한 정치 권력적 전제를 빼앗아 가 버렸다.

1635년 황제는 이 칙령을 공식적으로 폐기했다.

장기간에 걸친 이 전쟁으로 나온 베스트팔렌 평화조약은 다시 한번 이전에 교회와 수도회가 가졌던 재산상의 지위를 회복해 주고자 시도했다. 교회의 재산을 소유하거나 종교적으로 사용하는 방법에 대해서는 1624년 1월 1일에 결정된 신분이 근거가 되어야 했다. 하지만 이것의 실행은 이미 변해 버린 상황을 바꾸기에는 역부족이었다. 실제로 수도원들은 가톨릭 국가들에만 남아 있었다. 수도원이 새로운 위치 설정을 할 수 있었던 곳은 단지 지배 권력이 종교를 바꾸어 다시 가톨릭으로 복귀함으로써 위로부터의 도움이 주어었던 곳에서만 가능했다.

적어도 종교개혁이 일어나기 전에 수도원 연합체로 묶여서 (개혁적 입장의) 단체를 구성하고 있던 부르스펠더 수도회는 심각한 타격을 입었지만 종교개혁을 잘 버텨 낼 수 있었다. 하지만 그들이 가졌던 근본 이상인 수도원의 자율성, 원장 선출에서의 독립성, 또 선출된 원장의 종신 지위, 그리고 어떤 수도사든 입회 서원을 한 수도원에만 평생 소속되어야 하는 것 등의 이상은 독일 전역의 수도원 단체들에서 수행되었다.

그런데 이것은 결점이 있었다. 전체 연합체의 대표자나 전체 총회, 또 시찰단에게 주어진 권력이 너무 미미했다. 부르스펠더 외에 여러 종류의 베네딕트 수도원 단체가 독일어를 사용하는 나라들에서 생겨났는데, 이들은 트리엔트 회의에서 결정된 개혁에 관한 사항들에 대한 자신들의 입장을 분명히 정하지 못하고 오랫동안 이곳저곳으로 떠돌아다니던 것들이 나름대로 형태를 갖추고 나타난 단체들이었다.

하지만 때때로 시도되던바 모든 독일권 베네딕트 수도회들을 "독일 베네딕트 수도회 연합"(Congregatio monasterio-rum O. S. B. in Germania)으로 묶고자 하는 노력은 끝내 이루어지지 못했다. 이 모임이 이루어지지 못한 중요한 요인은 무엇보다도 이를 통해 자신들의 영향력이 줄어들 것을 염려한 주교들이 반대하고 나섰기 때문이었다.

그런데 당시에 비교적 작은 수도원들은 심각한 위기에 봉착해 있었다. 교회의 개혁 작업은 재정적 기반을 필요로 했다. 그래서 베네딕트 수도원을 몰수해서 예수회에서 운영하는 학교의 생계 수단을 마련하고자 하는 계획을 세워졌다. 급진적 요구를 담은 이 계획은 결국 탁상공론으로 끝나고 말았지만, 그런데도 개개의 경우에서는 교회 당국이 이 계획을 실행에 옮김으로써 여기저기서 수도회 재산을 "재 분배"하는 일이 일어났다.

이런 상황에서 베네딕트 수도사들이 확실하게 살아남을 방법은 개혁을 실천하고 있음을 분명하게 보여주는 목회 활동과 교육 활동에 직접 참여함으로써 교회의 개혁 활동에 동참하고 있음을 보여주는 것이었다. 그래서 그들은 짤츠부르그 대학에다 공동으로 학문 활동을 하기 위한 중심 기관을 만들었다. 이 건물 건축에 개개의 수도원들이 활동적으로 참여함으로써 30년 전쟁 후에 다시 얻어진 그들의 생존력과 개혁된 자의식을 나타내 보여주었다. 특별히 훌륭한 수도원들 다수가 황제 직속의 소유로 되어 있던 독일의 남부 지방에서 수도원의 원장들과 수도회 단체들의 건축 의지가 바로크 양식의 예술품으로 나타나서 탁월한 발전 가능성을 보여주었다. 그들은 수도원 이름을 포도원, 또는 츠비발텐, 오토보이렌, 비블링겐 같은 토속적 이름을 택함으로써 다른 수도원들을 대표하는 건축물들이 되었다.

이 새로운 수도원들 역시 이전 세대처럼 수도원식의 생활 형태를 가졌다. 하지만 영적인 삶을 지탱하고 이끌어 가는 근본인 경건은 바로크 시대의 그것이었다. 이 당시의 베네딕트 수도사들은 수도원의 안에서든 바깥에서든 다른 수도회의 수도사들과 다른 것이 없었다. 독일 바로크식 수도원에서의 학문 활동은 프랑스의 마우린 수도원의 명성과 위상에 미치지는 못했다. 하지만 이 수도회를 모범으로 삼고 따르려 해서 영향을 받은 것이 분명하다. 전적으로 잘못된 것은 아니지만 마틴 게베르트(Martin Gerbert, 1764-1793)는 그의 교회사 연구에서 독일 수도회를 이 유명한 마우린 수도회와 (대등하게) 비교해 놓고 있다.

수도원들이 가졌던 커다란 도서관 방들은, 이것이 물론 대표적 건축물이라 하더라도, 그와 동시에 학문 보호의 의미에 대한 수도원의 생각을 증명해 주고 있다. 18세기의 수도원 학교에서는 자연과학이 주 교과목으로 다루어졌다. 이 "자연과학을 연구하는 골방"은 각 수도원장이 거의 독자적으로 개설한 것이며, 이 교육의 장에는 철저히 현대적 성향을 따라가게 했다.

그 밖의 다른 옛날 수도원들도 베네딕트 수도사들이 했던 것과 비슷한 진행을 했다. 시토 수도사들은 독일에서는 프랑스 수도사들이 했던 것과 같은 급격한 개혁을 하지는 않았다. 하지만 여기에서도 역시 연합체 결성은 있었는데, 이때 주도적 역할을 한 곳이 남독일의 살렘 수도원이다.

참사회 수도사들은 그들과 같은 계열에 속하는 어거스틴 성직자 수도회 수도사들이나 쁘레몽뜨레 수도사들과 같은 길을 걸었다. 바로크 수도원과 종교 재단은 모든 기존의 수도원들에 같은 삶의 틀을 제공해 주었다. 수도원 내부에서나 외부에서나 같은 생활을 하는 것은 이들이 이름과 복장과 수도회는 다르더라도 서로가 동화되도록 했다. 그래서 쁘레몽뜨레 수도사들에 대해 예를 든다면 "쁘레몽뜨레 수도회는 아무런 독자적 특징이 없다"는 말이 있게 되었다. 설립자의 유고집으로 출간된 변증론에서 수도회는 수도회 설립자를 가톨릭 성례론—역종교개혁과 바로크 시대의 가톨릭 교리의 중심점인—의 옹호자로 묘사하고 있고, 또 수도회 자신도 성례를 아주 높인다고 강조하고 있다. 이 수도회들은 저마다 독자적인 특별한 형태의 경건회를 가지게 됨으로써 서로 차이가 날 수 있게 되었다. 두 번째의 독자적 요소로 전통적 특징을 내세웠는데, 이는 각각의 수도원 공동체가 가진 "재산"이나 "특질"을 증명하기 위해서였다.

지대한 손상을 입으면서 종교개혁을 견뎌낸 탁발 수도회들 역시 17세기에 새롭게 조직화함으로써 한 세기가 넘는 동안 계속 확장하고 주목할 만한 활동을 할 수 있었다. 학교 사업과 목회 활동에서 지금까지는 곳곳에서 예수회가 개척자로서의 면모를 보여 왔었다.

이제 이 예수회가 했던 활동을 도시와 지방을 막론하고 탁발 수도사들이 넘겨받고 있었다. 탁발 수도사들은 이것을 마치 준비하고 있었던 것처럼 잘 해냄으로써 그들이 가진 현실 적응 능력을 다시 한번 증명해 보였다. 도시에서나 또는 시골 지방에서 탁발 수도회의 수도원들은 건축 양식에서 대수도원들의 복합 건축 형태를 자신들의 분수에 맞게 모방했다. 건축에서 역시 예수회가 교회와 연합 모임 공간(총회실)을 짓는 데서도 앞서 있었다.

예수회가 사람을 적재적소에 배치하고, 또 이를 통해 성공을 거둔 실제가 17, 18세기에 다른 수도회 공동체들에 지표가 되었고 모방하고자 하는 매력적인 모범으로 받아들여졌다. 이들이 했던 경건, 즉 묵상으로 꽉 짜인 것이 특징인 예수회의 경건 활동이 또한 다른 수도회들에도 널리 유행되었는데, 이는 수도원 밖의 세상에서도 똑같은 경건 활동이 유포되게 하는 계기를 만들었다.

17, 18세기에 예수회가 다른 수도회들보다 특별히 뛰어난 활동을 보인 것이 다른 전체 수도회의 생활 모습에 큰 영향을 미친 것이 분명하다. 이것은 18세기 후반에 이 지도적 위치에 있던 이 수도회가 여러 나라에서 집중 공격을 받은 데서도 잘 나타난다. 프랑스에서는 얀센주의 논쟁이 일어나 예수회에 대한 적대감이 새롭게 돌출했음을 보여주었다. 또 예수회와 탁발수도회 회원들이 1622년 로마교회를 홍보하기 위한 목적으로, 또 유럽 국가들의 선교 활동도 겸해서 하기 위해 활동하던 해외 선교에서도 예수회 수도사들은 제의 논쟁에 휘말렸고 (특히 중국에서), 다른 선교 담당자들의 새로운 비판에 직면하게 되었다. 유럽 국가들과 국가 교회가 교황에게 적대적인 정책을 취하면서 깨달은 것은 예수회 수도사들이 교황제를 방어하는 데 가장 열심이라

는 것이었다.

1759년에 이미 예수회는 포르투갈과 그의 식민지들에서 추방당했다. 프랑스, 나폴리, 스페인, 파르마는 1760년대에 자국 내에서 예수회를 금지함으로써 포르투갈을 뒤따랐다. 정치적, 교회 내적 압력 때문에 교황 클레멘트 14세는 1773년 결국 예수회를 해산했다:

"학교에서의 교육이 정치적, 교회 적대적 또 신학적인 것에 관심을 가짐에 따라 아주 복합적인 역학 관계가 형성되었고, 이 결과로 근본적인 개혁이 요구되면서 이것이 결국 예수회의 해체로 나타나게 되었다"(B. Schneider).

해산 교서로 내린 『주는 우리의 구원자』(Dominus ac Redemtor Noster)에서 교황은 자신의 권한인 수도회의 승인과 해체에 관한 권한을 따랐다고 밝히고 있다. 이런 결정에 대한 반대는 아무 데서도 나타나지 않았다. 이때의 상황, 즉 교황이 예수회를 해체하는 권한을 행사하도록 한 상황은 교황이 이것과 관련해서 실제로 거의 영향력을 행사할 수 없었음을 잘 보여주고 있다.

이러한 것은 이 교서가 수행되는 것을 통해서도 잘 나타났다. 프로이센의 프리드리히 2세와 러시아의 카타리나 2세가 이 교서를 받아들이지 않았다. 그들 나라에서는 예수회 수도사들이 학교 교육을 계속했다.

유럽 수도원의 역사를 보면 예수회의 해체는 수도원의 해체가 일반화되는 과정의 시작으로 이해되어야 한다. 18세기의 마지막 20년간과 19세기 초반은 수도원과 수도회들이 지금까지의 교회사에서는 전혀 경험하지 못했던 보편적 환속화를 경험하는 기간이었다.

예수회의 해체에 결정적인 역할을 했던 계몽주의의 열정에 경도되어 교회에 적대적인 시대 상황이 환속화를 주도했다. 수도원 재산을 국가적 목적으로 사용할 수 있는 가능성(이는 또한 예수회 해체 시에 실제로 행해졌던 처방이기도 하다) 타진은 수도원의 해체를 국가의 이익으로 연결하려는 광범위한 동기였다.

이런 상황에서 수도회 공동체는 내부적으로 심각한 영적 침체를 맞을 수밖에 없었고, 이는 곧 수도원의 위기로 이어졌다. 수도원의 영적 삶을 규정해 주었던 바로크 시대의 경건은 18세기 말경에 힘을 잃고 말았다. 이 경건이 새로운 삶을 만들어 내고 (생활을 통해) 끌고 나갈 능력이 더 없었다.

수도원들의 해체와 전체 수도 공동체들의 몰락은 세기가 바뀌는 시기에 나타났던 옛날의 전통적 유럽이 붕괴되어 갔던 커다란 정치적 사건들과는 무관하게 이루어졌다. 시대사조인 계몽적 합리주의가 수도사 이상을 근본부터 공격해 들어왔다. 수도사의 삶에 주어졌던 종교적이며 인간학적인 근거가 사라져 버렸다. 이런 삶은 이성에 반하는 것이며, 인간의 권리와 본성에 반하는 것이라는 것이다.

수도원을 적대시하는 문학이 반수도회적 분위기를 홍보하는 데 폭넓은 영향을 미쳤다. 계몽주의에 따른 역사 연구는 수도원 제도가 기독교가 생기기 전부터 있었고, 기독교가 아닌 다른 종교들에도 있음을 찾아냈고 또 수도사의 삶을 광신자, 정신 이상자, 얼빠진 자들이나 할 수 있는 "끔찍한 훈련"이라고 주장했다(L. Mosheim). 이 당시는 유용성이라는 척도를 가지고 해체 여부를 결정했는데, 이들이 보기에 수도원이 사회를 위해 유용한 면이 거의 발견되지 않았다. 세상의 눈으로 볼 때 수도원에서의 삶은 부동산을 기초로 한 값비싼 건물에서 높은 사람에게 고용되어 빈둥거리는 게으름뱅이들이 사는 것으로밖에 여겨지지 않았다. 교회 내적으로 취해진 수도원 정책은 이런 점에서 이해해야 제대로 이해가 된다.

1786년의 피스토야 종교회의는 모든 수도회를 통합할 것을 요구했고, 수도사들이 목회 사역하는 것을 금지하고 수공업에 종사하도록 했으며, 또한 단지 일 년에 한 번씩 수도 서원을 하는 의무만 가지고 있었던 수도사들 모두가 교구 주교의 감독을 받도록 하는 등의 조처를 했다.

프랑스에서는 "수도원 위원회"가 이와 비슷한 결정적 개혁 프로그램들을 만들어 냄으로써 1780년 이후 426개의 수도원의 해체와 그 밖에 다수의 소규모 수도원 공동체들을 완전히 해체하는 일을 했다.

또 베네치아 공화국은 이보다 먼저 이미 수도원들의 해체를 시작하고 있었고 토스카나, 팔마, 롬바르디아가 뒤따랐다. 스페인에서 역시 교회와 세속이 서로 같은 정책을 연합으로 실행했다.

요셉 2세(Josef, 1780-1790)는 오스트리아에서 자신의 어머니 마리아 테레지아가 도입했던 세속화 정책을 계속 이어갔다. 많은 대형 수도원들, 수도회 단체들, 소규모의 수도원들 등 바로크 양식으로 훌륭하게 지어진 수도원들이 폐쇄되었다. 그 이유는 바로 이들이 인간 사회를 위해서 "유용하지 못하다"는 것이었다.

　해체를 모면한 수도원들 역시 그들이 가진 삶 자체에서 큰 제한을 받게 되었다—새로 신입 수도사를 받아들이는 것과 수도회 회원 총인원 수에서 엄격한 인원 제한이 있었고(유명한 수도원이었던 흑삼림에 있었던 성 블라신 수도원에는 백 명이 넘는 수도사가 있었는데 20명으로 줄여야 했다), 수도원에서의 하루 일과를 국가가 규칙으로 정해 주었고, 젊은 수도사들은 국가 교육 기관에서 공부해야 했으며, 또 수도사들이 새로 정해진 교구에서 목회 활동의 책임을 맡는 것 등등이 의무로 정해졌다.

　다른 영주들 역시 이런 예를 좇아서 수도원과 수도원 재산을 다른 목적으로 사용할 수 있도록 했다. 마인츠 대주교이자 제후였던 에르탈의 칼 요셉이 1784년 대학을 새롭게 현대적으로 세우기를 계획하고 실천에 옮겼을 때, 그는 이 새로운 대학을 위한 물질적 비용을 마련하기 위해 마인츠 지역의 부유한 수도원 세 개를 해체했다.

　이런 식의 환속화 과정이 모든 유럽 국가들에서 행해졌다. 수도원이나 수도회는 구시대의 유물로 여겨졌고, 이 수도회에 속한 사람들이 의미 있는 일에 눈을 돌리고 이들의 재산을 유용한 목적으로 사용하는 것이 당대의 계명으로 생각되었다.

　바로 이어서 나타난 혁명의 수년간은 결과적으로 이러한 환속화를 전 유럽에서 일반적 현상이 되도록 했는데, 이는 1803–1806년에 최고조에 달했다. 프랑스에서는 "자유, 평등, 평화"의 구호 아래 아주 강도 높게, 또 야만적으로 수도원들을 타파해서 수도원 지도(地圖)에서 많은 숫자를 아예 없애 버렸다. 이후에 남는 것은 폐허뿐일 경우가 많았다. 클뤼니 수도원이 1790년 이후에 파괴되었고, 과거 수도원 역사에서 위용을 자랑했던 다른 수도원들 역시 같은 운명을 맞았다.

이 환속화의 물결은 정치적 압박을 통해서도 계속되었다. 이탈리아에서 큰 수도원들은 1811년까지 모두 해체되었다. 유명한 대 수도원인 몬테 카시노, 몬테 베르긴과 카바 등이 "국가 문서보관소"가 되었고, 이렇게 환속된 수도원 공동체의 사람들은 국가 공무원의 신분으로 이곳을 지키는 사람이 되었다.

스페인은 1809년에 수도원들을 폐쇄했다. 독일에서는 1803년에 제국 대표단 회의 결정으로 (수도원들을) 환속시킬 것을 법으로 정했다. 교회와 수도원에 속했던 재산은 라인 강 왼편 기슭의 피해에 대한 복구 비용으로 사용했다. 나머지 다른 수도원들 역시 영주들의 "완전히 자유로운 처분"에 맡겨져서 독일에서의 거의 모든 수도원 지역이 없어지게 된다.

이전에 대형 수도원에 속했던 것들은 하나도 이 소용돌이를 견뎌내지 못했다. 중세적이든 새 시대적이든 수도원 연합체들이 받는 압박은 모든 지방 수도회에도 영향을 미쳤다. 개별 (소규모) 수도회들은 그나마 현저한 제한에도 불구하고 명맥을 유지할 수 있었다. 수도원이 당연히 교회적 삶에 속했던 관계성이 이제 사라져 버렸다. 대중 사회는 이렇게 (바뀐) 진행을 당연한 것으로 받아들였다. 이 과정에서 순교자(목숨을 걸고 저항한 사람들)들은 유혈 혁명 기간의 몇 년 동안에 프랑스 수도원에서만 나왔다. 다른 수도사나 회원들은 수도원 해체를 환영했고 폭력적인 억압에 대해 감사와 겸손으로 이를 받아들이거나, 또는 아예 미리 스스로 해체하기도 했다.

한편 많은 수도원에서는 공동 연합회가 반대하고 저항함으로써 이 국가 주도의 해체 작업을 해체를 지연시키기도 했다. 극히 작은 숫자지만 일부는 다른 장소로 옮겨서 수도원적 삶을 계속했던 경우가 있기도 했다. 이런 경우가 슈바빙 비블링겐이 크라카우 옆 튀닉(1807까지 종속)으로 간 것과 성공적인 경우로 성 블라신 수도원이 라반탈에서 성 바울 수도원으로 된 것이었다.

수도사의 삶에 대한 소명을 진실하게 유지한 특별한 예를 프랑스의 라 트라페 수도회가 보여 주었다. 17세기에 데 랑스에 의해 개혁되었던 시토 수도원은 프랑스 혁명 와중에 해체되었다. 이 당시에 신입 수도사 교육을 담당했던 어거스틴 데 레스트랑(Augustin de Lestrange, 1827년 사망)이 수도사의 일부를 이끌고 스위스로 가서, 이전에 카르투지오 수도원 발 세인트가 있었던 곳에서 살았다. 1794년에 이들이 살던 이곳이 수도원이 되었고 데 레스트랑이 원장으로 선출되었다. 그는 데 랑스가 세운 엄격한 규칙을 더욱 강화하고, 당시의 다른 곳에서 수도원 해체의 흐름이 일반화되어 있던 이 와중에 벨기에의 베스트말과 독일의 베스트팔렌 지역인 다펠트에 새로운 수도원을 세웠다.

1798년 프랑스 혁명군이 스위스에 진주했을 때 발 세인트의 수도원은 파괴되고 말았다. 그러자 설립자였던 원장은 트라페식 수도사 생활을 계속하고 있었던 수도사들과 함께 바이에른, 오스트리아, 폴란드, 러시아를 방랑했다. 수도원 망명자 교회는 떠돌아다니면서도 엄격한 수도 규칙을 지켰다. 그들은 러시아에서 새로이 거주할 곳을 짓는 것을 추진했다. 그러나 1800년에 짜르는 그들을 추방했다. 이 망명자들의 일부가 다펠트를 거쳐서 다시 발 세인트로 귀환했는데, 이 역시 1811년 다시 해체되었다. 1814년 나폴레옹이 퇴위당하자 데 레스트랑은 다시 라 트라페로 돌아와서 이곳을 거점으로 프랑스에 새로이 수도원을 건립하는 일을 추진했다. 이 수도회는 모험적이라고 해야 할 방황을 하면서 환속화를 이겨냈다. 이는 이 당시에 가장 엄격했던 수도원 삶이 교회와 수도원에 적대적이었던 정책보다도 더 강했다는 것을 증명해주는 사례가 아닐 수 없다.

18세기 말에서 19세기 초까지는 구 체제를 뒤엎는 것이 일반적 흐름이었고, 이 흐름은 수도원 제도를 그것이 중세적이든 새로이 생겨난 것이든 뿌리째 부정하고 있었다. 수도원과 수도회들은 마지막까지 싸워서 타파해야 할 구질서에 속하는 것이었다. 계몽주의적 자유주의가 이런 흐름을 계속 주도하고 있었다. 또한 이제 지방 영주 지배가 아니라 국가가 직접 통치하는 체제가 구축됨으로써 교회 역시 단면화되어 교회의 새로운 질서를 수중에 넣고 있는 국가 교회 제도가 만들어졌다—예나 지금이나 종교 세력이야말로 권력 유지를 위해 가장 안전한 보호막이다.

이전의 수도원들을 다시 복구한다거나, 수도사 거주 지역을 새로 만든다거나 또는 공동체를 다시 세우는 것들은 모두 이제 국가 고위층의 생각에 달려 있게 되었다. 이런 와중에서 불가피하게 생겨난 교회의 자각은 복고의 표현 속에 계속 잠복해 있었다. 수도사의 삶이 교회를 도운 것도 복고 프로그램에 해당된다. 바로 이 수도사적 삶의 영역에서 수십 년이 지나지 않아 지금까지의 교회사에 유례가 없는 주목받을 만한 열매를 맺은 복고가 나타났다. 교회의 관심은 "좋았던 옛 시절로 돌아가는" 것이었으므로 가톨릭 체제와 교리를 조심스럽게 현재의 실정에 맞게 조정하는 정책과 낭만주의가 가진 열광적 열정을 한데 묶어서 새로운 종교적 감정을 만들어 내고 이런 분위기에서 수도회가 다시 소생할 수 있도록 하고자 했다.

그런데 나폴레옹은 1801년의 협약에서 수도회 문제는 거론하지 않고 그대로 두었으나(1789년 국가평의회 결정은 프랑스의 모든 수도회는 해체되었다고 공포했었다), 1807년 빈센트 폰 바울 소속 박애 자매단에게 활동 재개를 허락했다. 이 자매단의 사회 활동을 황제가 도왔고, 그래서 이 자매 공동체는 프랑스를 근거지로 해서 전 세계로 퍼져 나갔다. 그뿐만 아니라 그들이 처한 사회적 상황 때문에 모든 나라이 그들이 오는 것을 요청했다. 이들은 수도회에 속한 사람들이 사는 삶의 전통적 형태와 공공적인 사회 구제 활동이 함께 결합한 형태였고 또한 이들이 가진 형태는 곧이어 새로이 생겨난 많은 여자 공동체들의 표본이 되었다.

교회의 복고 운동을 무엇보다도 잘 나타내 주는 표시가 1814년 교황 피우스 7세에 의해 이루어진 예수회의 공식적 부활이었다. 1773년 교황이 이를 해체했지만, 그런데도 예수회는 완전히 사라져 버리지 않았다. 러시아 지방회는 계속 존속했고, 예수회 소속이었던 수도사들이 그 동안 사적 사제 모임으로 함께 연대하고 있었으며, 그래서 원래 예수회가 가졌던 목적과 이상이 그대로 이어져 오고 있었다. 예수회가 부활하자 이 사람들이 다시 모여 왔고, 예수회는 급속히 성장했다. 1820년경에 이미 2천 명의 회원이 되어 있었다.

하지만 예수회 조직에 관한 생각은 저마다 달랐다. 1773년 이전에 있었던 수도회의 모습을 복구하는 것과 새로운 시대에 맞게 적극적으로 적응하는 두 성향이 서로 조화를 이루어 결합하는 것은 쉬운 일이 아니었다. 1820년 로마에서 주선해서 개최된 총회에서 예수회는 원래의 형태를 그대로 유지할 것을 결정하고, 새로운 상황에 관해서는 교황의 신학과 교회 정책을 위한 역동적 도구가 될 것을 결정했다. 활동에 관해서는 이 수도회 수도사들은 전통적 활동 분야인 학교, 민중 선교, 해외 선교, 피정들을 다시 받아들였다.

예수회를 부활시킨 바로 그 해에 교황 피우스 7세는 수도회의 부활을 위한 개혁 총회를 개최했다. 총회는 정신 개혁에 관심을 가져야 했으며, 동시에 이전 수도원들의 부활과 옛 연합회들의 복구를 감독하는 것에도 눈을 돌려야 했다. 교황은 옛날부터 있었던 수도원 규칙을 하나로 통합하는 것이 이전 수도원들을 위해서 도움이 되리라고 생각했다. 바티칸 영내에서는 흑의(黑衣) 베네딕트 수도회와 백의(白衣) 베네딕트 수도회가 각각 하나씩의 총회를 부활시키려고 했다. 인위적으로 생각해 낸 이 계획은 성사되지 못했다. 하지만 이전 대수도원들의 몇몇이 재건될 수 있었고 이들은 또한 몬테 카시노에 연합 총회가 생기므로 함께 연대하게 되었다.

시토 수도회 수도사들 역시 교황이 나서서 새로운 연합체를 만들고자 했다. 이들은 겨우 몇 명이 다시 모였고 대수도원은 거의 남아 있지 않은 상태에서 교황은 대표자가 된 산타 크로체 수도원을 로마에 세움으로써 단일 수도원 연합을 형성하려고 했다. 하지만 이 노력은 계획으로 끝나고 말았다. 이렇게 조직적으로 체계화된 단일 연합체가 만들어지면 자신들의 계속된 존립이 위협받으리라고 생각한 이탈리아 밖의 지역 수도원들이 반대했다. 외국인이 총무 대표가 될 경우 각 지방 영주들에게 걸림돌이 되기가 쉬웠고 수도원 해체의 원인이 될 수 있었기 때문이다.

프랑스에서 시토 수도회는 어거스틴 데 레스트랑의 활동에 힘입어 짧은 시간에 새로운 사람들을 모아들일 수 있었다. 이곳에는 역사적, 영적, 국가적 배경 때문에 독자성을 계속해서 추구하고자 하는 엄격한 규칙이 전체 분위기를 주도했다.

탁발 수도회의 복구 운동 역시 같은 어려움을 겪었다. 이 수도회를 복구하고자 하는 시도도 교황 피우스 7세의 직접적 관여로 시작되었다. 하지만 처음부터 이 수도회가 국경을 초월하여 사람끼리의 연대로 묶여서 대형 수도원을 형성했던 옛날의 모습을 되찾고자 하는 것은 무리였고, 나라별로 소규모의 새로운 생명력을 불어넣을 수 있는 데에 그쳤다.

도미니크 수도회는 이탈리아 수도원에만 제한되었으나 연합체를 형성했다. 스페인 지역의 (도미니크) 수도원들은 자신들만의 독자적 연합체를 만들었고 그 외 나라들에서 설교 수도사로 활동하던 수도사들의 모임들 역시 독자적 단체가 되어 수도회 지휘 체계와는 직접적 관계가 없는 조직이 되었다.

이 세기의 중반쯤에 수도회의 복구 갱신 운동은 안정권에 접어들 수 있었다. 프란시스단 수도회들 역시 어렵게 진행되긴 했지만, 복구가 시작되고 있었다. 가장 빠른 진행을 보인 곳이 카푸친 수도사들로서 이들은 새로운 시대 흐름과 잘 연결해 갔다. 이와 반대로 콘벤투알 회는 환속화로 인해 받았던 손실을 도저히 회복할 수가 없었다.

프란시스단(團)의 옵세르반츠회(會)는 이중의 어려움에 빠져 있었다. 그 하나는 스페인과 이탈리아 사이에 서로 관계가 엄격히 단절되는 상황에 처하므로 생겨 난 어려움이었고, 다른 하나는 옵세르반츠회 자신과 3개의 개혁 단체들, 즉 옛 카타리파에 속하는 디스칼체아트 (Discalzeaten)단과 개혁자 모임이라는 단체, 또 레콜렉텐이라고 불리는 새 모임 단체들과의 사이에 나타난 긴장이었다. 문제가 되었던 것은 원래는 사소한 문제인 수도원의 관습과 생활 양식에 관한 것이었다. 왜냐하면 이들은 서로 다른 관습과 양식이 있었기 때문이다. 하지만 이런 차이는 그들이 서로 다른 독자성을 갖고 있다는 것을 증명해 보이고 서로 연합하고자 하는 연합 운동을 와해시키기에는 충분했다.

중세에 있었던 나머지 수도회들도 모두 이와 비슷한 혼란스러운 상황에 놓여 있었다. 19세기가 한참 지났을 때 이들 수도회는 각 지역회들 나름으로 안정될 수 있었지만, 그러나 수도원이 이전에 가졌던 위상에 이르기에는 불가능했다는 것은 분명하다.[4]

---

4) 프랑스에서 도미니크 수도회가 복구되는 데는 개종자이자 설교가로 유명

17세기에 생겨난 수도회들이 실질적으로 도약하고 발전한 때는 복구의 시대이다. 옛 수도회들이 차츰 기운을 회복해 갔을 뿐 아니라, 새로 결성된 수도회들도 교회적 활동 분야에서 활동을 시작하고 있었다. 이 일에는 프랑스와 이탈리아의 교회가 앞장섰다. 프랑스에서는 아직 혁명이 진행 중이던 시기에 신부 페터 쿠드린(Peter Coudrin, 1827년 사망)이 "예수와 마리아의 거룩한 마음을 위한 모임"이라는 단체를 만들었다. 그는 이 남자들의 모임 외에 백작 부인이었던 헨리트 아이머 데 라 슈발레(Henriette Aymer de la Chevalerie)와 함께 여성들의 모임도 만들었다. 이들 두 명의 설립자는 각기 사형 선고를 받고 프와티에 감옥에 갇혀 있을 때 서로 알게 된 사이였다. 혁명에서의 경험은 수도회들을 위해서 특별한 것이었다. 사제 활동, 선교에 관한 일, 교육 활동 등을 통해서 혁명을 통해 나타난 정신적 피폐를 다시 돌려놓아야 했다.

이러한 수도 공동체들이 추구하는 이념의 핵심은 속죄하는 마음으로 하는 사랑을 통해서 혁명가들이 가진 증오를 극복해 내는 일이었다. 그래서 외부적 활동도 내적이고 참회적이며 기도하는 삶과 같이

한 라코르데(D. Lacordaire, 1802-1861)가 큰 역할을 했다. 그는 수도회를 재건하면서 겪은 경험을 다음과 같이 묘사하고 있다: "…우리들(수도사)은 다시 왔다. 그런데 사실 우리가 죽지 않고 살아남은 것은 우리의 공이 아니다. 이는 마치 흐르는 물결에 있는 상수리나무가 밑둥 근처에 도토리를 가지게 되는 것이 하늘로부터 영양분을 줘 얻는 것과 마찬가지이다. …수도사들은 상수리나무들처럼 불멸의 존재들이다."

함께 묶어서 했다.

  남성 모임—이들은 본부가 파리의 데 픽푸스 거리에 있어서 픽푸스 선교단이라고 불렀다—은 나중에 오세아니아 지역 선교 업무를 담당했고, 그래서 프랑스의 국경을 너머까지 활동을 확장했다.

  1816년에는 후에 마르세이유의 주교가 된 칼 요셉 오이겐 폰 마체놋(Karl Joseph Eugen von Mazenod, 1861년 사망)이 프로방스의 아익스에다 "프로방스 선교사들"이라는 단체를 설립하는데, 이 단체는 1826년 공식적으로 교회의 승인을 받았고 "순결한 처녀 마리아회"라고 이름 붙였다. 이렇게 됨으로써 사제 공동체들이 다시금 소생하게 되어 목회 활동—즉 대중 선교, 영적 훈련, 교육, 청소년과 재소자 전도 또 이방 선교(1841년부터 캐나다에 선교)—와 전통적 의미에서 수도원적인 공동의 삶이 다시 결합되었다.

  같은 시기에 리용에는 "마리아회"가 생겼는데, 이는 쟝 클라우데 마리 콜린(Jean Claude Marie Colin, 1875년 사망)이 모으고 조직한 것이었다.

  성직자 수도회단이 1836년 교황의 재가를 얻어서 공식 승인을 받았는데, 이들은 자기 구원과 특히 마리아 숭모 이상을 교육, 선교 활동과 결합하고자 했다. 또 다른 "마리아회"도 있었는데, 이것은 1817년 빌헬름 요셉 하미나데(Wilhelm Joseph Chaminade)가 보르도에 세웠다. 초기에 세워진 수도회들은 폐쇄적인 수도 공동체는 거의 없고 오히려 함께 모여서 선교 활동을 하고자 했던 영적인 뜨거움을 가진 (일반) 사람들의 모임인 경우가 많았다. 하지만 나중에는 마리아회 사제회 공동체, 즉 마리아 형제단과 마리아 자매단이 생겨나 (종교적 신분을 가지고) 학교 교육과 영적 사역을 담당하는 모임이 만들어졌다.

여러 종류의 영적 활동을 중심으로 만들어진 이러한 단체들 외에도 프랑스에는 몇몇 평신도 공동체가 있었는데, 이들의 주 업무는 가톨릭 학교에서 봉사하는 것이었다. 가장 대표적인 것이 요한네스 밥티스타 데 라 살레가 세운 학교 형제단이다. 이 모임은 이런 활동을 하거나 만들 때 전형적인 모델이 되었다. 이들이 자신들만의 독특한 특성이자 새로운 것으로 갖고 있는 것은 그들이 가진 독특한 영성에 대한 표현이라고도 말할 수 있는 특별한 경건회뿐이었다. 한편 1817년에 세워진 마리아 학교 형제단들의 특징은 마리아 숭모이고, "레 푸이의 예수의 거룩한 마음의 학교 형제단"(1831)의 특징은 예수의 마음을 숭모하는 것이었다.

새로운 수도 연합체를 낳게 한 다른 요인들도 있다. 요한네스 밥티스타 데 라 살레는 그에게 속한 모든 학교 형제단원들에게 공동생활을 할 것을 권했기 때문에 쟝 마리 로버트 데 라메나이스(Jean Marie Robert de Lammenais)가 1824년 학교 형제단이라는 모임을 설립해서 소속 회원들이 단독으로도 작은 마을 학교에서 활동할 수 있도록 하고자 했다(소위 프로에르멜 학교 형제단이라 불린다).

이런 모임들의 몇몇은 지속해서 활동할 수 있었고, 다른 나라로 활동 지역을 넓혀 갈 수도 있었던 것으로 보인다. 새롭게 만들어진 단체들이 너무 다양하고 또 공동체들의 이름들 또한 너무 어지럽게 뒤섞여 있어서 19세기 초에 활동하던 여자 수도회들을 살펴보면 혼란스럽기까지 하다.

그리스도인의 이웃사랑과 사회 구제 활동을 펴던 많은 수녀회들은 다음 세대에 이어서 온 산업 시대에 아주 큰 역할을 했다. 이 여자 수도원들은 여러 나라에 빠른 시간에 퍼져 나가고 결실을 거두어 대단히 많은 숫자가 생겨났다.

"이들의 설립에 관한 이야기는 개괄적으로 단순화시켜서 말할 수 있는데, 거의 모두가 같은 사건으로 설명해도 된다. 그들의 활동 사역이 (근본적으로는 종교적이라는) 같은 것인데도 아주 복잡한 다양성으로 나타나는 것을 이해하기 위해서는 여러 지역에 떨어져 살았던 수도원들의 삶을 전체적으로 조망할 필요가 있다. 어떤 경건한 처녀가 자발적으로, 또는 어떤 사제의 권고를 따라 어린이 교육이나 가난한 자, 병자를 돌보는 사역에 헌신하는 일을 시작한다. 이렇게 되면 얼마 지나지 않아 이 여자가 하는 일에 감명을 받은 처녀들이 그 여자에게 몰려와서 일단의 모임이 이루어진다. 그 지역의 영주 부인이나 여성주(女城主)가 이들에게 도덕과 재정에 관한 지원을 하고, 사제는 그들에게 용기를 북돋아 주고, 또 그들이 활동하는 데 방해 요소가 되는 것을 막아 준다. 예수회나 다른 수도회 출신의 목회 지도자가 나서서 전체를 관장해서 정식 수도회를 설립하도록 한다. 집을 사고, 주교가 개입하고, 정식으로 승인받기 위해서 규칙과 복장과 책임자 여성, 수도원 이름, 도와줄 후견인, 또 신입 회원 수련원이 필요하게 된다. 이 모든 것이 차츰 갖춰져서 제대로 된 모습을 갖추게 되면 이들은 드디어 교황과 정부의 승인을 요청할 준비가 갖춰지는 것이고 날을 잡아 신청하는 것이다. 이렇게 해서 새로운 공동체가 태어난다."[5]

설립 동기는 각 국가가 나름대로 가진 사회적 문제였다. 이 사회적 문제란 학교 교육을 제대로 받을 수 없었던 마을과 도시의 청소년들, 돌보지 못하고 내버려 두어야 했던 교회의 병자들과 노인들이었다. 이들 문제에 대한 해답으로 주어진 것이 바로 종교 공동체의 설립이었는데, 이들은 과거에 이미 이러한 문제를 해결하는 데 모범을 보였던 선례를 남겨 놓고 있었다.

중세의 대형 수도원들(어거스틴 수도회, 도미니크 수도회, 프란시스 수도회, 칼멜 수도회 등)과 그들이 가졌던 규칙이 새로이 다시 살아나되 원래는 전혀 예상하지 못했던 새로운 다양성으로 등장했다. 그 이유는 물론 이들이 새롭게 세워진 종교 공동체를 통해서 새로운 모습으로 부활했기 때문이다.

지리적 경계 지역이 설립에 직접적 영향을 미치는 사례가 늘어났다. 어떤 수도원이 세워지면 그 이웃 지역이 비슷한 종교 공동체를 설립하고 그들이 모범으로 삼은 수도원의 이름, 복장, 영적 가르침의 방향 등을 거의 그대로 모방했다.

교구 경계 지역이 그대로 종교 공동체의 경계가 되는 경우가 많았다. 아주 낯선 교구에 맨 처음에 세워진 공동체는 독자적 뿌리를 내려

---

[5] P. de Bertier, La Restauration, H. Jedin의 *Handbuch der Kirchengeschichte* 6. 257에서 인용.

야 했기 때문에 이런 경우는 여러 가지 특징이 요약된 독자적 수도원이 되었다.

또한 국가적 경계도 분리와 독자적 수도원으로 발전하게 하는 요인이 되었다. 왜냐하면 국가 정부는 수도회가 설립되는 것을 승인하던가 거절하는 주체였기 때문에 다른 지역의 원장 수녀는 "환영받지 못하는 사람"(*persona non grata*)이었기 때문이다.

19세기에 사회 활동을 목적으로 한 여자 수도회 모임이 많이 설립되었다는 것은 가톨릭교회가 사회 문제에 적극적으로 개입할 의사가 있었다는 것을 충분히 증명해 주는 증거가 된다. 또한 이렇게 설립된 여자 수도 공동체 모임이 빠르게 성장했다는 것을 사회적 배경에서 본다면 이 시대가 여자 수도회가 많이 나타났던 중세나 후기 중세 때의 사회 상황과 비슷했다는 것을 알 수 있다.

또한 이들은 각기 종교적 특징을 가진 사회 기관이라는 중요한 요소를 가지고 있다. 여자 수도회들은 종교적 욕구가 있었던 여성들의 세계에 안전하고도 보장받는 삶의 공간을 제공해 주었다. 이 새로운 공동체들은 여자들에게 보살핌과 교육 활동을 통해서 중요하고도 공공적인 활동에 참여할 수 있는 길을 열어 주었다. 이 공동체들은 그 외에도 다양한 환경에 속해 있던 여러 젊은 여성들에게 교회와 사회에서 활동할 가능성을 찾아 주기도 했다.

실상 개신교의 복음교회도 이러한 면에서는 이들을 좇아가고 있는 것이 분명하다. 왜냐하면 복음교회의 사회봉사 연합단체들도 변화된 양태이긴 하지만 수도원의 기본 이상을 받아들이고 있기 때문이다.

프로테스탄트 교회도 성장해 가면서 역시 같은 사회관계로 들어갈 수 있었다.

사실 복음교회가 했던 조직적 구제 활동은 같은 사회적 환경을 전제하고 이해해야 한다. 카리스마적이며 조직화의 능력이 뛰어났던 사람들, 즉 요한 다니엘 팔크(Johann Daniel Falk, 1768-1826), 요한 힌리히 비헤른(Johann Hinrich Wichern, 1808-1864), 프리드리히 폰 보델슈빙(Friedrich von Bodelschwingh, 1831-1910) 등의 사람들이 고대 교회의 구제 활동을 교회에 접목하고자 하는 프로그램을 발전시켰으며, 이 맥락에서 19세기의 정신에 바탕을 둔, 동시에 산업 시대의 문제에 대한 대답으로서의 사역 활동을 만들어 냈다.

이들은 복음적 입장에서의 수도회를 만들고자 했던 것이 아니었다. 하지만 이들이 만든 구제 공동체들—이 중에 가장 잘 알려지고 모범적 특질로 폭넓은 영향을 미친 것이 플리드너(Th. Fliedner)가 1836년에 카이저베르트에 세운 구제 기관이다—은 수도회와 비슷한 성향을 가지게 되었다. 이 자매 공동체는 신앙, 봉사, 생활 공동체로 알려져 있다. 이들은 전통적으로 수도회적 삶이라고 생각되는 요소들을 받아들이고 있는데, 이들은 공동 소유, 공동체에 속해 있는 기간의 독신주의, 통일된 복장, 집합과 교육의 장소로서 본부가 사용된 것들이다.

그런데 이런 요소들이 이것 자체로 종교적 가치로 당연시되지 않았다. 이 요소들은 기능을 위한 근거로 이해되어 주어진 과제를 위한 도움으로 생각되었다: "주 예수 그리스도의 봉사자 됨과 그를 위해서 도와야 하는 모든 것에게 도움을 주는 자매이며 또 자매들 서로에게

도움을 주는 봉사자들."⁶⁾

하지만 어떤 일에든 봉사할 준비가 되어 있는 마음가짐이 근본적으로는 종교적 자세를 기초로 한다는 것은 아주 강조되었다. 이는 매일의 성경읽기, 침묵기도, 영적 성찰 등이었고, 강조 이유는 이 구제 활동을 하는 자매들이 "주의 여종"(눅 1:38)으로 살아야 하기 때문이다.⁷⁾

그 외에도 그들은 자신들이 가톨릭적인 수도회의 이상과는 전혀 다르다는 것도 강조했다. 하지만 그들은 맡은 과제들이나 봉사와 공동생활 형태의 동기가 종교적이라는 데서 같았기 때문에 실제로는 같아지게 되었다.

프랑스 목사였던 베르메일(Vermeil, 1799-1864)은 파리 뢸리 구제단의 공동 설립자로서 개신교에다 여자들을 위한 "수도회"를 설립하고자 했기 때문에, 그가 세운 공동체를 개신교 교회 안에 수도회 사상이 새로이 소생한 것으로 자리매김하도록 했다.⁸⁾

사회 활동 업무를 가진 이 공동체가 물론 기독교 수도원의 처음 시

---

6) F. Biot가 쓴 *Evangelische Ordensgemeinschaft*(Mainz 1962) 94-98의 *Grundordnung der Kaiserwerther Diakonissen*에서 인용..
7) 윗책 95.
8) 19세기 동안에 성공회 교회에 나타난 중요한 갱신 운동은 당시 사회의 요구와는 연결점이 거의 없다: 중요한 역할을 한 것은 오히려 가톨릭의 활동이었다. 1842년에서 1961년 사이에 존재했던 34개의 수도원 중 다섯 개는 다시 없어져 버렸다. 현재까지 남아 있는 수도원 중에 나름대로 중요한 의미가 있는 것들은 다음과 같다: 엄격한 베네딕트 수도원인 나쉬돔, 목회 활동을 강조하는 미어필드, 또 켈함 수도원, 코울리 교부들과 성공회 프란시스단 등이 있다.

작점을 제공하고 있지 않다는 것은 분명하다. 하지만 수도원이 사회 활동에 참여하는 것을 소홀히 했던 적은 없었다.

계몽주의가 수도원에 강력하게 요구했던 항목인 인간을 위해서 유용성이 무엇인지를 증명하라는 요구가 19세기에 공동체가 새롭게 설립되는 데에 영향을 미친 것은 이런 면에서 이해 가능하다. 물론 새롭게 세워진 수도회들 모두가 첫 번째 목적으로 내세운 것이 전통적인 목적인 "자기 구원"과 하나님을 섬기는 것이었다.

하지만 이런 목적과 떨어질 수 없는 관계에 있는 것이 인간에 대한 봉사였다. 지금까지 전해져 내려온 금욕, 공동 기도, 또 개인 경건의 자리를 영혼을 돌보는 일과 사회적 영역의 일이 대신에 하게 되었다. 대외적인 활동을 하는 수도회는 교회와 사회에서 유용한 존재였고, 더욱이 존경받는 활동 단체였다.

19세기 전반에 새로운 수도회와 수도 단체들이 생겨나고 이들이 존경을 받으며 사회 활동의 가능성을 찾고 있는 동안에, 옛날의 고전적 수도원들 역시 천천히 새로운 활력을 찾을 수가 있었다. 새롭게 설립된 것 중 가장 중요한 것이 프랑스에서 일어났다.

프랑스인 젊은 신부였던 프로스퍼 루이스 파스칼 구에랑(Proster Louis Pascal Gueranger, 1805-1875)이 1832년에 옛날 마우린 수도회인 솔레스메 수도회를 소유하게 되었다. 일 년 후에 그는 새로운 수도원 공동체를 설립하고자 다섯 명의 동료와 함께 여기서 살기 시작했다.

이들은 수도원적 삶에 대해서 경험한 것이 전혀 없었기 때문에 설립자 구에랑은 단지 공부하는 것과 옛날 베네딕트 수도원이 가졌던 과

거의 영광에 심취해서 이것을 근거로 수도원 프로그램을 만들었는데, 이 프로그램은 로마(교황)의 축복(승인)을 얻어냈다. 이 단체 솔레스메는 수도원이 되었고, 동시에 프랑스 베네딕트 수도회의 모 수도원이 되었다. 구에랑이 원장이 되었다.

새 원장은 자신들이 계속해서 마우린 수도회의 전통을 따를 것을 분명히 했지만, 규칙에다 원래의 수도원이 가진 이상적 제도를 본받아 모든 수도회가 자율적으로 원장을 선출하고 선출된 원장은 종신토록 원장의 직을 수행한다고 바꿔 놓았다. 그는 프랑스에 빠른 속도로 수도원들이 생겨나고 이들이 연합체로 구성되기를 원했지만, 이전에 연합체들이 가졌던 강력한 중앙집권 체제를 거부했다. 또 그가 있는 수도회의 수도사들은 어떤 외부 활동도 포기하도록 했다. 이렇게 해서 관상을 중시하는 수도 단체가 다시 등장하게 되었다.

원장 구에랑은 예배를 중시해서 수도사들에게 예배를 첫 번째 과제로 제시했다. 그것은 베네딕트 규칙에 있는 요구로 "어떤 것도 예배보다 더 중요시되어서는 안된다"(43, 3)는 내용인데, 이것이 새롭게 발견되고 재해석 된 것이다. 그래서 수도원의 일과 시간 중 성무일과가 가장 중요한 시간으로 자리 잡게 되었다.

이곳에서 드려지는 축제적 분위기의 예배는 그 화려함에서 중세의 클뤼니 수도원의 장려한 예배를 회상시켜 주었다. 또한 수도사의 학문적 연구도 역시 일정 부분 예배라고 이해되었다. 이렇게 해서 솔레스메에서 갱신해서 시작한 성가 합창은 로마 가톨릭교회가 성가 합창에 다시 주목하고 가치를 재평가하는 계기를 마련해 주었고 널리 퍼져 나갔다.

이 수도회의 설립자였던 원장 자신도 예배의 역사나 예배 해석에 대한 사역을 함으로써 예배에 관한 것을 사회에 알리는 데 큰 역할을 했고, 또한 자신이 속한 수도원에서는 세상 교회에서 드려지는 모든 예배가 예배학적 갱신이 필요하다는 근거를 제공했다. 그 결과 구에랑은 그의 수도원과 수도회에서 새로운 베네딕트 예배 모범을 만들어 냈다. 이는 삶의 모습에서 예배를 최고 가치로 놓고 사는 모습이 바로 수도원에서의 삶의 형태라고 이해하도록 함으로써 수도원 삶과 예배를 서로 연결한 것인데, 이는 또한 예배에다 어떤 귀족적 성향을 심어 줌으로써 예배를 엄격하게 정형화된 생활 모습으로 이해하게 했다.[9]

처음에는 어려웠으나 나중에는 특별하다고 할 만큼 훌륭히 발전한 이러한 수도회 외에도 1850년에 두 번째의 베네딕트 계통의 수도회가 프랑스에 세워졌다. 이 경우 역시 일반 성직자가 스스로 전승되어 오던 수도원식 삶의 형태를 찾아낸 경우이다. 쟝 밥티스트 무어드(Jean Baptist Muard, 1809-1854)가 그 사람으로, 그는 트라피스트 수도회의 엄격함과 사도를 따르는 활동을 서로 접목한 형태의 성직자 수도원을 세우려고 했었다. 이 "설교하는 트라피스트 수도사"의 이상은 실현되지 못했지만, 그의 노력의 결과로 이탈리아의 수비아코 수도회에 소속한 베네딕트 수도원 삐에르 크비 비레(Pierre-qui-vire)가 세워졌

---

9) L. Soltner, *Soltner, Solesmes et Dom Gueranger*, 1805-1875(Solesmes 1984).

다. 얼마 지나지 않아 이 수도원은 프랑스에 독자적인 지역 수도회를 세움으로써 프랑스 안에 독자적 지역 수도회를 형성했다.

속세화의 흐름 속에서 대형 수도원은 하나도 살아남지 못했던 독일에서는 베네딕트 수도원의 재기가 바이에른에서 시작되었다. 바이에른 왕 루드비히 1세(1824-1848)는 1830년에 바이에른 하부 지역에 있던 옛 수도원인 메텐 수도원을 재건하는 것을 허락했는데, 이것을 계기로 차츰 이 지역의 베네딕트 수도회들이 재기하는 데 성공하게 되었다.

이 수도회 소속 수도원들은 수도원식의 삶에 활동적인 학교 사역과 목회 사역을 결합했다. 1847에는 메텐 수도원 출신의 보니파즈 빔머(P. Bonifaz Wimmer)가 이러한 수도원 활동을 미국으로 가져감으로써 이 바이에른 베네딕트 수도원 활동이 미국에 이식되어 특별히 활발하게 활동했던 미국 베네딕트 수도회의 활동 계기를 마련했다.

솔레스메를 모범으로 하는 베네딕트 식의 관상 수도원이 1863년 호헨촐러른 지방 보이론에 설립됨으로써 시작점을 마련했다. 설립의 기초를 놓은 사람들은 기독교-게르만적인 중세에 대해 낭만적 예찬을 특징으로 하던 본 지방의 신학자들이었다.

처음 설립시에 분명하지 않던 이념 즉 독일 피난처의 제왕이나 "성령 수도원"식의 신학적으로 같은 성향을 가진 사람들이 모인 모임이라는 정도의 설립 이념이던 것이, 볼터 형제(파터 마우루스와 파터 플라치두스)가 로마식의 베네딕트 수도원인 성 바오로 수도원에 가입하는 것을 계기로 이념이 정형화되었다.

수도회가 호헨촐러른의 여자 영주인 카테린과 만나면서 결과적으로 보이론에 베네딕트 수도원을 건립하는 것을 가능하게 했다. 수도원식의 형태를 제대로 갖추는 데에는 구에랑의 규칙 해석을 모범으로 삼았다.

옛 독일 수도원인 부르스펠트 수도회와 슈바빙의 수도원이 서로 정신적으로 연결되어서 같은 성향을 가졌다. 이런 연결은 보이렌 지방에 보이렌 특유의 독자적 베네딕트 수도원 형태를 만들어 냈다. 특징은 장려한 예배와 문화 활동, 세부적인 것까지 상세히 규칙된 삶의 모습인 중세의 봉건주의적 전통을 계속 이어 가고자 하는 것이었다.

이 새로운 수도원은 스스로 미래에 대한 희망찬 기대를 열어 주는 새로운 수도회의 시작점이라고 인식했다. 이것이 자라서 제대로의 모습을 갖추게 되고, 이를 통해서 곧이어 베네딕트 수도회의 국제적 공동체가 만들어졌는데, 이는 아주 성공적으로 활동을 함으로써 수십 년 만에 영향력 있는 수도원으로 자라서 베네딕트 수도원을 대표하는 기관으로 성장했다.[10]

수도원들을 폐쇄해 버리고 수도사들을 추방하는 일이 계속되었던 유럽 국가들의 지속적인 수도원에 적대적인 흐름에도 불구하고, 또 수도원을 새로 건립하는 데 특별히 어려움을 안겨 주었던 사회 분위기에도 불구하고, 19세기는 가톨릭의 수도회들이 성장했던 시기로 보

---

10) 성 마틴 수도원 100주년 기념을 위한 기념 Beuron 논문집, *Beuron*(Beuron 1963).

는 것이 옳다. 독일 수도원들을 본다면 문화 투쟁이 수도원에 대한 법을 제정함으로써 수도원들이 희망찬 새로운 시작을 한다거나 폭넓은 계획을 수립하는 것을 불가능하게 했다.

이 당시에 수도원에서 쫓겨난 수도사들이 미국으로 가서 새로운 활동 가능성을 찾고자 시도하는 노력이 자주 있었는데, 이 노력의 결과로 북아메리카 교회 안에도 수도원과 수도회 모임들이 만들어질 수 있었다.

문화 투쟁에서 제정된 법률이 별로 영향을 못 미치게 되자 독일 지역에서 수도회적 삶이 파급되는 것을 막을 수 있는 방해물이 없어지게 되었다.

또한 당시 독일 제국의 정부가 식민지에 관심을 두고 있었으므로 19세기 마지막 십 년 동안에 있었던 수도회의 왕성한 선교 활동에 관심을 가지지 않을 수 없었다. 그래서 정부는 식민지 지역의 선교사들에게 대단히 호의적이었다. 이는 외국의 모든 모임이선교 공동체들에 독일의 경계도 허물 수 있도록 했고, 여러 종류의 수도회들이 독일 지역에 지역 수도회를 세우고, 목회 활동과 구제 사업 및 교육 사업을 할 수 있도록 했다.

이 당시 열정적 선교의 바람을 타고 독일에서 선교 수도회인 성 오틸리엔 베네딕트 수도회가 설립되었다. 설립자는 보이렌 수도원 출신인 안드레아스 암라인(Andreas Amrhein, 1844-1927)으로, 이 당시의 시대 흐름인 선교 열정에 영향을 받고 있는 인물이었다. 그는 베네딕트 수도회의 중세초 선교 활동에서 선교의 모범을 발견했고, 이 베네딕트식의 삶과 선교 사역을 서로 결합해 베네딕트식의 선교를 다시 살려 보고자 했다.

이 계획은 많은 어려움에도 불구하고 마침내 옛 독일 땅이었던 독일-동아프리카 지역에서 실현되었다. 그 결과 또한 아주 성공적이어서 다른 선교 지역에까지 이 방법이 전파되었다.[11]

19세기에 수도원과 수도회 모임들이 새롭게 강화되어 나타난 것은 전체 교회사에서 유일한 과정이라고 해야 한다. 옛 수도원들이 이 시대에 다시 존경받는 기관으로 주목받을 만한 생활 능력과 활동을 재발견해 냈다. 이 새로운 공동체들에서는 수도사들이 결속을 강화했는데, 각 공동체가 가진 생활 양식은 서로 꽤 큰 차이가 있었다. 그러나 이들의 과거를 돌아본다면 어쨌든 새로이 시작해서 모습을 만들어가기 시작한 것만으로도 대단한 것으로 인정해야 할 것이다.

하지만 생겨남에 얽힌 이야기들은 이러한 칭송을 반감시킨다. 이들이 새롭게 세워질 때의 실제에서는 곳곳에서 쓸데없는 싸움들이 있었고, 또 사람과 물질이 부족한 현실은 설립자들에게 거의 절망적인 어려움을 안겨 주기도 했다. 수도원이든 종단 수도회든 다시 세워지는 모든 모임이 상식의 정도를 넘는 하나님에 대한 신뢰, 교활하게 위장된 영업 활동, 가지고 있는 힘들을 무조건적으로 쏟아붓는 식으로 진

---

11) F. Renner(편집), *Der Fünfarmige Leuchter, Beiträge zum Werden und Wirken der Benediktinerkongregation von St. Ottilien*(St. Ottilien 1971-1990).

행되었다. 옛것의 복구에 대한 무조건적인 모방 분위기는 옛 수도원의 생활 방식이 분명해 보이는 생활 방식에는 무조건 고착하는 것으로 옛날의 수도원 제도의 기본 흐름을—이는 수도원적이요 절대적인 지도 원칙이 된다—굳게 붙드는 것으로 나타났다.

이러한 과거와 같아지는 노력은 수도 공동체들이 고유의 특징을 만들어가는 데서는 오히려 선택의 폭을 좁게 해서 원칙으로는 과거보다도 더 엄격한 금욕이 요구되고 실제로는 약화된 금욕으로 나타나는 결과를 가져 왔다. 수도원 안에서 사는 삶에서의 시시콜콜한 것들에 대한 사랑, 즉 가난, 공동 생활, 세상과의 관계, 경건을 중시하라는 가르침은 고통으로 다가올 때가 많았다. 이는 수도원 밖에서 사역하는 대부분의 수도사에게 특히 고통스러웠다.[12]

하지만 일정 부분 서로 조화되는 경우도 없지 않았다. "세상"에서 이미 사회 구제 활동을 했다거나 또는 목회 사역에 경험이 있는 사람들은 수도원에서 공동생활을 하는 것에서 이전의 수도원 전통의 맥과 보조를 맞출 수 있었다. 즉 이들은 자신들에 주어진 것 이상을 했다.

이 사소한 것은 그런데 또 다른 배경을 가지고 있었다. 이런 수도회는 다른 수도원들과 달리 고유의 특징, 자신들만의 배경을 가지고 있다고 공표하는 것이 되었다.

---

12) 새롭게 시작할 때의 어려움에 대해 잘 묘사한 것으로 예를 들면 M. Lohrum, *Die Wiederanfänge des Dominkanerordens in Deutschland nach der Säkularisation 1856-1875*(Mainz 1971)이 있다.

나아가 수도원 밖에서의 사역은 많은 수도원이 다 같았다. 하지만 이 사역에서 역시 다른 수도사들의 활동과 다른 특징을 나타내 주는 몇몇 수도회가 있었다. 예를 든다면 프랑스 추기경이었던 라비게리(Lavigerie)가 1876년 세운 성직자 공동체인 흰옷의 성직자들은 아프리카 선교를 유일한 사역 목적으로 세워진 수도회였으며, 자신 외에도 같은 목적을 가진 자매 수도원과 서로 연계되어 있었다.

하지만 이렇게 자신들의 활동 범위를 엄격하게 정해 놓는 것을 수도회를 구별 짓는 특징적 요소로 설명하는 것은 전반적인 차이를 설명하는 데 적절치 못하다. 차이를 설명할 때 흔히 거론된 것이 금욕에 대한 요구로서 기본적으로 요청되던 것들이 원래의 모습과 약간씩 차이가 나는 경우가 자주 있었는데, 이는 특별히 옷차림에 관한 규칙(특히 많은 여성 수도회들에서 자주 나타났다)과 공동체를 이끌어 가는 틀인 경건에 관한 내용에서 그랬다.

원래 베네딕트 규칙은 단순히 "하나님을 추구함"이 공동체의 기본 요소이자 수도사의 삶 전체를 포괄하는 내용이어서 이것이 요구되었으며, 아씨시의 프란시스는 그의 형제들에게 소박하고 단순하게 "복음을 따르는 삶"을 사는 것을 의무 사항으로 가르쳤는데, 새로이 만들어진 공동체들은 이것을 협소하게 고정해 버린 것이었다.

19세기의 경건은 이러한 시대상 안에 투영되어 있다. 19세기의 경건은 그리스도의 비밀과 성자 숭배 또는 기독교적인 실제의 삶 등의 부차적 요소들과 복잡하게 얽혀 있는 모습이었다. 새로운 수도원 공동체들은 이러한 기독교 경건의 부분적 시각을 받아들여 자신들 고유의 것으로 하고, 이것으로 자신들의 독자성을 나타내는 특징으로 합법화했다.

하나의 예만 들어 본다고 하더라도 당시에 널리 확산되어 있던 "예수의 마음 숭모회"를 들 수 있는데, 이 이상(理想)은 몇몇 수도원들에서 같이 몰두했던 이상들이다: "지고의 성스러운 예수의 마음으로 하는 선교회"(이는 1854년 슈발리에의 이수둔에 의해 세워진 것이다), "지고의 성스러운 예수의 마음을 가진 아들들"(1866년 이탈리아 사람 콤보니가 세웠고 여기서 20세기 초에 "지고의 성스러운 예수의 마음을 가진 아들들의 선교회"가 분리되어 나왔다), "지고의 예수의 마음을 가진 신부회"(1888년 레온 데혼이 사랑과 속죄의 정신으로 예수의 마음을 기리는 경건 예배로 시작해서 널리 퍼지게 됨).

여기는 동일선상에 있는 자매 수도원들이 덧붙여 열거될 수 있다. 이들 역시 같은 경건의 배경을 가지고 그들의 사역을 해나갔기 때문이다. 물론 여성들로 구성된 예수의 마음 수도회들이 있었고 여기에 속한다. 이들에게서도 이전 수도원에서의 삶의 형태와 새로운 경건의 모습을 결합한 새로운 프로그램을 발견할 수 있다. 예를 들면 "예수 성심의 어거스틴 자매 수도회", "예수 성심의 칼멜 자매 수도회" 등. 마리아 숭배가 부상하면서(1854년 동정녀 잉태의 교리가 나 옴) 많은 남성, 여성 수도회들이 마리아 영성을 그들의 근거로 삼았다.

이 시대를 나타내주는 특징인 "특별한 경건"이라고 이름 붙여진 경건의 흐름은 수도회들의 실체적 모습에 많은 흔적을 남겨 주었다. 이것은 단지 숭모한다거나 경건 예배의 형태로 특징 지워지는 협소한 모습으로 나타났던 새로운 공동체 개체들에만 해당하는 것이 아니다. 이런 경건의 흐름이 어디서 모습을 나타내면 곧 이런 흐름의 분위기를 형성해 주고 추종자들이 모이게 된다. 이렇게 되면 곧이어 하나의 독자적 수도회가 만들어지고 이 수도회는 어떤 특정한 경건의 모습에 대한 대변자이자 선포자가 된다.

이렇게 해서 많은 수도회 연합체들과 모임 단체들은 그들이 "교회적이되 무정부 상태"인 모습을 가지기를 바라면서도 동시에 자신의 독자성을 보여줄 수 있고 합법화할 수 있는 어떤 "독자적인 것"을 찾아냈다. 그 외에도 이 공동체들의 활동과 조직에서 서로 일치하는 것이 많았고, 또 여러 종류의 목회 사역이나 사회 활동에서 수도사들이 일하는 방식은 같은 경우가 많았다.

옛날 수도원 몇몇은 세기 말에 교황청에 의해 거의 강제적으로 단일 수도원이 되기도 했다. 이는 교황 레오 13세(1878-1903)에 의해 주도되었는데, 그는 이제 재건되어 힘을 되찾고 세상에서 활동하고 있는 프란시스 수도회들을 단일화된 통일체로 다시 묶었다. 프란시스 수도회에는 이 당시에 세 종류의 개혁 모임들이 생겨나 따로따로 활동함으로써 거의 독자적인 수도회가 되어 있었다. 이러한 독자적 수도회를 결성하게 할 만큼 강했던 이전의 열정은 사라진 지 이미 오래였다. 국가적 배경, 자신들만의 과거에 대해 갖고 있는 애정, 또한 수도 규약에 나타난 사소한 것들을 다르게 정해 놓음으로써 나타나는 외부적인 차이점은 이들의 분리를 더욱 첨예하게 했지만, 실상 이런 분리는 객관적인 근거가 없는 것이 사실이었다.

이 프란시스 수도원의 감찰관 출신이기도 한 레오 교황은 네 가지나 되는 수도원 갈래를 연합하도록 일을 추진했다. 이런 교황의 의도는 여러 갈래의 수도원에 속한 수도사들 다수의 의견과도 부합하는 것이었다. 그래서 1895년의 총회는 교황의 압력 하에 만들어진 단일화를 구체화하는 작업을 시작했으며, 마침내 1897년에 목적을 이룰 수 있었다. "작은 형제단"(Ordo Fratrum Minorum)은 이렇게 해서 총무원장을 정점으로 한 완전한 단일 조직을 재구축할 수 있었다.

이 통합의 결과 교황의 임명이긴 하지만 독일인으로 풀다 프란시스 지방회 출신인 알로이시우스 라우어가 수도원의 역사상 처음으로 원장 자리에 올랐다. 이제 중세에 인적 단일연합으로 만들어졌던 프란시스단이 원래의 조직과 규약으로 되찾은 것이다.

그런데 교황에 의해 주도되었던 통합 노력은 독자적인 생활 공간을 갖고 독립적 대수도원이나 수도회 연합을 구성하고 있던 전통적 수도원들에는 더 큰 어려움을 안겨 주었다. 이들은 중앙집권적으로 로마가 행정을 총괄하는 데에 전혀 익숙해 있지 않았다.

베네딕트 수도원에서는 1867년 로마의 상 안젤모에다 학습소를 다시 개교함으로써 연합을 위한 첫걸음을 만들었다. 이 학습소에는 어떤 수도원이든 수도연합체든 베네딕트 수도회 소속이기만 하면 모든 수도사를 받게 되어 있었다. 여러 다른 수도회에 속한 원장들이 이 연합 계획을 찬동했고 발전시켰다. 이들은 이 계획을 추진함으로써, 더구나 그들 수도원이 처음 모이고 시작된 그 땅에서 계승 발전의 문제에 적극적으로 뛰어듦으로써 수도회가 새로운 생명력을 가지게 되기를 희망했던 것이다.

연합을 위한 이러한 노력은 다음 해에 학습소를 확장하는 것과 맞물려 더욱 박차를 가하게 된다. 교황 레오 13세는 국제적인 베네딕트 수도원 하나에서 이 베네딕트 수도원을 하나로 묶음으로써 동방 교회와 서방 교회를 다시 결합할 수 있는 최상의 조건임을 알게 되었다.

교황이 보기에 동방 교회에 속한 사람들은 검은 옷을 입는 베네딕트 수도사들(베네딕트 수도사들은 파에 따라 다른 색깔의 옷을 입었다. 검은 옷은 가장 전통적인 베네딕트 수도사의 복장이다. 역자 주)을 통해서만 다시 합쳐지는 방향으로 갈 수 있었다. 교황의 이 계획은 실현되지는 못했다. 그러나 모두를 연합해서 로마가 관장하는 학습소를 세우고, 모든 베네딕트 수도사들을 법적으로 통합 관리하는 교황청의 관심은 그대로 추진되었다. 1897년 마침내 아벤틴에 새로운 학습소가 문을 열었고, 5년 후에 "베네딕트 수도사 연합"이라는 이름으로 전체 수도회를 통합한 통일체가 만들어졌다. 한 명의 수석 원장이 수도회의 총책임자가 되었다. 하지만 수도회와 수도원들이 갖고 있던 독립성을 계속 보장되었다.

시토 수도회에는 이 중앙 집권적 단일화가 절반만 이루어졌다. 이 수도회 역시 여러 분파로 나뉘어 있었는데, 분파마다 옛 전통을 이어가려는 노력이 계속되고 있었음에도 모든 분파는 각자의 생활 모습을 갖고 있었다. 이런 연합에서 가장 바람직한 모습은 두 개의 수도회로 나눠져서 서로 얽혀 있던 프랑스의 수도원들이 하나의 수도회로 연합하는 것이었다.

로마 교황청에서 나타났던 시도뿐 아니라 수도회 내부적으로도 나타났던 시도인 연합을 위한 적극적인 노력은 1891년에 드디어 이루어졌다. 하지만 이 연합은 개혁 분위기의 시토 수도회와는 거리가 멀었다. 결과가 레오 13세의 주도하에 한쪽 분파에 속한 수도원들을 하나로 묶어 독자적인 수도회 가족으로 연합하는 것으로 나타났기 때문이다.

이 이후에 시토 수도회의 대 전통은 각각의 총무원장을 가진 두 개의 독자적인 수도회에서 관리했고, 이들을 통하여 계승되었다. 이들이 "현실 적응파" 시토회(sacer ordo cister-ciensium)와 "엄수파" 시토회(ordo cisterciensium strictioris observantae; 트랖파)이다.

세속화를 가장 적극적으로 함으로써 다시금 괄목할 만한 성장으로 보이면서 생존 능력을 보여줄 수 있었던 성직자 수도회 역시 이러한 연합 노력에 관심을 보였다. 프레몽뜨레 소속 수도사들이 1883년에 다시 총무원장 제도를 도입해서 다시 하나로 연합된 이 수도회를 대표하도록 했다.

어거스틴파 성직자 수도회는 연합 운동에 노력을 기울이긴 했지만, 초기에는 목적을 달성하지 못했다. 각 분파는 존재 자체가 위기를 맞는 상황에서 독자적으로 살아남고 고립되었었다. 1959년에 가서야 4개의 어거스틴파 성직자 수도회가 하나의 연합체로 묶일 수 있었.

교황 요한 23세의 교서 『카리타스 유니타스』(Caritas Unitas. 자비의 연합)는 이 "사랑의 연합" 원칙을 천명해 주고 있는데, 이 연합체는 우두머리를 6년 임기로 선출된 원장이 맡지만, 이 또한 개개의 수도회들이 갖는 독자적 특성을 그대로 인정하는 특징을 가졌다.

제10장

근세 및 현대의 수도원

　수도원의 역사에서 근세 시대의 특징으로 설명될 수 있는 아주 분명한 특징은 강화와 안정이라고 할 수 있다. 이렇게 새롭게 갱신된 배후에는 1900년경의 새로운 도약이 있다. 이때의 도약은 오래전에 시작되고 있었다. 즉 이 시작의 주창자들과 주도 세력은 이 도약이 시작된 시대에는 이 세상에 없었다. 개개의 수도원 공동체들은 이때 그들의 새로운 영웅적 시작을 유산으로 계승하려는 노력이 최우선의 과제로 등장해 있었다.

　이런 생각은 다수가 모여 사는 모임에서는 가장 중요한 요소인 그들 공동체의 고유한 자의식과 존재 의미를 강화했다. 이는 자신들의 고유한 사역과 원래 목적에 대한 책임 의식을 고취했고 이것을 보존하고 계속하는 데 노력을 기울이도록 했다. 이는 후진 양성을 일으키게 했다.

　보통 수도원은 일반 신앙인들에게 수도원을 향한 길을 개방하고자 한다. 하지만 여기에서 필요한 것이 전통적인 수도사의 일을 그대로 해낼 힘인 것이다. 이때도 이런 노력이 있어서 1900년 이후 수도회원의 숫자가 꾸준히 증가했고 1965년에는 최고 숫자가 336,000명에까지 이르렀으나 그 이후는 감소 추세를 보인다.

수도원들이 급작스럽게 몰락하는 경우는 몇 안 되는 예외—즉 스페인 시민 전쟁 시에 수도사에 대한 박해와 수도원 폐기나 독일에서 국가 사회주의 시대에 있었던 박해와 폐기 운동 같은—를 제외하고는 없었다.

우리 시대의 중반 즉 1950년대를 넘어 오늘까지도 수도원과 수도회는 조용하게 특별한 문제 없이 가톨릭교회의 한 기관으로서의 자기 이해를 하고 지내고 있다. 이들 수도회 공동체들이 했던 일 중 병자를 돌보는 사회-자선의 사역과 학교 교육과 어린이 양육에서 보여준 위대한 활동들은 세상에 대한 교회의 봉사를 실증해 보여준 훌륭한 표시로 나타났다.

양차 세계 대전 기간에 이들 수도회의 형제와 자매들이 보여준 헌신적 사역은 국가를 초월해서 봉사할 준비가 되어 있음을 증명해 보였다. 전 세계를 향한 선교는 가끔은 국가를 등에 업고 하기도 했지만, 독일은 1918년까지, 다른 나라들은 아주 최근까지도, 그러나 현재는 선교를 목적으로 한 수도회들은—실제로는 가톨릭의 선교는 어제나 오늘이나 항상 수도사들의 몫이다—제3 세계 민중들에 대한 봉사를 통해 그들의 발전을 돕는 역할을 하는 임무를 갖고 있다는 것을 인식하고 있다.

19세기에 시작된 전통의 고수와 원래 목적에 대한 계속적 확장의 분위기는 제2차 바티칸 회의 시대까지 시대 흐름을 주도했다. 개개의 수도회들에는 이 시대까지 특별한 변화나 영향이 나타나지 않았다. 그러나 양차 대전이라는 세상의 정치적 사건인 재난은 수도원과 수도회에도 불어 닥쳤고, 이는 소요와 불안정, 또 위험을 수반했으며 이것의 영향은 수도원의 쇠퇴로 나타났다.

정치나 국가의 목적에 따른 선교 상황은 여러 선교국들에서 (새로운) 선교의 과제를 갖도록 했다. 모스크바의 국가 권력과 밀접한 관계에 놓여 있던 동유럽은 모스크바 지역에서 수도원과 수도회 연합을 만들게 하는 동기를 부여했다. 수도회 지부들이 지하로 숨어들거나 또는 서방 세계에서는 새로운 모임을 만들기도 했다. 몇몇 새로운 수도원 공동체—폴란드, 헝가리, 유고슬라비아 등에서—들이 원래의 모습으로 오늘날까지 그들의 고향에서 살아남을 수 있었고 현재도 활동하고 있다.

하지만 이 과정은 수도원들에는 시험이었고, 큰 타격이었으며 이쪽 저쪽을 막론하고 모든 수도원에 커다란 재난이었다. 그러나 수도사의 삶과 수도회의 수도회의 본질적 모습은 교회 내에서 흔들림 없이 자신의 자리를 지키고 있었으며 곳곳에서 그렇게 평가받았다.

이 시대의 수도원 역사에서 중요한 사건은 1917년에 새로운 교회법이 제정 공포된 것이다(Codex Juris Canonici). 이전에도 물론 수도회의 삶의 형태가 교회법에 포함되었고, 그래서 수도원을 대상으로 한 내용이 들어 있어서 어떤 수도회가 공적으로, 법적으로 인정받으려면 해당 주교와 교황에게 허락을 받아야 했고, 이렇게 허락을 받아야만 공식적인 수도 공동체에 속했던 것이 사실이다.

하지만 새로운 시대에 새로 생긴 많은 수도회은 이 기존의 법규와 맞지 않았다. 그러나 수도회들은 로마가 그들의 수도회를 공인해 주기를 요청했고 이런 요청이 빈번해 지자 교황청은 1825년 교황 레오 12세 때 소위 "데크레툼 라우디스"(*decretum laudis*; 특별법)을 제정하게 되었고, 이것이 근거가 되어 다음 시대에 교황의 승인을 받을 수 있는 첫 단계가 되었다.

새로 제정된 법전에는 설립 절차에 관해 명확하게 규정해 놓았다. 수도원을 설립하기 위해서는 우선 해당 교구의 주교의 허락이 있어야 하는데, 주교가 허락한 다음에 교황에게 보고하고 동의를 받는 것이 의무 사항으로 해서 수도회들이 주교의 관할하에 있음을 명시해 놓았다(법전 492조).

어떤 수도회가 교황의 승인을 받으려면 우선 예의 "데크레툼 라우디스"가 주어져서 가승인 상태에 있게 되고, 다음에 두 단계의 시험 기간을 거쳐 "협정 승인 칙령"이 주어짐으로써 마침내 법적으로 교황에게 속한 수도회가 되었다.

이 법전은 각 수도원의 일상적 요소인 새로운 수도사의 입회, 시험, 교육에 관한 내용, 수도회로부터의 탈퇴나 제명에 관해서(법전 646-672) 자세하게 규정해 놓고 있다(법전 539-591). 이 법전에는 또한 상급 지도자들에 관한 내용도 정해 놓아서 이들의 선출, 재임 기간, 지도를 규정하고 있다(499-517). 법전의 487-881까지에는 개개의 수도회들이 독자적 규칙을 제정할 수 있기 위한 모법(母法)을 규정해 놓고 있다. 이렇게 함으로써 1917년 이후에는 개개의 수도회가 갖는 자신들만의 독자적 특별법도 일반 교회법에 맞추어야 했고, 이 결과 많은 독자적 수도원 규칙이 생겨난다.

수도원에 관한 모든 문제에서 최고의 상급 기관인 교황청은 수도회의 최고 기관의 역할을 했던 셈인데, 이는 1586년부터 그렇게 해 왔고 1908년에 교황 피우스 10세 때에 재차 새로이 개편되었던 것이기도 하다.[1]

교회의 법전은 한편으로 수도회가 본질적으로 어떤 모습으로 어떤 위치에 있는지도 분명하게 규정해 주었다. 수도회의 모습은 어떻든 계속 공동의 삶을 살되 그 근거가 신앙이어야 하며, 기도는 일상적인 계명 외에도 청빈, 순결, 순종을 복음서의 요청으로 받아들여 이를 그들의 계명으로 서원(誓願)하고, 이 서원에 매이는 것을 말한다(487조)고 규정해 놓았다.

이런 정의는 역사적으로 만들어져 있던 것과 현재의 모습들을 그대로 옮긴 것이다. 그런데 이런 정의는 수도회가 다른 방향으로 발전하는 바람에 얼마 안 가서 한 걸음 뒤로 물러서게 되었다. 왜냐하면 최근에 수도원의 역사에서 특별한 움직임이 나타났기 때문이다.

---

1) 수도회에 대한 가톨릭 교회의 권한에 대하여서는 F. Eichmann-K. Mörsdorf, *Lehrbuch Des Kirchenrechts* 1(Paderborn 1958): 로마의 잡지인 *Commentarium pro Religiosis*(1920ff.)를 참조.

새로운 움직임이란 20세기에 나타난 세속 수도원을 말한다. 이 기관들은 원래의 수도회들이 하던 활동 영역에 모습을 드러냈으나 전혀 새로운 모습이라는 것은 한눈에 알 수 있다. 왜냐하면 이들 기관에 속한 사람들은 전통적인 수도회의 남자 수도사나 여자 수도사들이 가졌던 자기 이해와는 달리 자신들을 "새로운 종류의 급진적 소명"을 받은 자들로 이해했기 때문이다. 하지만 이런 종류의 기관들이 다양한 모습으로 설립되면서도 그 속에서 요약되는 교회적 이해는 다음과 같다.

> "세속 수도회들은 사제와 평신도의 동맹체로서 여기에 속한 회원들은 온전한 그리스도인에 이르기 위해서, 또 이들이 가진 사도적 사역의 온전히 이루고자 이 세상 속에서 복음의 가르침을 고백하고자 한다."[2]

이러한 정의는 새로 생긴 공동체들이 자신을 "세상적 공동체" 모임으로 이해하면서 이 모습으로 수도원 역사에 등장했다는 것을 보여주고 있다. 이런 기관들에 속해 있는 회원들이 가진 목적은 (전통적 수도사들처럼) 온전한 그리스도인으로 살고자 하는 것이다—즉 "자신을 거룩하게 하는 것"은 옛 수도회나 새로운 수도회나 일치하는 목적이다. 수도회의 목적은 어쨌든 사도적 사역인 것이다.

---

2) 교황 피우스 12세의 1947년 2월 2일 Provida Mater Ecclesiae 교황 칙령. 텍스트는 J. Beyer, *Die Kirchlichen Urkunden für die Weltgemeinschaften*(Einsiedeln 1963).

그런데 이 사도적 사역은 지금까지는 목회나 사회 활동 또는 교육 활동이었고, 또한 이런 활동이 행해질 때 수도회에서 독자적으로 하거나 아니면 교회적으로 행해졌었다. 그런데 새로 생겨난 사회 기관들은 여기서 한 걸음 더 나아가고 있다. 물론 이들이 독자적으로 한다고 하더라도 이들의 활동 역시 이전 수도회들이 했던 것에서 벗어나지 않는 것이 사실이다. 하지만 이들은 우선 독자적인 자신들의 기관을 아예 갖지 않고 있다. 즉 지금까지는 어떤 공동체에서 병원을 세우고 거기서 일하거나 또는 공동체의 이름으로 학교를 세우고 활동하는 모습이었는데, 이들은 그런 활동 기관을 전혀 세우지 않는 것이다. 이들은 회원들을 다른 조직이 가진 사회 기관들로 일하러 보낸다.

이들은 또한 사도적 활동의 범위를 모든 직업까지로 확대하고 있다. 여기에 속한 회원들은 세상의 직업에 그대로 속해 있으면서 자신들이 배운 직업 활동을 하는데, 자신들의 조직이나 교회와 관계없는 장소와 환경도 가리지 않는다.

이런 다양한 일들에 뛰어들게 한 것은 이 세속 수도원 공동체의 회원들이 이 일을 복음에서 명령하고 있는 그들의 의무로 받아들이고 있기 때문이다. 이 점에 한해서는 모든 수도회 소속 사람들이 같다. 즉 이들은 수도원적 삶에서 중요하게 생각되는 다른 요소인 함께 공동생활을 계속하는 것, 즉 함께 하는 삶은 포기하고 있다.

세속 수도회에 속한 수도사들은 혼자, 또 경제적으로도 자기 문제는 자기가 책임지며 어디서든 살아간다. 공동체에 속해 있다는 것은 외부적으로는 전혀 나타나지 않는다. 외부적으로 나타나는 삶의 형태는 아주 다양한 모습으로 나타난다. 이 중에서 어떤 모습은 혼자 살아서 어떤 연합체와는 관련이 없다는 것을 나타내 주기도 하며, 혹시 외부적 모습은 전혀 수도원적 색채를 갖지 않고 함께 생활하는 공동체가 있기도 하고, 또 더 큰 모임들이 모여서 함께 사는 대형화된 공동체도 있다.

복장에 관해서도 이들은 전혀 신경 쓰지 않는다. 많은 경우는 정해진 복장이 아예 없고, 복장을 가진 수도회들도 옷을 그냥 "평상복" 정도로 알고 있다. 겉으로 나타나는 생활 모습이나 어떤 신분에 있음을 보여주는 특별한 표시 등은 이런 공동체에 속한 사람들에게 별 의미가 없다.

하지만 이런 차이에도 불구하고 이들 역시 역사상의 수도회들과 같은 맥에 속해 있다. 왜냐하면 이들 역시 근본적으로 중요하게 생각한 것이 바로 과거 중세에 발전했던 형태인 중세적 탁발 수도회의 유형인 묶여 있지 않은 인적 연합의 형태로서의 탁발 수도회의 모습과 또 이를 근거로 해서 예수회에서 만들어진 모든 수도회적인 것을 철저히 포기하는 삶에서 경험되어진 것들, 그리고 새로이 만들어진 수도회들에서 다양하게 모방하고 여러 모습으로 나타난 것들을 그대로 이어받는 것이었기 때문이다.

현대적인 세속 수도회들은 물론 역사상 그들의 선구자를 갖고 있다. 선구적 역할을 한 공동체들은 예수회가 해체된 후 옛 예수회 소속 수도사들이 모여서 만든 공동체이다. 예수회식의 삶, 즉 수도사로서의 삶은 계속되어야 했지만, 외부적으로 수도회로 인식될 수 있다거나 공공적으로 나타내는 것은 철저히 숨기고 폐쇄적인 공동체로 유지되어야 했기 때문이다.

예수회 때 이미 나타났던 것처럼 회원들이 엄격한 자의식과 개인적 삶에서 엄격한 규범을 따르는 데 대해 활발한 활동을 보임으로써 세상을 향해 열린 태도로 서로 제휴하게 되었는데, 이것은 바로 세속 수도회에 그대로 재현된 경우인 것이다. 공동체 소속은 정신적으로 연결되고 철저한 시험, 후보자들의 선정, 독립적으로 사는 모든 회원에 대한 꼼꼼한 감시, 상급자들에게 철저한 보고 등의 요소는 엄격히 규칙에 따르고 있는 공동체의 모습을 보여주고 있고, 이는 바로 전통적인 수도사의 삶의 모습이 계속되는 것으로 이해될 수 있게 하고 있다.

"세속 수도원"이 옛 수도원들과 같아지게 된 것에 대해 다른 설명도 가능하다. 세속 수도원이 생겨나는 데 직접적 원인을 제공한 것이 19세기에 생겨나서 기존의 모습과 다른 모습으로 재구성했던 수도원들이다. 그런 이유로 세속 수도원의 설립자 중 대다수가 이 새로운 수도원 출신들이다.

그런데 새로운 모습으로 나타난 수도원들은 세상 속에서 사역하지만 지나치게 고립되어 있고, 옛 수도원 전통에만 단편적으로 고착되어 있었으므로 커다란 어려움에 부딪히게 된다. 왜냐하면 현대 문명이란 삶을 더욱 편하게 해주는 문명의 이기, 즉 위생 문제와 관련해서나 또는 정보 매체 등을 만들어 냈고, 이런 문명의 요소들이 수도원 안에까지 파급되어 들어왔기 때문이다. 수도원은 이런 문명적 요소에 대해 억지로 멀리하려는 노력하면서도, 또 양심에 부담을 느끼는 가운데서 어쩔 수 없이 따라가는 정도의 인정만 하고 있었다.

이런 문제를 제대로 해결하는 가장 간단한 방법이 사도적 활동을 세상 속에서, 즉 세상 내적 활동으로 하게 함으로써 더 확실하고 효과적으로 수행되도록 하는 것이었다. 이 길을 용감하게 개척해 낸 것이 바로 세속 수도원이다. 이들은 처음부터 아예 자신들의 삶이 세상 속에 주어진 것으로 이해했다. 즉 자신들의 삶이 세상에서 사는 다른 사람들의 삶과 철저하게 같은 것으로 이해했다.

그들은 사도의 사역이라는 것이 수도원이라는 "인공적 광야"에서 행해지는 것이라는 데서 출발한 것이 아니라, 보통 사람들의 생활 환경을 출발점으로 삼았으며, 이 보통 사람들의 생활 영역에서 그들의 활동이 주어져야 한다고 생각했다. 그래서 그들은 자신들이 "그리스도의 증인"이라는 것을 보여주기 위해서 어떤 단체에 속해서 특별한 사람들로 인정받고, 어떤 특별한 계층의 신분이 공공적으로 확인되는 곳에 속함으로써가 아니라, 자신을 드러냄이 없이 단지 그리스도인으로 사는 삶 속에서, 직업 활동을 잘 해냄으로써, 그리고 준비된 자세로 직업에 임함으로써 이것을 보여주고자 했다.

그렇다고 여기서 말하는 일상생활을 하는 "그리스도의 증인"이라는 것이 이들에게도 세상 사람들과 모든 면에서 똑같이 하라는 것을 요구한다는 의미는 아니다. 세속 수도회의 회원들은 세상에 속한 막연한 그리스도인은 아니다. 이들에게 기본적으로 요구되는 사항인 독신 생활은 그들이 이미 세상의 일반 사람들과는 다르다는 것을 알려주고 있으며, 재정적으로 예속되어 있다는 것은 제약을 의미하는 것이고, 또한 수도원에 소속되어 있다는 것은 그들이 수도사라는 신분에 있음을 분명히 해주며, 그러므로 그들은 상급자의 요구에 복종해야 하며, 수도회가 명한 일을 해야 하는 것 등은 그들이 속해 있는 세상의 사람들과 완전히 동일시된다거나 동화되어 세상의 일원으로 되는 것은 금지하고 있다.

그러므로 세속 수도원의 사람들 역시 수도사 편에 서 있는 것이다. 또한 설립할 때 보여 주었던 열정 이후에 세속 기관들이 "수도원화" 되어 갔다는 것은 이들이 수도원에 속해야 한다는 것을 잘 나타내 준다.

교회의 판단 역시 이들을 수도원이라고 인정하고 있다. 초창기에는 이 세속 수도원들이 지원 세력을 얻지 못했으나 교황 피우스 12세 (Pius 12, 1939-1958) 하에 특별법으로 이들 또한 기존의 수도원에 준하는 권리를 갖는 것으로 이해해도 된다는 결정을 내렸다. 이렇게 됨으로써 이들 세속 수도회도 주교와 교황의 관할에 들어간 것이며, 이것은 동시에 이들이 전통적인 수도원이나 수도회와 같은 위치에 서게 되었음을 분명하게 밝혀 주고 있다.

규칙과 조직의 관점에서 세속 수도회를 보면, 이것은 장소를 근거로 하지 않은 인적 결합 단체가 더욱 발전한 형태라고 이해할 수 있다. 즉 이 장소와 관련 없이 만들어진 단체의 사람들이 사도적 소명을 수행하는 것을 살펴보면 최소한 17세기 때부터 나타났던 수도회들과 연관 지어 본다고 하더라도 이 세속 수도회가 이들 선구자에게서 배웠다는 것을 알 수가 있다.

수도회를 세울 때 이제는 더 특별한 능력을 능력을 갖췄다고 생각한 특정한 분야에 사역을 고정하는 것은 없어져 버렸다. 목적의 방향을 "일상적 삶을 통한 증인의 역할", "세상을 하나님의 사랑으로 회복시킴", "세상을 위한 봉사" 등 아예 폭넓게 잡았다. 세상에 대한 이러한 폭넓은 봉사를 통해서 이들은 이전의 전통적 수도원들, 즉 자신들의 과제 영역을 명확하게 해 놓지 않고 오로지 복음을 통해서 가라는 명령을 받은 것만 알고 있고, 그래서 모든 과제를 열린 마음으로 받았던 수도회들과 같은 맥에 서 있다. 영적, 금욕적 기본 배경을 본다면 세속 수도원 모두를 하나의 틀 속에 있는 것으로 쉽게 분류할 수는 없다는 것을 알게 된다.

여기서 분명히 드러나는 것은, 이제는 기독교적 경건의 어떤 특정한 입장을 선택해서 이것에 몰두하는 것은 더 나타나지 않는다. 일단의 공동체들에는 목적이 소박함과 가난을 통해서 나사렛 예수가 살았던 자신을 감추고 사는 삶을 사는 것이다.

이런 모습은 프랑스인으로 아프리카 선교사이자 참회자의 삶을 살았던 샤를르 드 푸꼬(Charles de Foucauld, 1856-1916)의 삶이 본보기가 되었다.[3] 이 사람의 영향 아래에 나타난 수도 공동체는 두 개인데, 하나는 "작은 형제단"이고, 다른 하나는 "작은 자매단"이었다. 이들 둘은 다같이 이 프랑스인의 완고하고도 매력적인 인간적 면모가 남긴

---

3) Ein Hinführung zu Person und Werk bei D. Barrat-E. Klein, *Die Schriften von Charles de Foucauld*(Zürich-Köln 1961).

유산을 계속 이어가고 있다. 그러나 이 사람의 영향은 이 두 수도회에만 한정되어 머무르지 않고 많은 세속 수도원들에 역시 특별한 영적 고유 모델과 삶의 모습에 본보기 역할을 했다.

세속 수도회의 또 다른 큰 무리는 마리아를 숭모하는 영성을 그들의 삶의 특징으로 한다. 이것은 한편으로는 이들 중 많은 기관이 여자 수도 공동체이기 때문이라는 것을 알려주는 것이고, 다른 한편은 이들은 마리아가 나사렛에서 자신을 드러내지 않고 살았음에도 인류 구원의 역사에서 길이 남을 역할을 하는 것이 바로 그들이 이 세상을 구원하기 위해서 봉사하는 것에 선례를 남긴 것으로 받아들인다는 것을 의미한다.

또 다른 세속 수도회들은 이전의 수도원들이 가졌던 영성을 그대로 이어받고 있는데, 이들은 베네딕트적 기본 수도원 생활 모습과 프란시스와 깔멜 수도회의 경건을 받고 있다. 이들 모두에게 공통으로 나타나는 요소는 자신들을 외부로 드러내던가 밖으로 알리는 것을 전적으로 포기하고 있다는 사실이다.

스페인의 세속 수도회인 오푸스 데이(Opus Dei) 수도회의 설립자는 여기에 속한 수도사들에게 다음과 같이 요구한다:

"당신은 순교자가 되기를 원하는가? 내가 당신을 당신이 서 있는 그 자리에서 순교할 수 있도록 해주겠다. 자신을 사도로 드리되 자신을 사도라 하지 말아라. 선교사이되 자신을 선교사라고 하지 말아라; 하나님의 사람이되 세상 사람이어라: 자신을 드러내지 말아라."[4]

지난 10여 년간 얼마나 많은 세속 수도회가 새로 생겨났는지는 분명하게 알 수가 없다. 1974년에만 약 27개의 세속 수도회가 교황이 주는 (수도회의) 권한을 부여받았다. 10년 전에는 주교가 (수도회적) 기관으로 인정했던 숫자가 60개를 넘었다.

이 시기에 공적으로 인정받지 않고 활동하던 숫자가 거의 200여 개였다. 정확한 숫자는 알 길이 없다. 설립 자체가 알려지지 않은 채로 이루어지는 데다 설립 후에도 이들이 알려지기까지는 상당한 시일이 걸리기 때문이다. 이들은 또한 여러 다양한 모습으로 세워진다고 하더라도 설립 초기의 단계를 넘어서 크게 발전하는 경우는 아예 없다. 이 세속 수도회는 회원들 또한 여러 수도회, 사제 수도회, 남자 수도회, 여자 수도회들 안에 흩어져 있다.

사제 수도회에 속한 것으로 독일에서 특별히 알려진 수도회는 "아름다운 곳의 수도사"라고 불리는 것인데, 이것은 교구(라인강 근교의 발렌더 지역이 중심지)의 사제들로 이루어진 마리아 숭모와 사도 활동을 하는 단체이다.

독일 내에서 두 번째에 속하는 수도회들이 "가톨릭 사도들로 이루어진 아름다운 곳인 마리아 형제단"과 벨기에 쁘레몽뜨레 수도사인 베

---

4) H. A. Timmermann, *Die Weltgemeinschaften im Deutschen Sprachraum*(Einsiedeln 1963) 16에서 인용.

렌프리드 반 스트라텐이 세운 "건축 수도회"이다.

세 번째에 속하는 것은 독일 지역의 수도회 중에서 가장 왕성한 활동을 하고 있는 것들인데, 이것에 속한 수도원들로 이름이 "아름다운 곳의 마리아 자매들"(세계적으로 분포되어 있으며 회원 수는 약 2000명), "왕이신 그리스도의 자매들"(아우구스부르그의 마이팅겐 소재), 기독교적 교육 단체인 "헤게"(베스트팔렌의 바르부르그 소재), "거룩한 교회 안실레"(뮌헨 소재), 성 보니파티우스회(리페의 하이덴올덴도르프 소재), "베니오"회 소속 자매들(베네딕트 수도원을 모체로 하고 있으며 뮌헨에 소재한다) 등 몇몇을 들 수 있다. 이 외에도 외국에서 시작되어 독일로 유입되고, 독일에서 단체로 면모를 갖추고 있는 것들도 있다.[5]

최근의 가톨릭 수도회의 역사에서 나타난 현상을 보면, 지금까지는 대표성 사상을 특징으로 하는, 즉 자신을 드러내는 것을 수도원의 특징이던 것이 새롭게 생겨났던 세속 수도회들에 의해 이 사상이 약화되어 간 데 비해 복음교회 즉 개신교에서는 오히려 반대의 길을 갔다.

개신교에서 이때 많은 수도회가 설립되었는데, 이들은 그들의 프로그램에 대표성 사상을 의도적으로 집어넣고 있다. 가톨릭교회 내에서도 역시 많은 "세상적" 기관들을 설립되었으나 이들의 특징은 세상과

---

5) 통계로 나온 것은 H. A. Timmermann의 저술을 참조할 것: 이들의 사회학적 의미에 대한 연구는 N. Martin, *Der Ordenspartisan, Zur Soziologie der Säkularininstitute*(Meisenheim am Glan 1969)가 있다.

의 단절을 철저히 포기하는 특징을 갖지만, 복음교회 중에는—물론 아주 미미한 숫자이긴 하지만—옛 수도원의 전통인 일상과 분리되고, 특징이 외부로 드러나는 형태를 따르기 원해서 복음 교회들끼리 서로 연대하는 경우까지 생겨났다. 이런 모임들이 설립되는 방법은 아주 다양하다.[6] 예를 들면 베브라 근방 임하우젠 공동체는 제3 제국 시대에 어린이와 청소년의 여가를 위한 활동의 일환으로 독일 교회가 만든 기관이다. 그런데 전쟁이 끝난 후 새로이 생긴 국가 경계가 이 기관의 근방에 만들어지는 바람에 이 기관은 난민들과 유랑민들을 받아들이고 구제하는 일을 하게 되었다.

이 시대에 이런 봉사가 필요했기 때문에 남자들 몇몇이나 여자들 몇몇이 조그만 소그룹으로 모여서 봉사 활동을 하다가 수도원과 비슷한 공동의 삶을 살면서 일하는 단체로 변모한 경우도 있다.

> "이들은 자신들이 소명을 받은 것으로 알고 있었고, 공동의 삶을 살았다—하나님 찬양, 중보기도, 유치원과 농사일을 통한 봉사가 이들의 삶이었다. 이곳은 교회적 삶의 영역을 더 확장하는 곳이었으며 우리 시대에 필요한 사람들을 필요한 장소에 배치하는 곳이었다."[7]

---

6) 복음주의적 수도회들에 관해서는 L. Präger(편집), *Frei für Gott und die Menschen, Das Buch der Bruder und Schwesterschaften*(Stuttgart 1959); F. Biot, *Evangelische Ordensgemeinschaften*(Mainz 1962)를 참조.

7) 위의 책 126.

"다름슈타트 에큐메니칼 마리아 자매회"의 시작은 제3 제국 시대까지 거슬러 올라간다. 이 당시 처음에는 소녀들을 위한 성경 공부 모임으로 시작된 모임이 함께 모여서 사는 공동생활 사상을 낳았다. 독일의 와해(히틀러가 집권하면서 제3 제국이 시작된 것을 의미: 역자 주)를 보고 나서 이 자매회의 초창기 멤버들이 이들의 "대모(代母)"였던 바실레아 슐링크와 마튀리아 마다우스에게로 모여들었다.

이 자매 공동체 회원들은 나치 정권이 행했던 공포 정치를 향해서 참회, 속죄, 중보 기도를 대답으로 내놓고자 노력했다. 이들에게는 사회 구제 활동이나 교리문답의 가르침은 2차적인 문제였다.

1951년 다름슈타트-에버슈타트의 자매 회원들은 독자적 수도원 건물을 가질 수 있게 되었는데, 이를 통해서 이들은 건물로 보나 하루의 생활 일과를 보다 전통적 수도원의 모습을 갖출 수 있게 되었다. 이 자매 공동체는 외부 활동에 관심이 있는 것도 사실이지만, 관상적 수도원으로 이해하는 것이 더 적절할 것이다.

이 자매회 소속 회원들은 자신을 에큐메니칼 자매 공동체라고 부른다. 이렇게 부르는 것도 장래를 향한 프로그램에 속한 것이다. 그들은 그들 활동의 과제를 그리스도를 믿는 모든 신앙인이 하나가 되는 데에 두고 있기 때문이다. 이들의 에큐메니칼적 성향은 다른 사실을 통해서도 알 수 있다. 회원들의 삶을 사는 정신이 에큐메니칼적이다. 그래서 이들에 의해서 많은 것들이 함께 모인다—성경 말씀, 마리아를 숭모하는 경건, 프란시스적인 아무 염려도 하지 않는 생활 모습 등이 어떤 때는 그들만의 독자적인 요소들과 함께 서로 합해져서 종합되는 것이다.

가장 중요한 프로테스탄트 수도원은 프랑스의 떼제에 원장 로제가 세운 떼제 수도원이라는 것에 이의를 달 사람은 없을 것이다. 설립자는 1940년에 떼제에(이 장소는 수도원 역사에서 빛나는 전통을 가진 클뤼니 수도원이 있는 곳에서 불과 몇 킬로 떨어진 곳이다) 커다란 건물 하나를 구입했다. 그는 여기에다 "그리스도를 위해서 교회와 세상에서 함께 봉사" 하는 데에 몸 바쳐 헌신하고자 하는 형제단을 건립하고자 했다.

이 계획은 전쟁이 끝난 후에야 실현될 수 있었다. 1945년 떼제에서 이것은 작은 모임으로 공동의 삶을 시작했다. 4년 후 최초로 모였던 형제들은 하나님을 위해서 봉사의 삶을 살기로 다짐하고 이를 위해 독신으로 살 것, 모든 소유는 공동으로 할 것, 공동의 권위에 복종할 것을 평생토록 지킬 것을 맹세했다. 원장 로제는 제네바에서 학생으로 있을 때 이미 공동체를 만듦으로써 이 방면에 특별한 능력이 있음을 보여주었던 사람으로 떼제에서 역시 공동의 삶을 주된 과제로 삼았다.

"꼼뮤노테"가 이 떼제 수도원이 스스로 붙인 이름이다. 그런데 이름을 이렇게 붙인 이후로 지금까지도 가톨릭 수도원들에서는 이 이름에 대해 기꺼워하고 동시에 충격으로 받아들이고 있다. 떼제에서 기독교 공동체가 살아가는 모습을 보여 주고자 하고 있기 때문이다. 설립자는 이 공동체를 위해서 공동의 규칙을 만들었는데 이것이 1952/52년에 쓰인 떼제 규칙이며, 그 전문(前文)은 다음과 같다.

"복음적 기독교인들은 '복음이 주는 자유'를 이미 부여받고 있기 때문에 엄격하게 구속하는 규칙을 당연한 것으로 볼 수는 없다: '형제들이여, 규칙에 눌려서 신음해서는 안 된다. 오히려 기뻐해야 한다. 왜냐하면 당신은 뒤를 돌아보는 것을 포기했기 때문이다. 당신은 모두와 함께 다 같이 주님의 말씀에 인도받고 있으며 그래서 당신은 매일 매일 새로운 그리스도에게 영접받을 수 있는 것이다.'"[8]

설립자 로제는 이 공동체의 기본 원칙과 규칙을 성경에서, 수도원 전통에서 취해 내고 있다. 베네딕트의 영향은 수도원을 "그리스도의 학교"라고 칭하고 있는 데서 분명히 찾아볼 수 있고, 아씨시의 프란시스는 이 떼제 수도원의 조상이라고 봐도 될 만큼이며, 샤를르 드 푸꼬 역시 밀접한 관계가 있다. 또한 에큐메니칼적 사회 참여의 요소도 원칙과 규칙에 반영되어 있다.

이 떼제 공동체는 관상적 수도 공동체로 이해되어야 한다. 이 수도원 일과의 가장 중요한 요소가 기도, 예배, 관상이기 때문이다. 형제들은 가톨릭 수도사들이 하는 공동 기도에서 본을 떠서 만든 이 수도원 고유의 기도 규칙서를 만들어 가지고 있는데, 이 또한 가톨릭 수도원의 영향이다.

하나님을 찬양하고자 하는 수도사나, 온 세상을 위해 중보기도를 하는 수도사로 하나님 앞에 서기를 원하는 수도사들에게 보호를 받기 위한 첫 번째 과제는 사적이든 공적이든 기도인 것은 분명하다. 설립

---

8) 프랑스어와 독일어 동시판으로 Güterloh 1963(2판): *Die Regel von Taizè*.

자는 현실을 충분히 감안하는 현실주의자이자 동시에 수도사들에게 기도조차 짐이 될 수도 있다는 것을 잘 알고 있다.

> "당신에게 어떤 날은 예배가 아주 힘든 날이 있을 것이다. 그럴 때는 당신의 몸을 제물로 바치고 있다는 것을 알라. 왜냐하면 그 자리에 있다는 것만으로도 그 순간에는 도달할 수 없는 요구에 대한 표현이며, 그러므로 출석 자체로 하나님을 찬양하는 것이다. 만일 당신이 당신의 마음속에 어떤 확실한 것이 전혀 느껴지지 않더라도 당신 안에서 지금 현재 그리스도가 함께하시는 것을 믿어라."[9]

그렇지만 기도와 관상이 수도회를 외부와 단절시킨다거나 스스로 폐쇄적으로 되어서도 안 된다. 방문자로 와 있는 사람들 역시 예배를 위해 모여 있는 시간에는 지체없이 함께 모여 있는 형제들과 힘께해야 한다. 수도원 바깥세상의 모든 것에 대해 열린 개방성이 이 기도하고 노동하는 수도 공동체의 특징이다.

> "인간적인 것에 당신의 마음을 열라. 그러면 당신은 세상으로 도피하고 싶은 모든 헛된 욕망이 사라지게 되는 것을 알게 될 것이다. 당신이 속한 시대를 향해 서라. 당신이 있는 이 순간의 조건에 순응하라."[10]

로제는 또한 모든 인간적인 것에 마음을 열라고 하는 것을 기독교적

---

9) 규칙 21쪽.
10) 규칙 15쪽.

이웃 사랑의 필연적 완성으로 이해하고 있다. 그는 이것을 특별히 두 가지 방향에서 보고 있다.

"재산이 없는 사람들을 사랑하시오. 불의한 인간 밑에서 신음하는 사람들, 정의를 목 말라 하는 사람 모두를 사랑하시오."[11]

이 요구는 물론 형제들이 사회봉사를 할 것을 요구하는 내용으로 이 또한 특별히 제3세계 가톨릭 수도사들의 활동에서 영향받고 있는 면이다. "가장 가난한 사람들과 연대 의식과 동질 의식", 또한 이 요구는 이들 중 소 분회의 떼제의 형제단을 사회 재난의 발생한 곳으로 달려가도록 명령하고 있다.

"입으로는 이웃 사랑을 쉽게 외치면서 실제로는 관계없이 사는 그리스도인들과 사이에서 쓸데없이 분쟁에 휩쓸리지 말라. 그리스도의 몸이 하나 되기 위해서 열정을 가져라."[12]

이러한 호소는 떼제 회원들에게 설립자가 가진 에큐메니칼적 노력을 알게 하고, 그래서 떼제는 오늘날까지도 에큐메니칼적 노력의 진정한 본부로 자리매김하고 있다.

그런데 이 수도회는 연결고리나 조직화가 약한 편이 아닌데도 규칙에 보면 제도적 장치나 조직의 면에는 별로 언급을 하고 있지 않다.

---

11) 같은 곳.
12) 같은 곳.

현재는 이 수도회를 설립한 사람이 원장이기 때문에 원장이자 설립자인 그가 이 공동체의 정신적 지주이고 그의 지도적 역할을 통해서 성장해 왔다. 후계 문제는 아무것도 분명하게 정리되지 않은 채 남아 있다. 이는 이 조직이 임시적이고 일시적이라는 것을 나타내는 표식으로 봐야 할 것인가? 규칙은 단지 다음과 같이 정해놓고 있다:

> "원장은 자신을 보좌하고 자신을 이어 계속성을 지켜나갈 부원장을 두어야 한다."[13]

이는 후계자를 잠정적으로 임명하고 있다고 봐야 하는데, 이것은 이미 옛날 수도원 전통에 있었던 것이었으나 베네딕트 규칙이 워낙 큰 권위를 누리면서 이런 전통은 사라져 버리고 선거를 통해서 후계자를 결정하는 베네딕트식 방법이 주류가 되었다.

떼제는 프로테스탄트 교회에서 수도원적 삶의 형태가 재발견의 모습으로 나타난 것이다. 떼제에서 만들어진 삶의 형태는 가톨릭의 수도회 공동체들에도 새롭게 자각하도록 깨우쳐 주고 있는데, 하나는 미래지향적이고 새로운 길을 제시하는 것으로서 자신들의 목적을 다시 일깨워 주는 의미에서의 자각이고, 다른 하나는 이것을 도전으로 받아들여 분격하는 입장도 있는데, 이들 입장 역시 도외시할 수 없는 하나의 자각으로 봐야 할 것이다.

가톨릭 수도회 이념은, 수도원 역사에서 최소한 19세기의 수도원들

---

13) 규칙 53쪽.

이 가졌던 위치와 비교한다면, 지금 시대에, 즉 2차 세계 대전 후 수십 년 동안에 성장과 확장의 마지막 국면을 맞고 있다.

19세기의 베네딕트 수도사들과 시토 수도사들은 피 선교 국가들에서 토착적인 수도원을 활성화하는 노력을 함으로써 조력자의 입장에서 하는 단순한 형태의 선교를 시도했다. 그런데 바로 이 시기에 엄격한 관상 수도원인 트라피스트 수도회가 미국에서 그야말로 엄청나다고 할 수 있을 만큼의 확장을 경험했다.

켄터키주의 겟세마네 수도회(Gethsemani)의 수도사이며 잘 알려진 문필가인 토마스 머튼(Thomas Merton)은 이 수도회의 침묵 수도사들에 관해서 쓰고 이것이 많이 읽혀서 이 수도회를 알리는 선포자가 되었다.[14] 하지만 수도원에 입회했을 때 이 겟세마네 수도원에 관해서 "미국의 중심이며…자신들이 전혀 의식하지 못하는 가운데서 미국을 움직이는 중심축"이라고 했다.

토마스 머튼은 수도원을 나와서 불교의 수도에 관한 학술회에 참가하려고 여행하던 중 1968년 방콕에서 죽었다.[15] 이 수도사가 수도원을 떠나서 수도원에 적을 두지 않은 상태로 죽었다는 것 또한 그가 몸담고 있던 공동체를 여러 해 동안 떠나 거리를 두고 있었고, 또 전통적 수도원 삶의 형태에 관해서 많은 비판을 남겨 놓았다는 것은 지난

---

14) 그의 자서전적 작품으로 *Der Berg der Sieben Stufen*(Einsiedeln 1961(5판); *Das Zeichen des Jonas*(Einsieden 1954)이 있다.

15) E. Rice, *The Man in the Sycamore Tree. The Good Times and Hard Life of Thomas Merton*(New York 1970) 65.

수십여 년간 가톨릭 수도회의 내부에서 어떤 일들이 일어나고 있었는지를 상징적으로 보여주고 있다.

가장 최근의 역사적 변환점은 제2차 바티칸공의회라고 할 수 있다. 이 회의는 교황 요한 23세가 1959년에 예고하고, 1962년에 개최했고, 1965년 교황 바울 6세 때에 끝났다. 이 종교회의는 아주 큰 기대를 모았다. 이 회의에서 내 건 주제가 전체 교회의 아기오르나멘토(*Aggiornamento*: 체제와 교리의 현대화)였기 때문에 사람들이 커다란 관심을 가질 수밖에 없었다. 수도사들 역시 이 아기오르나멘토에 공감하고 있었고, 그래서 특별한 기대를 갖고 지켜보았다.

1965년 10월 28일 이 회의는 수도사의 삶이 시대에 걸맞게 갱신되어야 한다는 내용의 칙령(Perfetae Caritatis)을 통과시켰다. 칙령은 수도사의 삶이 갖는 가치와 의미의 중요성을 강조하고 있고, 동시에 수도원 삶의 모습 역시 반드시 교회에 속해 있어야 한다고 규정하고 있는데, 이 칙령이 전체적으로 가장 강조하고 있는 것은 수도원적 삶이 변모된 현실 세계에 적응할 것을 강력하게 요구하고 있는 점이다(accommodata renovatio vitae religiosae; 시대에 적합한 종교적 삶의 갱신).

이 회의는 어떤 신학적이고 목회적인 요소보다 오히려 시대에의 적응에 더 큰 관심을 보인다. 수도사의 삶에 관해서는 두 가지 입장이 나타나고 있다. 하나는 그리스도인의 모든 삶은 언제나 원전을 근거로 해야 하며 각각의 제도와 조직 역시 끊임없이 원래의 정신으로 돌아가야 한다는 것이고, 다른 하나는 이 모든 것이 다 변화된 시대 환경에 적응해야 한다는 것이다(제2조).

이 두 가지는 두 개의 정형화된 규칙이라고 말할 수 있는데, 사실 이들이 요구하고 있는 내용은 특별히 새롭거나 대단한 것이 아니다. 하지만 이 내용을 실제에서 구체적으로 적용하려 하자 현실적 난관에 봉착하게 되었다. 이 어려움이란 이 시대의 가톨릭교회가 받아들이고 동조했던 역사 비평학적 성서신학이었다. 왜냐하면 역사 비평학적 성서신학은 성경의 내용 중 지금까지 수도사의 삶과 직접 연관된다고 해석되었던 전통적 해석을 근본부터 뒤흔들어서 의심나는 것으로 만들었고, 그 결과는 수도사의 삶이 과연 성경적으로 권고하는 삶이라는 것을 증언하지 못하게 되었기 때문이다.

역사학에서도 같이 받아들여진 이 역사-비평적 방법은 수도회와 이에 준하는 모임들의 기원을 이들이 활동했던 시대적 지평과 관련시키도록 했고, 그 결과는 성경적 근거를 가지고 시대의 부름에 응했다고 생각되어 시대를 넘어서 절대적 통용 가치를 갖고 있다고 믿어 오던 수도회의 시작과 설립자를 상대적 의미를 가진 것으로 이해하도록 했다.

이런 어려움은 두 번째 요구 조항인 시대 환경과의 관계를 고려했을 때 아주 심각하게 나타나게 된다. 객관적이고 보편 타당성 있는 시대에 대한 이해는 사실 거의 불가능하다. 그래서 시대를 묘사하는 구호들 역시 "서력기원에 따른 세계", "도시화하고 기술화된 세계", "다변화된 세계", "성숙한 세계" 등으로 나타난다.

또한 각각의 나라들이 가진 차이나 대륙 간에 생기는 차이 역시 간과할 수 없는 요소이다. 시대 환경을 말할 때 저개발 국가의 상황은 정말로 상황이 가장 중요한 요소가 된다. 하지만 독일의 상황은 남아메리카의 상황과 같지 않다. 그러므로 요구 사항인 "상황에 맞는 개혁"(acommodatio renovatio)은 행동으로 나타나기 전에 어떤 공통의 계획으로 운용될 수가 없었다.

이렇게 되어서 종교회의가 커다란 노력과 진지한 배려를 통해서 만들어 낸 칙령이 불안정하고 해체되어 가는 상황에 빠져 있던 수도원이나 수도 공동체들에 직접 많은 도움을 줄 수가 없었다.

사실 시대에 적응한다는 것은 수도회 회원들이 그리스도의 증인으로서 세상에서 더욱 신앙적으로, 더욱 활동적이 됨으로써 가능한 것이기 때문에 "원칙"의 대부분이 개별적으로 결정될 사안이다. 곳곳에서 이런 시대 적응의 첫걸음은 전통적으로 내려온 구조와 기존의 생활 형태에 대한 새판짜기로 나타났다. 이것의 결과는 한편으로는 흔히 나타나는 경우로 수도회를 떠나서 수도사로 사는 경우와 다른 한편으로는 수도사가 되고자 하는 자도 수도원에 들어오지 않고 밖에 머무는 경우가 생겼다.

수도 공동체에 속한 사람 숫자의 변화도 중요한데, 간략히 요약할 수 있다. "스페인 사제 수도원에서 사제가 되기를 희망하는 후보자의 숫자가 1962/63년에 6,114명이던 것이 1966/67년에는 4,458명으로 줄었고, 새로 서품된 사제의 숫자는 1962/63년에 669명에서 1966/67년에 296명으로 감소했다.

미국에서는 훈련받는 수도사들(세속 수도회와 수도원 소속 수도회를 합해서)의 숫자가 1962/63년의 48,046명에서 1968년 33,990명으로 줄었다. 독일에서 역시 새로 서품된 수도 사제의 숫자가 1964년의 166명에서 1968년 114명으로 줄었다. 네덜란드에서는 1935년까지만 해도 1,218명의 수녀가 활동하고 있었던 것으로 보고되고 있는데, 1966년에는 200명만이 보고되고 있다. 1961-1966년 사이에 325명의 수도사와 430명의 종신 헌신의 서원을 했던 수녀들이 수도회를 떠났다.

벨기에에서는 수녀원들의 수녀들이 나이가 너무 많은 사람만이 남게 되어 소속 회원의 숫자가 매해 거의 850명씩 감소하고 있는 것으로 나타난다. 한 명이 가입하는데 두 명이 나가는 것이다. 스페인의 관상 수도원에는 가입하는 숫자가 1963년에 1156명이었던 것이 1968년에는 685명으로 줄어들었다.

관상 수도원들에 나타나는 이러한 감소 추세는 서구 세계 전체에 같다. 캐나다 역시 1940년 이후 모든 형태의 수도사적 삶에 헌신하는 사람들이 지속해서 줄고 있다. 미국에는 수도회 소속 수녀들의 총수가 1966년에 181,421명인데 1968년에는 167,167명으로 줄고 있다."[16]

미국 내의 수녀회(1972년에 약 445개의 단체와 약 145,000명의 회원이 있음)에 관한 보고서에서 다음 통계가 보고되고 있다:

"1965년에서 1972년 사이에 수도 공동체에서 빠져나간 회원의 연

---

16) J. Kerkhof-H. Stenger-J. Ernst, *Das Schicksal der Orden-Ende Oder Neubeginn*(Freiburg 1971) 3-4.

평균 숫자가 3,841명이다. 이 숫자 중 사망이 원인인 것은 1,346명이며, 종신 헌신의 서원을 파기하고 나간 것이 1,551명, 일시적으로 헌신하겠다고 서원했던 사람이 944명으로 보고되고 있다. 1970년은 그중에서도 가장 많은 숫자가 파기하고 나갔는데 그 숫자는 2,546명이다. 1965년에서 1971년 사이에 수도원에 입회한 젊은 여성의 수는 13,476명이었는데 이 중 1973년까지 계속 남아 있는 사람의 숫자는 5,907명이다."[17]

이런 상황은 독일에서 역시 예외가 아니어서 지난 몇 년 사이에 수도원이 가지고 있는 신학대학들, 즉 미래의 수도사 사제들을 양성하는 수도원의 독자적 교육기관에서 같은 문제에 봉착해 있다. 왜냐하면 앞으로 이 기관에서 교육을 받고자 하는 회원들이 거의 없게 되는지도 모르는 우려 때문이다. 독일의 사회 구제 활동과 교육 분야에서 활동하는 수녀 자매단의 숫자 역시 지난 몇 년간 거의 삼분의 일이 줄었다고 봐야 할 것이다. 이러한 사실들은 실상 종교개혁 이래 수도원에 불어닥친 가장 큰 흐름인 수도원과 수도 단체들의 자체적 해체 과정에 불과하다.

수도회들은 자신을 구해 내고 보존시켜 가는 것이 부과된 과제라는 것을 알고 있다. 종교회의에서 제정한 것에 연결해서 모든 수도회은 떠들썩하고 거친 공식적 개혁 운동을 시작했다. 비상 총회라고 할 수

---

17) A. Cunning, *Zeitgemässe Erneurung und Kirchliche Identität = Concilium* 10(1974) 531.

있는 특별한 총회를 소집해서 다수의 위원회이 만들어지고 여러 가지를 토의했다. 그런데 이것은 마치 시대 상황과 억지로 구겨 맞추는 것처럼 보인다. 하지만 많은 숫자의 수도원에는 이것이 곧 계속해서 살아남을 수 있는가의 문제이다.

수도회가 현재 직면하고 있는 운명은 무엇보다도 계속해서 급격히 줄고 있는 수도사 숫자에 달려 있다. 수도 공동체들 역시 전체적으로 없어져 가는 추세이다. 어떤 것들은 비슷한 계열의 공동체들과 연합해서 소박한 형태로 명맥을 유지하고 있기도 하다. 물론 현재의 수도원들 모두가 가망 없는 포기 상태이고 어떻게 해볼 도리가 없는 혼란에 빠져 있다고 말한다면, 이것은 분명히 잘못된 이해일 것이다. 하지만 일부 수도원들이 그런 상황에 놓여 있다는 것은 또한 부인 못 할 사실이다.

이런 상황에도 불구하고 아직도 많은 수의 수도사들이 전통적 형태의 수도사의 모습으로 살고 있다. 그들이 하는 목회 사역적 활동과 사회 활동은 이전과 마찬가지로 지금도 교회가 세상에서 행하는 중요한 봉사의 구성 요소이다. 그런데 이 공동체 모임에 일련의 고무적인 자극이 외부로부터 와서 이것을 중심으로 새로운 힘을 얻고 있다. 샤를르 드 푸꼬가 세운 "작은 형제와 자매들"이 그들의 소박하지만 엄격한 삶의 모습, 그리고 이들이 행하는 가난과 사람들과의 진지한 결합에서 보여주는 본보기적 삶의 모습을 통해서, 또 떼제 수도회 역시 모든 사람에게 열린 마음을 가진 공동체의 본보기를 보임으로써 수도원들에 여러모로 고무적인 영향을 미치고 있다.

그런데 이러한 것에 영향을 받은 전통적 수도원들은 수도원 자체를 "단순한 수도원"(*monasterium simplex*)으로 생각해서 임시적 기관으로 여기도록 하는 결과를 낳았다. 이렇게 되자 수도원은 단순한 거주 장소가 되어 오늘은 몸담고 있지만 내일이라도 떠날 수 있는 장소가 되었다. 이것과 같은 맥에서 세상 한가운데 세워지는 소규모의 작은 공동체 모임(*Fraternität*)을 선호하게 되었다.

또한 수도원을 개방해서 수도원적 삶에 관심을 가지는 사람들과 이 삶을 공유하는 방식이 생긴 것도 역시 같은 맥이다. 이런 것들로부터 많은 여러 가지 모습들이 이러한 "시대를 향해 열려 있는 수도원"에서 생겨났다.

그 외에도 이러한 것은 수도원 바깥세상에도 영향을 미쳐서 옛날의 공동체의 모습을 본뜬 새로운 운동이 만들어지게 했다. 이 운동에 참여하는 남녀의 많은 숫자는 이전에 수도원과 수도회에 속했던 사람들이다. 이들은 "영적 공동체"라는 이름이 붙여져 있다. 여기에 속한 회원들은 그리스도인으로서 복음에 맞는 생활과 그리스도의 증인된 삶을 세상 한가운데서, 가족 안에서, 직업 속에서 살고자 한다. 여기에는 결혼한 사람도 있고 독신으로 사는 사람도 있다. 활동의 핵심적 인물들은 수도원식의 공동체 양식을 따라 사는 경우가 많다. 이들이 이렇게 살도록 하는 동기는 자기들이 고유하게 가지고 있는 영성을 근거로 하고 있다.

그들의 활동은 새로운 복음화에 열정적 노력을 기울이는 것으로 나타날 수도 있고, 또는 사회 구제 활동의 영역에 관심을 쏟는 것으로 나타나기도 한다. 몇 개의 예를 들어 본다면, 카리스마적 갱신, 새로운 교리 연구회, 기독교적 삶의 공동체, 프란시스 수도원식의 공동체, 도미니크 수도원식의 공동체, 노아의 방주, 노틀담 모임, 자원자(自願者) 예수회, 유대의 사자와 희생양, 예루살렘 공동체, 포콜라, 자유공동체 등등이다.

한편 이런 와중에서 다시금 새로운 수도 공동체가 생겨나기도 했다. 이 새로운 수도원들은 "제3 세계"에 속한 나라들에서 구령 사업 분야와 사회 구제 활동 분야에서 왕성한 활동을 보이고 있는 것들로 이들은 한편으로는 전통적 수도원의 모범을 따라 세워졌지만, 철저히 각각의 지역 교회의 상황에 따른 형태를 가지고 있다.

또 한 가지의 새롭게 생겨난 수도회는 역시 제3 세계에 세워진 관상 수도회를 들 수 있는데, 이들은 수도원으로서는 수도원 전통상의 일원으로서의 위치를 지키지만 수도원적 전통과 자신들 고유의 문화적 유산을 과감하게 결합해서 토착적 수도원이라는 새로운 모습을 만들어 내는 수도회이다. 이런 수도회는 특히 베네딕트 수도회와 시토 개혁 수도회에 속한 남녀 수도회들에서 많이 나타나며, 지역적으로는 아프리카에서 특히 자신들 고유의 소망을 담아 생겨나는 경우가 많다.

옛날 국가들, 즉 옛날에 수도원 활동이 활발했던 국가들에서 새롭게 설립되는 수도원의 숫자는 알기가 어렵다. 이들은 설립된다고 하더라도 상당히 오랜 기간에 걸친 시험 운용 기간과 최소한 잠정적으로라도 교회의 공식인 인가가 있은 다음에야 공식적인 문서에 등록되기 때문이다. 또한 설립되는 많은 공동체가 세속 제도식의 수도회(CIC 710-730)의 형태로 만들어지거나, 또는 이미 있던 수도회가 새로 생긴 제도권 교회의 수도회 법을 따라 "사도적 삶의 공동체"(CIC 731-746)에 새로이 등록되어야 하기 때문이다. 이들 중 많은 숫자가 단지 자신들이 속해 있는 지역 교회의 작은 범위에서만 알려지고 그들 중 기껏 몇 개만이 이런 교회적 경계를 넘어 성장해 갈 수 있는 것도 숫자를 정확히 파악할 수 없는 원인이 된다.

1975년에 설립된 성 요한 수도회(Communate Saint-Jean)는 1986년에 교황청의 승인을 받았는데, 이 수도원은 성직자 수도원의 형식을 따르고 있으며 목회 활동을 하고 있다. 이 수도회는 또한 200명이 넘는 회원을 가지고 프랑스를 중심 무대로 활동하고 있지만, 유럽의 다른 나라들과 미국에까지 퍼져 있다. 두 개의 자매 수도원이 이 수도회와 연계되어 있는데, 하나는 목회 활동을 하고 있고, 다른 하나는 관상 중심으로 운영되고 있다.

"베들레헴과 마리아 승천 수도회 가족" 역시 프랑스에서 시작되었다. 이들은 방향 설정 때문에 이런저런 노력을 했는데 최종적으로 결정된 방향은 은둔수도사로서의 삶이었다. 이 수도회 역시 이 노력의 과정 중에 교황의 승인을 받았고, 현재는 왕성한 활동을 하는 많은 여자 지(支) 수도회(약 20여 개의 수도원)와 소수의 남자 지(支) 수도회(두 개)를 가지고 있다.

수도원으로 설립된 다른 또 하나는 1977년 아이 엔 프로방스(Aixen Provence) 지방에 세워진 "작은 사도 수도회"(*Fraternität der apostolischen Mönche*)가 있다. 이 수도회의 회원들은 교구 사제들로서 ─그래서 주교는 그들의 상급자가 된다─공동생활을 하며, 그들은 사목 활동에서 예배 의전(儀典)적─수도원적인 생활 리듬을 특징을 보여주고 있다.

프랑스에서 시작된 이런 방식을 본 따서 만든 수도회가 독일에도 있는데, 이는 이런 종류의 수도원이 현재도 계속 생겨나고 있다는 것을 알려주고 있다. 어거스틴 전통을 따르는 수도원 중에서도 세속화 기간에 몰락했던 이 계통의 몇몇 수도회 연합체들이 다시 소생의 기미를 보인다.

1961년에 빈데스하임 성 빅토르 수도연합회가 재정립되는데, 이 수도회는 지금 현재는 어거스틴 성직자 수도회 연합회에 속한 세 개의 독립적 수도회로 활동하고 있으며, 1979년에는 성 크로이츠의 수사 수도회가 건립되는데, 이는 독자적 수도 공동체로 재건립된 경우이다.

삐에르 테이야르 데 샤르뎅은 1921년 6월 21일에 쓴 편지에서 다음과 같이 언급하고 있다.

"나는 세상 속에서 세상일에는 더욱 참여적이되 동시에 세상과는 더욱 거리를 두는 새로운 기독교인의 삶을 보여주는 새로운 베네딕트와 새로운 이그나티우스를 소망한다."[18]

---

18) J. Kerkhofs-H. Stenger-J. Ernst의 위의 책 2에서 인용.

이 위대한 사상가의 바램은 오늘날에도 역시 마찬가지이다. 프란시스라는 사람도, 이그나티우스, 베네딕트, 도미니크 등은 모두 단지 한 곳, 신앙 세계에서 형성된 사람들이고 그들이 세운 수도회들 역시 믿는 자들을 위한 것이었다. 수도원도 수도회도 신앙 세계만이 키워 낼 수 있다. 수도원과 수도회는 또한 세상을 비롯함으로써만 생존해 나갈 수 있다.

제11장

동방정교회의 수도원 개략

  수도원 제도는 원래 고대 로마 제국의 동쪽 부분에 위치한 기독교에서 시작되었다. 수도원은 역시 이곳에서 첫 번째의 풍성한 발전을 했고, 그 후에 서방의 로마제국에서 나타난 금욕적 삶의 방식에 지속적 영향을 미쳤다.

  당시에 제국은 두 개로 나누어져 있었고 교회는 이러한 바탕 위에서 성장했기 때문에, 양쪽의 교회는 둘 다 자신만의 고유한 요소를 가질 수밖에 없었다. 그래서 두 교회는 자신만의 특징을 갖게 되는 결과를 낳았다. 겉으로 드러나는 차이인 언어상의 차이는, 후에 가서 결과적으로 그리스–슬라브 교회와 라틴–게르만 교회가 서로 분리되는 결과를 낳긴 하지만, 실상은 언어의 차이는 각 교회가 가지는 독자성의 외부적 표현일 뿐이었다.

  서로 간에 분리가 시작된 것은 4세기부터이다. 그러나 양쪽의 교회권에 속해 있던 수도원 제도는 이 분리 과정과 연관되어 있었기 때문에 교회가 분리되자 수도원 역시 교회와 마찬가지로 각자 독자 노선을 걷게 되었지만, 그 후에도 서로간의 실제적 교류 관계는 계속되었다.

동방의 수도원 제도가 수도원적 삶의 모습을 조직적으로 갖추게 된 것은 파코미우스의 위대한 업적이다. 이집트에서 시작된 수도원적 삶의 방식은 수도원장 안트리페의 쉐누테(Schenute von Antripe, 451?년 사망)의 개혁 작업을 통해 이집트에서의 주도적 생활 방식이 되었는데, 이는 이슬람이 침입함으로써 많은 수도원이 종말을 고할 때까지 계속되었다. 그중 단지 몇몇만이 간신히 명맥을 유지할 수 있었다.

이집트를 벗어나서도 수도원의 초기 형태는 계속 유지되었다. 팔레스타인에서 여러 개의 수도원이 주목을 받았으며 성공적으로 자리 잡았다. 예루살렘 근방에 있던 수도원으로 대표적인 것이 라우렌 수도원들로 여기에 그 유명한 마르 사바의 라우라 수도원이 속해 있으며, 남부에는 시나이 지역에 카타리나 수도원과 라이타우 수도원이 있다.

소아시아 지방은 가이사랴의 바실리우스(Basilius von Carsarea)라는 수도원의 위대한 조력자이자 조직가요 규칙 제정가를 배출했다. 그가 쓴 "수도 규칙"은 서방의 수도원 발전과 비교해 볼 때 통일적 수도회나 조직화된 수도 연합체를 형성해 내지는 못했지만, 그런데도 결과적으로 그가 작성해 낸 규칙이 수도적 삶의 지침이 되었다. 즉 바실리우스 이래 동방정교회의 수도원과 수도사들은 수도사의 삶에 관한 문제에서는 바실리우스를 따르는 것이 의무처럼 되었다. 그렇다 하더라

도 바실리우스 수도원이라는 이름을 붙이는 것은 적당치 않다.[1]

동방 수도회와 서방 수도원을 비교해서 자신들만의 독자적인 특징을 갖고 있다고 강조할 만큼 조직적 차이가 있지 않은데, 동방 수도회의 대부분이 중세의 탁발 수도승단의 생활 방식과 유사한 삶을 사는 조직체였고, 또한 새 시대에 서방에 나타났던 수도연합체 형식을 취한 적이 없다. 하지만 그렇다고 동방 수도원을 서방 수도원과 같은 범주에 놓고 봐서는 안 된다. 서로 다른 차이 또한 분명하다.

동방 수도회는 영적으로 바실리우스의 흐름을 따르고 있지만, 모두가 같이 수용하는 수도원 규범을 갖고 있지는 않으며, 다양한 형태가 서로 묶여 있을 수 있게 되어 있다. 그뿐 아니라 사상 면에서도 바실리우스만이 아니라 그 외의 많은 교사와 정신적 교부들의 사상이 혼재하고 있다.[2]

동방 수도원에서는 수도원에서의 구체적 생활 형태의 규칙에 영향

---

[1] 바질리우스 수도회는 라틴권 수도회가 만들어낸 창작물이다: 라틴권에는 로마 교회와 연합한 동방정교회식 수도사들을 위한 수도 연합회이다.

[2] 기초 정보는 다음에서 얻을 수 있다: N. H. Baynes-H. St. L. B. Moss, *Byzanz. Geschichte und Kultur des Oströmischen Reiches*(München 1964); H. Hunger, *Reich der Neuen Mitte. Der Christliche Geist der Byzantinischen Kultur*(Graz-Wien-Köln 1965); G. Ostrogrosky, *Geschichte des Byzaninischen States*(München 1952); H. G. Beck, *Kirche und Theologische Literatur im Byzantinischen Reich*(München 1959); E. von Ivanka-J. Tyciak-P. Wiertz, *Handbuch der Ostkirchenkunde*(Düsseldorf 1971); D. Savramis, *Zur Soziologie des Byzantinischen Mönchtums*(Leiden-Köln 1963).

을 미치는 요소가 금욕적, 수도원적이라는 기본 이념 외에도 교회와 황제가 제정하는 법률이 중요한 표준 권위로 작용했다. 그래서 수도원에 관한 문제는 종교회의의 의제로 다루어졌다. 수도원에 관한 중요한 결정은 칼케돈 회의에서 내려졌는데, 그 내용은 수도원을 주교의 감독하에 둔다는 것과 함께 몇 가지 생활과 관계된 것을 정했다: 수도원의 설립과 폐지, 재정과 경제, 노예의 수용, 수도원 탈퇴 금지 등.

황제가 수도원에 관계된 법을 제정한 경우로 대표적인 것으로 누구보다도 유스티니안 1세(Justinian I, 527-565)를 들 수 있다. 그는 "칙령"을 통해서 수도원에 관한 내용을 법적으로 분명하게 법제화했다. 황제는 수도원의 삶을 다음과 같이 자리매김하고 있다.

"수도사의 삶과 생활 속에서 행해지는 실제적 관상은 신성한 것이다. 이런 삶은 인간의 영혼을 하나님께 인도하며, 또한 이러한 삶은 이 삶이 가진 순수함과 기도 때문에 이 삶을 사는 사람에게만 유용한 것이 아니라 모두에게 유용하다."[3]

황제는 법을 통해서 수도원의 삶의 모습에 개입했는데, 그는 수도원에서 수도사로 사는 사람들에게 호의적이었다. 그는 은둔의 삶은 완전한 삶의 단계로 이해했으나, 은둔자의 거주지는 수도원의 담 안에 있어야 하며 또한 원장의 감독 아래에 있어야 했다. 황제는 또한

---

3) Baynes-Moss의 위의 책 194에서 인용.

사람들이 수도원에 들어가는 것을 장려했다. 결혼한 사람이 수도원에 들어갈 때는 서로 헤어져야 했으며, 어린이는 자신이 원할 경우 부모가 원하지 않더라도 수도원에 받아들여질 수 있었다. 환속한 수도사는 사회에서는 수도사의 신분을 계속 갖고 있지 못하도록 했다. 남녀 혼성 수도회는 폐지되도록 했다.

이러한 몇 가지 사례에서 우리는 수도원에 대한 황제의 배려를 엿볼 수 있다. 실상 이런 황제의 배려 덕분에 수도원의 아주 강력한 인적 단체가 되었는데, 이는 제국의 수도에서도 마찬가지였다. 이 유스티니안 황제가 황제의 자리에 있을 당시에 제국의 수도에는 68개의 수도원이 있었으며, 인근의 도시인 칼케돈에는 40여 개가 넘는 수도원이 있었다. 황제는 또한 귀양이나 징역에 해당하는 죄를 지은 사람들의 형벌에 대신해서 수도원에 강제로 머물게 했는데, 이것을 보면 황제는 수도원이 사회와 정치적 면에서의 구체적 목적에 활용할 수 있다는 것도 알고 있었던 것으로 보인다.[4]

수도사의 삶을 정하고 있는 규칙에서 또 다른 것으로 소위 튀피카(Typica—"유형들"이라고 번역될 수 있다—역자 주)라고 부르는 것을 들 수 있는데, 이것은 한참 후기에 가서야 지금처럼 수도원 규약으로 인정되었다. 이 문헌에 관해 알려져 있는 가장 최초의 증거에 의하면 이 문헌은 9세기에 쓰였다. 이 튀피콘(튀피카는 튀피콘의 복수형—역자 주)은 원래 (수도원) 설립 증서의 한 종류로, 내용에는 설립을 확인하

---

[4] 칙령 123에서 특징적으로 나타난다(594-625 Schöll-Kroll).

고, 경제적 이해관계를 정해 놓고 있으며, 예배 의식에 관한 규칙, 또 수도원에서의 삶에 관해서 정형화된 틀을 정해 놓고자 하는 것들이 들어 있다.

이 증서들은 비잔틴 수도원들이 관상 공동체임을 보여주고 있다. 이 문헌에 의하면 수도원의 가장 중요한 임무는 기도이다. 금욕, 금식, 수공업은 수도사가 완전한 삶을 살기 위해서 당연히 해야 할 요소로 되어 있다.[5]

수도사들은 여러 다른 수도원에서 살았지만 어쨌든 그들의 활동 범위는 수도원 내로 한정되었다. 이것이 또한 라틴권 수도원 제도와 서로 분명한 차이를 보이는 점이다. 그림을 그리고, 책을 채색하고 또 책을 필사하는 것들이 수도원에서의 가장 선호되는 일거리였고, 이런 이유로 수도원이 필사본의 전승과 비잔틴 예술 전승에서 중요하고 확고한 위치를 점하게 되는 것이다. 적극적 이웃사랑 활동도 물론 수도원 공동체의 중요한 활동 영역에 속했다. 수도원 대부분이 숙박소와 극빈자를 위한 집, 또 구호 시설을 갖추고 있었다.

이것은 수도원을 경제적인 면과 정신적 면이 함께 묶인 통일체로 만들었다. 그러나 이런 일들을 수도사나 수녀가 직접 했던 것은 아니다. 이들 수도회는 이런 일을 위해서는 일반인들을 고용했다. 중세 시대 콘스탄티노플에 있었던 판토크라토어수도원(Pantokratorkloster—권능의 수도원이란 뜻)은 50개의 병상이 있는 병원을 가지고 있었다. 여기에는

---

5) 튀피카에 나오는 여러 예는 Baynes-Moss의 위의 책 198-203을 볼 것.

의료 전문 인력이 60명 고용되어 있었고, 그 외에도 감독자, 감독관, 행정 공무 담당자가 역시 일반인으로 고용되어 있었다. 병원은 다섯 분야로 나누어져 있었는데, 분야마다 담당하는 병이 달랐다. 분야마다 두 명씩의 의사, 두 명의 보조 의사, 해당 병동 소속의 조력자가 있었다. 간질병 환자를 위해서는 특별한 병동이 마련되어 있었다. 그 외에도 약 26명을 수용할 수 있는 병든 노인을 위한 숙박 시설을 가지고 있었다.[6]

목회적 사목 활동 분야에서는 수도원의 역할이 계속 축소되었다. 하지만 목회 영역에서 수도원이 끼친 영향은 과소 평가되어서는 안 된다. 언제부터인가 제도권 교회의 주교들은 수도원 출신들이 차지했다. 그 이유는 동방교회에서는 주교에게만 독신이 의무 사항이고 일반 사제들에게는 요구하지 않았기 때문에 수도원은 자연스럽게 주교 후보자들의 저장소가 되었다.

또한 수도사들에게는 의도적으로 외부 활동이 제한하고 있었음에도 수도원들은 교회와 정치의 모든 분야에서 특별히 중요한 역할을 했다. 도시에서 일반 사람들과 함께 살고, 종교 문제에서 상담을 요청 받거나 영적 지도자의 역할, 저술가로서의 활동을 통해서 그들과 밀접한 관련을 맺고 있던 수도사들은 공공의 삶에서 나타나는 모든 문제에 관여할 수밖에 없었다. 5세기부터의 종교회의와 초상 논쟁에 관한 기사들은 수도사들의 사회 참여를 생생하게 보여주는 사례이다.

---

6) 윗 책 202.

노울스(D. Knowles)는 자주 폭력적이고 공격적으로 행동했던 수도사들의 단체를 "압력 단체"라고 부르고 있다. 비잔틴 역사에서는 이런 수도사들을 "정치가" 또 "셀롯당원"이라는 이름을 붙이고 있다. 교회와 황제권이 수도사들에 관한 법률을 제정했던 것은 이런 배경에서도 이해되어야 한다.

상상하기는 쉽지 않지만, 수도사 개인이 공공생활에 영향을 미친 것이 비잔틴 제국에는 분명한 흔적을 갖고 있는데, 이들은 주상(柱上) 수도사들이다. 이것을 첫 번째로 보여준 사람이 주상 성인 시므온이다. 그는 학교를 만들었는데, 이 학교는 수도사들이 제국의 여러 곳에다 자신들이 살 기둥을 세운 것이다.

제국 수도에 아주 가까운 곳인 보푸루스 지방의 아나플루스라는 곳에 다니엘(493년)이라는 사람이 기둥 위에서 30년을 넘게 살았다. 이 사람은 국가의 교회적 정치적 문제에 직접 관여했다. 그는 황제 바질리코스와 대주교 아카키오스를 상호 중재하기 위해서 그는 그의 기둥을 떠나 도시 안으로 들어왔었다.[7] 사람들은 주상 성인을 하나님이 주신 축복의 증거로 여겼으므로—여러 분파가 주상 성인이 손을 들어주는 쪽이 안전을 보장받을 수 있었다. 주상 성인은 비잔틴에는 중세까지, 러시아에는 19세기까지도 이어졌다.

비잔틴 수도원이 가진 독특한 형태로 "아키오메텐"을 들 수 있는데, 이것은 잠을 자지 않는 수도사들을 말한다. 설립자는 알렉산더

---

[7] Hunger의 생애 묘사에서, 윗책 255-261.

로, 그는 405년경 한 무리의 수도사와 함께 제국의 수도에 있는 메나스 교회에서 이 모임을 시작했다. 그런데 설립자 알렉산더는 전통적 수도사의 의무 사항인 "끊임없는 기도" 조항을 자기 방식으로 해석했다. 그래서 그가 세운 이 수도원에서는 실제로 쉬지 않고 계속해서 기도해야 했다. 수도사 공동체의 실질적 과제인 "끊임없는 기도"(laus perennis)가 실제로 행해져야 했으므로, 알렉산더는 수도사들은 몇 조로 나누어 서로 교대로 기도함으로써 끊이지 않는 기도에의 헌신이 계속되도록 했다. 수도원의 옛 이상인 천사의 삶, 즉 수도사들은 이런 삶을 삶으로써 천사와 같은 삶을 사는 것이고 천사와 함께 하나님을 온전히 찬양하는 삶을 살고자 하는 이상과 그들만의 독자적인 성경 해석이 이런 종류의 수도원적 삶의 유형을 만들어 냈다.

비잔틴의 수도원에 지속적이고도 폭넓은 영향을 미쳐서 거의 비잔틴 수도원의 특징을 형성하도록 했다고 볼 수 있는 것이 콘스탄티노플에 있는 스투디우(Studiu) 수도원 출신 테오도르(Theodor, 826년 사망) 원장이 끼친 영향이다. 이 스투디우 수도원은 463년 집정관 스투디우가 세웠다. 테오도르는 학식과 천부적 재능과 종교적 철저함을 겸비한 인물로 798년 이 도시 수도원의 원장으로 취임했는데, 당시에 그가 지도해야 할 이 수도원의 수도사 숫자는 천여 명에 달했다.

테오도르의 지도는 개혁 성향이었다. 그는 전체적 질서를 자세히 분석해서 만들어 낸 조직 체계를 가지고 수도원을 이끎으로써 이 거대한 수도사 단체를 전체적으로 무리 없이 인도해 나갔다. 그가 쓴 수도사의 삶에 관한 저술들은 영적 삶의 지침이 되었다. 정기적인 대화를 통한 교제는 수도사 삶의 프로그램 폭과 깊이를 더해 주도록 했다. 독특한 벌칙 조항은 전체적으로 계율을 철저히 지켜서 통일체를 형성하게 하는 결과를 낳았다. 경제 활동에 관해서 역시 명확하게 정해져 있었으므로 수도사들은 열심을 다해 맡겨진 일을 해야 했는데, 이는 수도원이 부유해지는 결과를 낳았다.

수도사의 삶에 대한 테오도르의 이러한 가르침은 다른 수도원들에도 파급되었다. 그래서 다른 수도원의 수도사들이 사는 삶도 스투디우 수도원의 그것에 동화되었다. 이런 이유로 이쪽 수도원 전체를 스투디우 수도사로 설명할 수도 있다. 하지만 그렇다 하더라도 동방 쪽에는 서방 수도원에서 나타났던 식, 즉 전체가 하나의 단일화된 조직을 가진 수도회나 수도회 연합은 없었다는 것을 염두에 두어야 한다.[8]

테오도르의 개혁적 활동 외에도 10세기에 아토스 산에 만들어진 수도사 집단 거주지(*Mönchskolonie*)가 비잔틴 지역 수도원에 커다란 영향을 미쳤는데, 수도원에만 그친 것이 아니라 교회와 국가에까지 폭넓은 영향을 미쳤다. 이 산은 반도 지역에 있어서 외부와 단절하기에 쉬운 환경이었으므로 수도사들의 거주지로 적당했다. 아타나시오스(Athanasios)가 황제 니케포로스 포카스(Nikephoros Phokas, 963-969)의 도움을 받아 이곳에 처음으로 수도원을 세웠다. 그는 스투디우 수도

---

8) I. Hausherr, *Theodore Studite, l'homme et l'ascete*(Rom 1962); H. G. Beck, 위의 책 491-495.

원의 규칙을 따랐기 때문에 수도사들이 공동생활을 하는 것을 의무로 정했다. 시간이 지나면서 이곳에 수도원들이 계속 세워졌고, 그래서 이 반도 지역은 성산(聖山)이 되었고 급기야는 이곳에 독자적 수도사 국가가 만들어졌다.

11세기에 이곳의 수도원들이 첫 번째 번성기를 맞았다. 아토스 산은 전체 비잔틴 수도원의 중심지로 공인되었는데, 이는 전체 기독교 수도원 역사에서 한 번뿐인 사건일 것이다. 13세기부터는 이곳에 그리스뿐 아니라 외국인 수도사들까지 거주하기 시작하여 외국인 수도사들도 이곳에 독자적 수도원을 세웠다. 이곳은 수도사들이 전체 섬을 총괄하는 수도사 공화국으로 법 제정도 수도사들이 맡고 있는데, 가장 최근의 법 제정은 1924년에 이루어졌다. 수도사가 아닌 사람들은 방문만 가능하다. 여자들은 이 반도에 발을 들여놓을 수 없다. 여성은 동물까지도 금지되는데, 성도덕적 입장에서라기보다는 경제적 입장에서 금지되는 것이다. 동물의 암컷이 없으므로 수도사들은 경제적 목적으로 동물을 키우는 것을 막을 수 있고, 이를 통해서 수도원의 가난 이상을 잘 보존할 수 있다는 것이다. 이는 물론 경제적으로 보장된 수도원들이 항상 위험에 빠졌다는 것도 전제로 하고 있다.

아토스 산에 있는 수도사 공화국은 독자적 형태를 오늘날까지 유지해올 수 있었지만, 그런데도 비잔틴 제국의 상승이나 하강에 따라 영향을 받았고, 현재는 아주 심각한 문제들에 직면해 있다. 이러한 수도원 형태는 비잔틴 제국의 몇몇 곳에서도 발견되는데, 그리스 북부 지방에 사람들이 쉽게 가기가 어려운 곳이 메테오라의 수도원들, 고대

스파르타 근방인 미스트라에 모여 있는 수도원 밀집 지역이 있다.[9]

동방교회의 수도원 역시 자신의 역사에서 서방 수도원과 마찬가지로 위험에 직면했던 시기가 있었다. 박해를 동반한 성상(聖像) 논쟁 파동은 수도원이라고 피해 가지 않았다. 성상(聖像)에 대한 견해를 묻는 시대의 질문은 수도사들에게도 던져졌고 이들이 입장 표명을 하도록 강요했다. 성상 숭배를 옹호하는 입장에 섰던 수도사들은 처벌을 받았고 유형에 처했다.

그런데 동방교회 수도원들에는 조심스럽긴 했지만 상당한 양의 재산과 부(富)가 축적되었다. 황제가 수도원에 여러 가지 특권을 주었고 또한 증여가 이루어졌기 때문이다. 수도원의 많은 교묘한 행정가들이 이것을 의식적으로 조장해 냈다.

"수도사들은 가만히 숨어서 기다리면서 작은 포도원, 농경지, 집, 가난한 사람의 오두막집에 딸린 조그만 경작지를 빼앗을 기회를 엿보고 있다. 이것은 이웃을 겁주는 행동이던가 혹은 이웃을 자기편으로 끌어들이려는 술책일 수도 있다. 마치 모든 것을 삼켜 버리는 불처럼 그들은 자기 주변에 놓여 있는 재산을 빼앗는 방법을 알고 있다. 하지만 이것은 이들에게 이것이 필요하기 때문이 아니라, 이

---

9) 아토스에 관한 포괄적 문헌으로는: Ch. Dahm-L. Bernhard, *Athos Berg der Verklärung*(Offenburg 1959); *Millénaire du Mont Athos 963-1963. Éntudes et Mélanges*(Chevetogne 1964 bis 65); F. Benz, *Patriarchen und Einsiedler. Der Tausendjährige Athos und die Zukunft der Ostkirche*(Düsseldorf-Köln 1964).

> 웃과의 신뢰 관계를 맺음으로써 자신들이 행한 범죄적 사실에 대한
> 비난에 보호막을 치고자 하기 때문이며, 또한 많은 재산과 함께 자
> 신이 재력가로서의 평판을 얻기 위해서, 그리고 가능한 한 많은 사
> 람을 자신에게 노예처럼 예속시켜 놓기 위해서라고 생각된다."[10]

이것은 12세기 말경 주교였던 데살로니카의 에우스타티오스(Eusthatios von Thessalonike)가 헬라 수도사들의 소유욕과 땅에 대한 탐욕을 비난한 글이다. 부유하게 된 수도원들이 처하게 된 위험은 재산 때문에 수도원 정신을 잃게 되는 대가를 치르는 것으로 끝나지 않고, 공공 사회에서 수도원을 매력적인 경제 대상으로 보는 결과를 초래했다. 유럽에서 행해졌던 것처럼 황제가 세속인들의 정치적 군사적 공헌에 대한 대가로 수도원의 성직록에 이름을 올려준 것이다. 수도원과 관계없는 사람들이 수도원의 성직록을 받음으로 인해 많은 그리스 수도원들이 몰락의 길을 걸었다.

수도원 내부에서 일어났던 논쟁은 중세에 가서는 마침내 비잔틴 수도원들의 평화를 깨뜨려 버렸다. 이것이 헤시카즘으로(그리스어에서 유래했으며 '평안, 관상'의 뜻) 이는 새롭게 부상했던 신학자이자 신비적 저술가인 시므온(Symeon, 1022년 사망)의 사상에 근거해서 신비적 이론과 관상의 실제를 발전시킨 운동이다. 이 경건 운동은 올바른 신앙이 무엇인가 하는 논쟁을 불러 일으켰고, 그 결과 공동체와 수도원 사이에 불화와 알력이 생겨나게 되었다. 아토스의 그레고리 팔라마스

---

10) H. Hunger의 위의 책 272에서 인용.

(Gregor Palamas vom Athos, 1359년 사망)가 이 운동을 옹호하는 중심에 섰던 사람으로서 황제의 도움을 받아 헤시카즘을 인정받을 수 있었다.[11]

중세 후기에 비잔틴 수도원에 몹시 어려운 시련이 닥쳤다. 이 시련은 수도원 스스로에게서 나온 것으로 여러 면으로, 특히 아토스 수도원 지역에서는 공동생활 방식을 깨트리는 결과로 나타났다. 이것의 원인은—이 당시의 유럽 수도원의 수도사들과 꼭 마찬가지로—수도사가 개인 재산을 가질 수 있는가 하는 문제였다. 이 요구 조건은 폐기되었고 수도사는 개인 소유와 자유로운 사용이 허락되었다. 이는 또한 수도사의 신분을 가지고도 개인적인 삶을 살 수 있도록 했다. 그래서 여기에서 예배를 공동으로 드리는 것을 제외하고는 개인적인 생활을 허락하는 정교회의 수도원 형태가 생겨났다(*Idiorhythmie*).

수도사는 수도원의 틀 안에서 혼자 살기도 했고, 또는 몇몇이 함께 모여서 "가족"을 이루고 사는 경우도 있었다. 아토스 지역에는 대형 수도원이 있는 외에 이런 가족 형태의 수도원적이며 금욕적인 생활양식을 가진 모임들이 오늘날에도 존재한다.

비잔틴 제국의 보호와 돌봄을 받으며 자란 동방 수도회는 제국의 권력이 확장되어감에 따라 수도원 역시 확장되었다. 10세기에는 불가리아와 세르비아에 진출했으며, 마침내는 러시아까지 도달했다. 1015년이 되면서 곧바로 영주 키에프의 야로슬라브가 러시아 최초의 수

---

11) H. G. Beck, 위의 책 322-332.

도원을 세웠다. 그는 수도원을 세울 때 그는 설립 과정이나 수도원 규칙을 정하는 데 있어서 비잔틴을 본보기로 했다. 비잔틴 수도원과 밀접히 연결된 것은 러시아의 오래된 유명 수도원들에는 오늘까지도 잘 나타나 있다.

1050년 러시아 사람으로 아토스에 장기간 체류했던 안토니오스는 키에프에 동굴 수도원을 세웠다.[12] 이 수도원 건립 때에 아토스는 정신적 고향의 역할을 했다. 수도원은 건립되자마자 수도원적 생활 방식은 대단히 엄격히 강조되었고, 스투디우 수도원과 같은 체제로 운영되었다.

이런 방식의 수도원들이 러시아에서 계속 확장되어 나갔다. 이들 수도원 출신의 수도사들이 주교로 선출되었다. 수도원들은 문화의 보존소가 되었는데, 특히 민족 문학 분야에서 두드러졌다.

13세기에 있었던 몽고 침입은 러시아 수도원의 대부분을 파괴했다. 러시아 수도원의 새로운 복구 활동은 14세기에 시작되었다. 복구 활동에서 반드시 언급되어야 하는 사람이 수도사 세르기우스(Sergius, 1314-1392)이다. 이 사람은 1344년 모스크바 지방에 수도원을 세웠다. 이것을 계기로 모스크바 지역을 중심으로 근방에 큰 수도원들로 가득 채워졌다.

---

12) 러시아 수도원에 관해서는 J. Smolitsch, *Russisches Mönchtum. Entstehung, Entwicklung und Wesen 988-1917*(Würzburg 1953); 비교 *Atlas zur Kirchengeschichte* (Freiburg 1970) 표 81.

두 번째로 생긴 수도원 공동체가 북러시아의 지나기가 어려울 정도의 숲과 늪지대에 세워졌다. 생활 형태는 다양하긴 했지만 비잔틴 전통을 충실히 따르고 있어서 은둔자들, 소모임 수도사들, 또 대형 수도원의 형태를 보이고 있었다. 어째서 이렇게 여러 다양한 형태로 나타났느냐 하는 것은 금욕을 따르는가, 수도원 규칙을 따르는가의 결과였다.

그런데 후에 이들이 서로 명확한 차이를 갖게 되고 서로 분리되는 결과를 낳았다. 문제는 가난, 홀로 있음, 외부적 활동에서의 차이였다.

요지프 볼로키(Josif Wolochij, 1515년 사망)가 모스크바 근방에 볼로클람스크 수도원을 세우고 엄격한 수도원 생활을 도입했다. 이곳은 모스크바 교회와 러시아 국가와 긴밀한 관계를 유지했는데, 특히 이 수도원이 눈에 띄는 특징으로 가졌던 것이 호화의 극을 이루는 예배였다.

다른 방향에 서 있는 수도원으로는 닐 소르스키(Nil Sorskij, 1508년 사망)가 세운 수도원으로 이곳은 소모임 수도원을 특징으로 했다. 이 계통의 수도사들은 엄격한 가난과 은둔 참회의 삶을 요구받았다. 이 수도원 수도사들의 외부 활동은 사랑의 본을 보이는 설교와 온유함이어야 했다. "요지프" 수도원 사람들은 짜르 정부의 호의와 도움을 받을 수 있었는데, 이들은 볼가강 건너편에 거주지를 갖고 있었던 소모임 수도사들의 추격을 받았다.

러시아 전체를 덮을 정도로 번성했던 러시아 수도원 역시 18세기에 세속화의 물결을 피할 수 없었다. 세속화 운동은 1764년, 즉 서방과 비슷한 시기에 시작되었고, 이것의 여파로 거의 600여 개의 수도원이 폐쇄되었다. 하지만 이 수도원 중 많은 수도원이 계속 존속할 수 있었는데, 이들은 서구 국가들이 새로운 시작을 위해서 수도원에 요구했던 것들을 요구받지 않았기 때문이었다.

19세기에 나타난 러시아 수도원의 갱신 운동을 살펴보면 이 갱신 운동이 특출한 능력을 가진 수도사 개인에 의해서 이루어진 것임을 알 수 있다. 이런 의미에서 수도사들은 플라톤이라고 불린 파이시 벨리치코프스키(Paisij Welitsch-kowskij, 1794년 사망)에게 큰 영향을 미쳤는데, 벨리치코프스키는 닐 소르스키의 전통에 서 있는 사람이었고, 또 솔로브에프, 도스토예프스키, 톨스토이와 가까운 사이인 것으로 알려진 암브로이시 그렌코프(Amwroisij Grenkow, 1892년 사망)와도 같은 맥에 서 있다.

이 시대는 러시아의 스타르첸이 위대한 업적을 남긴 시대였다. 스타르첸의 활동에서 수도사들은 남녀를 막론하고 조언자로, 영적 지도자로 커다란 역할을 했다. 스타레츠 페오판(Feofan, 1751-1832)은 수도원 내적으로 큰 영향을 끼쳤고, 옵티노 수도원 출신으로 칼루가 행정부에서—그렌코프도 여기서 소속되어 있었다—일했던 레오니드(Leonid)와 마카리(Makarij)[13]는 수도원 외부에서 커다란 영향을 끼친

---

13) 도스토예프스키의 『까라마조프의 형제들』에서 스타레츠 조시마로 등장한다.

인물들이다.[14]

1917년에 발발한 혁명은 러시아 수도원이 가지고 있던 화려한 역사에 종지부를 찍는다. 그대로 남은 수도원들은 몇 개에 지나지 않았는데, 이들 또한 국가의 엄격한 감시하에 놓였다. 이러한 러시아 수도원의 종말은 아토스의 수도사 공화국에도 손실이었다. 왜냐하면 아토스에서 가장 큰 수도원이 바로 러시아 수도원이었기 때문이다.

이렇게 된 이후 이 지역 러시아 수도사들은 본국으로부터 인적 물적 지원을 기대할 수 없게 되어 버렸다. 거기다가 아토스에 새로운 변화가 나타나는데, 이는 1923년 이후에는—로잔느의 평화가 이루어지면서—이 수도사 공화국이 넓은 땅을 잃게 된 것이다. 그리스 사람들이 터키를 떠나서 고향으로 되돌아옴에 따라 인구의 20% 정도가 증가했는데, 이들이 거주할 적당한 땅이 없었다. 그래서 국가는 아토스 지역의 땅과 다른 수도원들이 가진 땅들 역시 압류함으로써 돌파구를 마련하고자 했다. 그리스의 옛 수도원들은 그들의 토지를 빼앗겼고, 그 외 많은 수도원 공동체들은 그들의 생활 기반을 통째로 빼앗겼다.

오늘날의 동방정교회 수도원의 실태는 정확한 파악이 안 된다. 정확한 파악이 안되는 이유는 우선 눈에 띄는 역량을 갖고 있지 못하다는 반증일 수도 있고, 또는 현재까지 남아 있는 수도원들이 활동하기에 쉽지 않은 상황이라고 해석할 수도 있다. 정교회의 국가 중 공산주의 정권을 가지고 있는 곳에서는 수도원은 엄격한 국가의 통제와 강

---

14) 비교. J. Smolitsch, *Leben und Lehre der Starzen*(Wien 1936).

제적 조치를 따라야 했다.

소수이긴 하지만 이곳에서도 발칸 반도의 여러 나라에서도 수도원들은 오늘날까지 그 명맥을 유지하고 있다. 예를 들면 불가리아의 릴라 수도원은 단순히 유명한 관광 명소일 뿐 아니라 수도원의 오랜 전통을 간직하고 오늘도 활동하는 수도원이다.

그리스에도 또한 20개의 대형 수도원과 12개의 분파 또 700여 개의 소규모의 수도사 거주지가 있는 아토스 지역 외에도 남녀 수도사들이 사는 일련의 수도원들이 있다. 예를 들면 아테네 지역에 펜텔리, 요한네스 테올로고스, 오시오스 멜 레티오스, 뵈오틴 지역에 많은 방문객으로 유명한 오시오스 루카스, 미스트라 지방과 북부 그리스의 메테오라 수도원들 등을 들 수 있다. 그렇지만 그리스에 있는 수도원 모두를 망라한 통계는 나와 있지 않다.[15] 동방정교회 수도원에 관한 통계가 불충분한 것은 그리스에만 국한되는 것이 아니다.

이집트의 와디 알 나트룬에 있는 마카리오스 수도원의 콥틱 수도사들은 많이 알려져 있다. 여기에는 몇 년 전부터 아주 적극적인 수도원 공동체가 세워져서 활동하고 있는데—이런 적극적인 활동은 수도원의 미래를 밝게 해주고 있으며, 또한 이들이 갖는 신학적 관심은 그들이 내적으로 편견에 치우지지 않고 있음을 보여주고 있다.

---

15) E. Melas(편집), *Alte Kirchen und Klöster Griechenlands*(Köln 1972). 이 책에서 이것이 나와 있지 않다. 이 책은 예술사적 관점에서 초점을 맞추고 쓰여져 있다.

서방의 수도원과 비교해 본다면 세상적인 것에 별로 적극적인 관심을 보이지 않고 있는 동방정교회의 수도원들의 존속 문제는 그들이 속해 있는 교회적, 종교적 주변 세력에 달려 있다.

1963년에 아토스는 천년맞이 축제를 하면서 수도원 개혁에 관해서 언급하고 수도원 삶에 대한 찬양과 수도원에 대한 미래의 확신을 내놓았다. 이것의 내용은 주도적인 에큐메니칼 운동, 계속적 성장을 위한 국가적 지원, 수도사의 신학 교육 등이다. 하지만 만일 동방정교의 교회가 살아 있는 종교적 정신과 진실된 선의를 가지고 수도원을 이끌어 주지 못한다면, 또한 동방교회 안에 있는 공동체가 나아갈 방향에 도움을 줌으로써 이들이 믿음을 근거로 하면서 수도원적 삶의 본질적 내용을 실현하는 데 도움을 주지 못한다면, 이것은 단순히 인위적인 방책으로 끝날 것이다. 본질적 내용은 "진실되이 하나님을 추구함"이다. 그렇지만 이것이 그렇게 쉬운 것은 아니다. 수도원의 역사는 수도원의 역사가 위대한 성공을 보여주기도 하지만 비참한 좌절의 역사이기도 하다는 것을 보여 주고 있다.

젊은 파코미우스가 늙은 스승 팔레몬의 엄격한 금욕 학교에 입문하고자 했을 때, 파코미우스는 다음과 같은 진솔한 말을 들어야 했다.

> "내 아들아, 수도사의 삶을 산다는 것은 결코 쉽지 않다. 그래서 여기에 온 사람들의 많은 수가 참지 못하고 있는 것이 현실이다."[16]

---

16) *Vita Prima* 6(Halkin 4).